Los jesuitas y la gestión religiosa intercultural a principios de la Edad Moderna

Capital humano, mentalidad global y obra misionera en Japón y Perú durante los siglos XVI y XVII

Frank Jacob
Nord University, Noruega

Serie en Historia

Vernon Press 2025. Libro bajo licencia de Creative Commons Attribution 4.0 International (CC BY 4.0): licencia más abierta disponible y considerada como el "patrón oro" de la industria para el acceso abierto (Open Access). Esta licencia le permite compartir, copiar, distribuir y transmitir el texto; adaptar el texto y hacer uso comercial del texto, siempre que se citen a los autores y se haga referencia completa al libro como sigue:

Frank Jacob, *The Jesuits and Religious Intercultural Management in Early Modern Times: Human Capital, a Global Mindset, and Missionary Work in Japan and Peru during the Sixteenth and Seventeenth Centuries*, Vernon Press, 2024.
https://vernonpress.com/book/2085

Más información sobre la licencia CC BY en: https://creativecommons.org/licenses/by/4.0/
Publicado con acceso abierto (Open Access) gracias al apoyo financiero de la Nord Universitet.

El copyright, atribuciones y/o permisos para el material de terceros incluidos en este libro podrían diferir, y son señalados, según proceda.

www.vernonpress.com

En America:
Vernon Press
1000 N West Street, Suite 1200
Wilmington, Delaware, 19801
United States

En el resto del mundo:
Vernon Press
C/Sancti Espiritu 17,
Málaga, 29006
España

 Bridging Languages and Scholarship

Serie en Historia

Número de control de la Biblioteca del Congreso: 2024939337

ISBN: 979-8-8819-0194-3

Also available: 979-8-8819-0047-2 [Hardback]; 979-8-8819-0076-2 [PDF, E-Book]

Diseño de portada: Vernon Press.

Imagen de fondo: *China Monumentis, qua sacris qua profanes* de Athanasius Kircher. Dominio público. https://commons.wikimedia.org/wiki/File:Athanasii_Kircheri..._China_monumentis_(1667)_%22Frontispicio%22_(22629197626).jpg

Mapa: *1590-1602 Nova Hondius*. Dominio público. https://commons.wikimedia.org/wiki/File:1590_1602_Nova_Hondius.jpg

Se ha hecho todo lo posible para localizar a todos los titulares de derechos de autor, pero si alguno ha sido pasado por alto inadvertidamente, el editor estará encantado de incluir los créditos necesarios en cualquier reimpresión o edición posterior.

Tabla de contenido

Lista de figuras y tablas — v

Agradecimientos — vii

Capítulo 1
Introducción — 1

Capítulo 2
Revisión bibliográfica — 13

Capítulo 3
Modelo de investigación y perspectivas de la metodología — 35

Capítulo 4
Los casos — 41
4.1. Los jesuitas: Breve introducción — 41
4.2. Japón — 47
4.3. Perú — 93

Capítulo 5
Éxito de la gestión intercultural y proselitismo de la Edad Moderna — 141

Capítulo 6
Recomendaciones relativas a la gestión — 151

Capítulo 7
Conclusión — 157

Obras citadas — 161

Apéndices — 193
9.1. Apéndice 1: Misioneros jesuitas en Japón (1549-1614) — 193
9.2. Apéndice 2: Misioneros jesuitas en Perú (1568-1605) — 212

Lista de abreviaturas — 225

Lista de figuras y tablas

Figuras

Fig. 1.1:	Campos de investigación relevantes.	6
Fig. 3.1:	Operacionalización del proyecto.	36
Fig. 3.2:	Representación esquemática del modelo de investigación.	38
Fig. 4.1:	Ignacio de Loyola, cuadro de Peter Paul Rubens (1577-1640).	42
Fig. 4.2:	Alessandro Valignano, hacia 1599.	50
Fig. 4.3:	Número de jesuitas en Japón entre 1553 y 1614.	80
Fig. 4.4:	Número de jesuitas en Perú entre 1569 y 1601.	131
Fig. 5.1:	Jesuitas en Japón que hablaban japonés.	141
Fig. 5.2:	Porcentaje de jesuitas que hablaban japonés en los periodos respectivos.	142
Fig. 5.3:	Jesuitas en Perú que hablaban una lengua indígena.	143
Fig. 5.4:	Porcentaje de jesuitas que hablaban una lengua indígena en los períodos respectivos.	144
Fig. 6.1:	El porcentaje de padres jesuitas indígenas en Japón y Perú según los datos disponibles.	154

Tablas

Tabla 2.1:	El desarrollo de la investigación en gestión cultural (Barmeyer, 2018, 31-32).	19
Tabla 2.2:	Enfoques de investigación hacia los aspectos culturales de la gestión (Barmeyer, 2018, 32-33, en referencia a Adler, 1983).	20
Tabla 2.3:	Categorías de PYMEs utilizadas y recomendadas por la Comisión Europea.	29
Tabla 4.1:	Las diez primeras provincias de la Orden de los Jesuitas.	44
Tabla 4.2:	Número de jesuitas en el primer siglo de existencia de la orden (Hartmann, 2008, 30).	46

Tabla 4.3: Número de padres e irmãos que sirvieron en Japón entre 1553 y 1614 (incluyendo los datos disponibles de padres e irmãos japoneses). 81

Tabla 4.4: Jesuitas que sirvieron en Japón entre 1549 y 1563. 82

Tabla 4.5: Padres jesuitas que sirvieron en Japón en 1587. 83

Tabla 4.6: Padres jesuitas que sirvieron en Japón en 1614. 84

Tabla 4.7: Número de padres y hermanos que sirvieron en Perú entre 1569 y 1601 (incluyendo los datos disponibles para los padres y hermanos peruanos). 131

Tabla 4.8: Jesuitas que sirvieron en Perú entre 1568 y 1575. 132

Tabla 4.9: Número de jesuitas en Perú en 1591 según su localización (MP 4, 1966, 674). 134

Tabla 4.10: Padres jesuitas que sirvieron en Perú entre 1576 y 1599. 135

Tabla 4.11: Padres jesuitas que sirvieron en Perú en 1601. 136

Tabla 5.1: Datos combinados de Japón y Perú. 145

Agradecimientos

Este libro es una versión revisada de una tesis doctoral titulada "Religious Intercultural Management and the Value of Human Capital and a Global Mindset: A Historical Case Study of the Jesuit Missions in Japan and Peru in the Sixteenth and Seventeenth Centuries", que fue presentada y aceptada por el programa conjunto de doctorado en Administración de Empresas de la Université Jean Moulin Lyon 3 y el Business Science Institute (BSI), Luxemburgo en 2021. Me gustaría dar las gracias a mi supervisor, el Prof. Dr. Thomas Gergen, que apoyó este esfuerzo desde su fase inicial. Además, me gustaría dar las gracias a la Prof. Dra. Anne Bartel-Radic, por sus críticas y comentarios constructivos durante los tres años del programa, y por su examinación final mientras yo todavía trabajaba en el tema, y por encontrar fructíferas formas de conectar las fuentes históricas con la teoría de la gestión. También me gustaría dar las gracias al Prof. Dr. André Reuter y al Prof. Dr. Lars Meyer-Waarden por sus importantes ideas y sus constantes ánimos durante los cursos, las presentaciones y los encuentros informales. Además, quiero dar las gracias a la Prof. Dra. Ulrike Mayrhofer y al Prof. Dr. Alain Burlaud por sus esfuerzos durante el examen y la defensa oral de mi tesis. Me beneficié considerablemente de las aportaciones que recibí de los colegas mencionados, así como de las conversaciones con el Prof. Dr. Michel Kalika y otros miembros del personal del BSI. Los intercambios con los otros miembros de mi cohorte en las reuniones del instituto entre 2018 y 2021 fueron igualmente esclarecedores, y también me gustaría expresarles mi gratitud por su apoyo.

Convertir una tesis en un libro es siempre un proceso difícil, y aunque esta tesis doctoral no era la primera que hacía, no ha dejado de ser un gran esfuerzo. Me gustaría dar las gracias a Blanca Caro Durán y Argiris Legatos de Vernon Press, por su apoyo durante la producción del libro. Esto último también fue posible gracias a los comentarios y observaciones de dos revisores anónimos, a quienes también quiero agradecerles su importante aportación. El libro final mejoró mucho gracias a sus útiles y, en su mayoría, constructivas sugerencias y ajustes recomendados. Un agradecimiento especial también a Anthony Wright, que suele corregir mis manuscritos en inglés.

La publicación de este libro en acceso abierto (Open Access) ha sido posible gracias al apoyo financiero de la Nord Universitet, Noruega, por el que también deseo expresar mi gratitud. A lo largo de los años, mis colegas de allí también me han proporcionado consejos y comentarios importantes, por los que no puedo expresar suficiente gratitud. Por último, pero no por ello menos importante, quiero dar las gracias a mi familia por su constante apoyo y cariño. Sin ellos, libros como el presente no podrían existir.

Capítulo 1
Introducción

Las empresas contemporáneas y los directivos de alto nivel pueden aprender mucho mirando al pasado, y deberían hacerlo. Si bien las pequeñas y medianas empresas (PYMEs) son sin duda "actores clave en las economías nacionales y están cada vez más integradas en las cadenas de valor globales" (Domínguez & Mayrhofer, 2018a) y, además, "forman una parte importante de casi todos los países" (Prange & Zhao, 2018), "estructuras empresariales" similares también fueron importantes para la expansión de las órdenes religiosas durante los siglos XVI y XVII. Han liderado la globalización económica en las últimas décadas (Domínguez & Mayrhofer, 2018c, 195), y parece obvio que nunca se insistirá lo suficiente en su papel (Bijaoui, 2016). Los miembros de "[l]a Compañía de Jesús soñaban tanto con su propio universalismo como con el de la cristiandad" (Hosne, 2013, 1) y, por tanto, con su expansión, al igual que las PYMEs actuales, a regiones del mundo culturalmente diferentes, en su contexto histórico, incluso completamente desconocidas. No es de extrañar que hoy en día, además de su potencial económico, las PYMEs también actúen a menudo como puentes culturales, ya que los directivos se ven influidos por su trabajo en diferentes entornos geográficos y culturales (Pauluzzo & Shen, 2018) y viceversa. En consecuencia, las PYMEs también deben considerarse una forma institucionalizada de gestión intercultural cuyos directivos necesitan competencias de gestión global (Bücker & Poutsma, 2010), especialmente porque la internacionalización de estas empresas suele exigir a sus directivos flexibilidad cultural o apertura de miras. En este sentido, se enfrentan a problemas similares a los de los misioneros jesuitas, que en el siglo XVI empezaron a globalizar la labor y la influencia de una orden religiosa. Actuaron como gestores interculturales, en el sentido más estricto de la palabra, ya que no podían basarse ni en una lengua franca ni en el conocimiento existente sobre las regiones del mundo en las que empezaron a trabajar.

El estudio de "empresas históricas" suele recomendarse a los estudiantes de empresariales, ya que "[l]os estudios de casos proporcionan un análisis detallado y organizado de las decisiones e implementaciones empresariales históricas" (Business Case Studies, 2019). Además, como mostrará el presente estudio, hay mucho conocimiento que obtener de los estudios de casos históricos, especialmente porque las categorías para la gestión intercultural que deben determinarse o separarse son mucho más claras. Los jesuitas que llegaban a un entorno extranjero en el siglo XVI realmente tenían que enfrentarse a una cultura desconocida, y a menudo no podían confiar en nada más que su propio conjunto de habilidades, es decir, su capital humano, y su propia mentalidad global, incluida una flexibilidad dogmática necesaria, para difundir la palabra de la Biblia y asegurar un gran número de conversos.

Por tanto, un análisis cualitativo longitudinal comparativo de la Orden de los Jesuitas en dos zonas diferentes, a saber, Japón y Perú, durante los siglos XVI y XVII, proporcionará una buena comprensión de factores importantes, es decir, el papel del capital humano y una mentalidad global, para una gestión intercultural de éxito.

El tema

Establecida en 1534, la Compañía de Jesús y sus miembros fueron muy activos en la expansión de la influencia de la congregación religiosa por todo el planeta. En consecuencia, fueron agentes de la globalización moderna temprana, estableciendo una red global de órdenes provinciales autosuficientes (Barthel, 1991; O'Malley et al., 1999; Friedrich, 2018). Por lo tanto, los representantes de la orden religiosa necesitaban actuar como las empresas modernas, especialmente las PYMEs (Domínguez y Mayrhofer, 2018b), y desarrollar estrategias similares para el trabajo de sus equipos interculturales. Sin embargo, cabría preguntarse por qué un estudio de caso histórico es relevante para las consideraciones relacionadas con la administración de empresas. Que las órdenes religiosas desarrollaron sus propias formas de gobierno y prácticas de gestión pertinentes para expandir su influencia, no solo en un sentido religioso sino también económico, ya se ha destacado anteriormente (Wirtz, 2020). El análisis de casos históricos en los estudios empresariales no es nuevo, sobre todo porque los estudios a largo plazo pueden captar plenamente la evolución económica y los cambios estructurales (le Bris, Goetzmann & Pouget, 2017), mientras que a menudo se dispone de conjuntos de datos completos que abarcan siglos para el estudio de esta evolución y estos cambios.

Como señalan Bartel-Radic et al., el "entorno empresarial global es cada vez más complejo" (2015, 2), pero los jesuitas de los siglos XVI y XVII se enfrentaron muy a menudo a problemas similares a los que afrontan hoy las empresas en una economía mundial globalizada. Al igual que las empresas modernas, la Orden de los Jesuitas tuvo que contar con equipos multinacionales y multiculturales (Maloney & Zellmer-Bruhn, 2006; Jenster & Steiler, 2011) durante su intento de difundir las creencias cristianas por todo el planeta y asegurar financieramente su propia misión (Thanh, 2016, 2018). En consecuencia, los jesuitas eran gestores en un doble sentido: gestionaban su labor misionera a la vez que proporcionaban los medios monetarios para alcanzar sus objetivos motivados por la religión. Al igual que las empresas globales de hoy en día, los jesuitas tuvieron que utilizar intangibles, especialmente el capital humano de sus misioneros, para desarrollar estructuras de gestión exitosas que aseguraran los intereses de la orden en diferentes regiones del mundo, así como su independencia financiera en un entorno extranjero. Los misioneros debían identificar y aplicar las habilidades necesarias para asegurar los objetivos de la orden en la región específica de actividad misionera, en un proceso similar al aplicado por las empresas globales a principios del siglo XXI (Bartel-Radic et al., 2015, 2).

Sin embargo, la organización fundada por Ignacio de Loyola (1491-1556) también se enfrentó a realidades bastante diferentes durante este periodo de expansión, en su mayor parte exitoso (Feld, 2006). Un ejemplo de un entorno problemático de expansión jesuita, que recientemente llegó a un público más amplio a través de la película *Silencio* (2016) de Martin Scorsese, es Japón (An'no, 2014). Este ejemplo negativo de interacción de los jesuitas con las autoridades locales estaba relacionado, como argumentaré, con la falta de capital humano y de capacidades de gestión multicultural. Por lo tanto, el caso de Japón se comparará con el trabajo relativamente exitoso de la congregación en la provincia peruana de la orden (Roemer, 1946; Cushner, 1980; Martin, 2001; Hosne, 2013), que abarcó un período de tiempo más largo que las actividades de la orden en Japón. En la comparación analítica se examinarán las estructuras directivas y empresariales que se establecieron. Después, se discutirá por qué los misioneros tuvieron éxito en Perú mientras que en Japón fueron expulsados o asesinados. El marco temporal de la comparación intentada abarca los siglos XVI y XVII porque un análisis más profundo de las actividades de la sociedad en Asia Oriental y América Latina dentro de este marco temporal mostrará cómo reaccionaron los responsables ante las diversidades locales y qué estrategias empresariales se favorecieron. El mayor lapso de tiempo también permitirá analizar las tendencias e impactos relacionados con las decisiones de gestión, ya que se basaban en la existencia o no de capital humano. A través del estudio de los jesuitas responsables, es decir, del nivel directivo superior, será posible identificar la existencia de capital humano y evaluar su impacto en el éxito[1] de la gestión intercultural de los jesuitas en Japón y Perú.

Campo de investigación, relevancia y valor

Parece ser bastante conocido en la investigación relacionada con la gestión que los "rendimientos interculturales de las tareas" (Presbitero, 2021), y por lo tanto la "inteligencia cultural" (Şahin & Gürbüz, 2020), merecen una atención especial, pero los enfoques históricos relacionados con los Estudios de Gestión y Organización (MOS, por sus siglas en inglés: "Management and Organization Studies") apenas se han ocupado de la interculturalidad y de cómo los directivos se enfrentaban a ella en diferentes periodos de tiempo. Aunque hace años se

---

[1] El éxito se entiende aquí en relación con las conversiones logradas por los misioneros y la existencia de la misión, así como su crecimiento numérico en su contexto geográfico.

afirmó que "la historia de la gestión tiene el potencial de añadir valor a los planes de estudios de gestión" (Smith, 2007, 522), se echa en falta un enfoque particular en las habilidades directivas como expresión del interés por el desempeño intercultural, razón por la cual la investigación que presenta este libro ofrece nuevas perspectivas sobre la dimensión histórica de la gestión intercultural, incluyendo resultados que pueden ser aplicados también por los directivos y las organizaciones de hoy en día, especialmente las PYME en expansión.

Trabajos anteriores en los campos de la gestión y la historia organizacional destacaron que las prácticas de gestión han estado determinadas por sus épocas específicas, por ejemplo, con respecto a la existencia de nuevas tecnologías (Karsten, 2014), y se enfrentaron a "barreras culturales" debido a la globalización (Schwarzkopf, 2013) que podrían tener un impacto negativo en el desempeño gerencial y organizacional. Sin embargo, salvo algunas excepciones que ponen de relieve el potencial de este tipo de investigación (Saka-Helmhout, 2011), aún no se han realizado estudios comparativos históricos longitudinales de mayor envergadura centrados en la gestión intercultural y sus aspectos relacionado. Por citar solo un ejemplo aquí, el *Journal of Management History*, no muestra ninguna coincidencia en su base de datos para el término "intercultural". Independientemente de esta evidente deficiencia, numerosos trabajos han discutido la posibilidad de aplicar métodos y perspectivas históricas a cuestiones relacionadas con la investigación en gestión y organización (Harvey & Press, 1996; Taylor, Bell & Cooke, 2009; Decker, 2013; Coraiola, Foster & Suddaby, 2015; Godfrey, Hassard, O'Connor, Rowlinson & Ruef, 2016; Pfefferman, 2016; Wadhwani, 2016; Wadhwani & Decker, 2017; Stutz & Sachs, 2018).

Teniendo en cuenta el uso interdisciplinar de la teoría histórica, así como de la teoría de la gestión y la organización, para estudiar las actuaciones de gestión y la gestión intercultural de éxito en diferentes contextos históricos, también hay que considerar los "tres dualismos epistemológicos derivados de la teoría histórica para explicar la relación entre la historia y la teoría de la organización [así como de la gestión]" que destacaron Rowlinson, Hassard y Decker (2014):

1) en el dualismo de la explicación, los historiadores se preocupan por la construcción narrativa, mientras que los teóricos de la organización subordinan la narrativa al análisis;

2) en el dualismo de las pruebas, los historiadores utilizan fuentes documentales verificables, mientras que los teóricos de la organización prefieren los datos construidos; y

3) en el dualismo de la temporalidad, los historiadores construyen su propia periodización, mientras que los teóricos de la organización tratan el tiempo como una constante de la cronología.

En los últimos años, los estudiosos de la gestión y la organización, así como los historiadores de negocios, han tratado de elaborar las oportunidades y desafíos para un enfoque interdisciplinario (Bucheli & Wadhwani, 2015), y se hizo evidente que "la disciplina histórica proporciona una alternativa a los paradigmas científicos dominantes en los estudios de organización" (Van Lent & Durepos, 2019, 429). Los estudiosos a menudo señalan que ha habido un "giro histórico" en MOS (Mills & Novicevic, 2020, 18-25), especialmente desde que la "última década ha sido testigo del crecimiento de un cuerpo de trabajo sobre cómo, si acaso, los historiadores de negocios pueden cerrar la brecha entre la disciplina de la historia y MOS" (Van Lent & Durepos, 2019, 429).Por lo tanto, el valor de las perspectivas históricas en estos campos de estudio no solo se ha identificado (Maclean et al., 2016; Suddaby, 2016), sino que su valor se destaca ahora más a menudo como un aspecto importante para el curso de futuras investigaciones (Üsdiken & Kipping, 2021). La investigación presentada en este libro aborda consecuentemente este punto al tiempo que ofrece un estudio de caso longitudinal histórico comparativo novedoso y seminal sobre las actuaciones de gestión intercultural de los jesuitas en Japón y Perú durante los siglos XVI y XVII. Aunque se ha elegido un tema histórico, los resultados abordarán cuestiones a las que tienen que enfrentarse los directivos de las PYMEs globalizadas de hoy en día y, por lo tanto, las ideas presentadas poseen un valor práctico que va más allá del período de tiempo de los acontecimientos originales.

Para el enfoque del presente estudio, se considerará que la Orden de los Jesuitas fue una forma moderna temprana de PYME en expansión (véase el capítulo 2). La orden ha sido identificada previamente como una "empresa" en expansión (Alden, 1996), y los estudiosos han destacado que su historia "ilustra cómo, incluso a principios de la Edad Moderna, las personas encargadas de la gestión de las organizaciones... podían confiar en una enorme cantidad de información" (Macintosh & Quattrone, 2010, 94). La Orden de los Jesuitas también se ha considerado un caso de estudio adecuado para el análisis y la discusión de los sistemas de contabilidad y control de gestión (MACS) (Ibid., 10-17), especialmente debido a la recopilación de datos sobre sus miembros (Ibid., 14-16) y los mecanismos de control que sustentan la estructura jerárquica de la organización (Ibid., 10).

El presente libro pretende evaluar el éxito de la orden en lo que respecta a la gestión intercultural en Japón y Perú y contribuirá a varios campos de investigación, a saber:

1. Los estudios relacionados con el éxito del rendimiento y la internacionalización de las PYMEs en general (Oviatt & McDougall, 1994; 2005; Knight & Cavusgil, 1996; Lefebvre & Lefebvre, 2001; Zhou, Wu, & Luo, 2007; Russo & Perrini, 2010; Louart & Martin, 2012; Hagen,

Denicolai, & Zucchella, 2014; Rask 2014; Subhan, Mahmood, & Sattar, 2014; Hilmersson & Johanson, 2016),

2. Estudios que consideran el papel de la educación o el aprendizaje (de idiomas) como elemento para una gestión intercultural exitosa (Furuya, Stevens, Bird, Oddou, & Mendenhall, 2009; Bartel-Radic & Lesca, 2011; Bartel-Radic, 2013; Kawalilak & Lock, 2018; Godwin-Jones, 2019), y

3. Estudios que destacan el papel de una mentalidad global para el éxito de la internacionalización de las PYMEs dentro de la economía global (Levy et al., 2007; Scarino, 2010; Ng, Tan, & Ang, 2011; Hruby, 2013; Eriksson, Nummela & Saarenketo, 2014; Hruby, 2014; Elo, Benjowsky & Nummela, 2015; Torkkeli, Nummela & Saarenketo, 2018; Hruby et al., 2019).

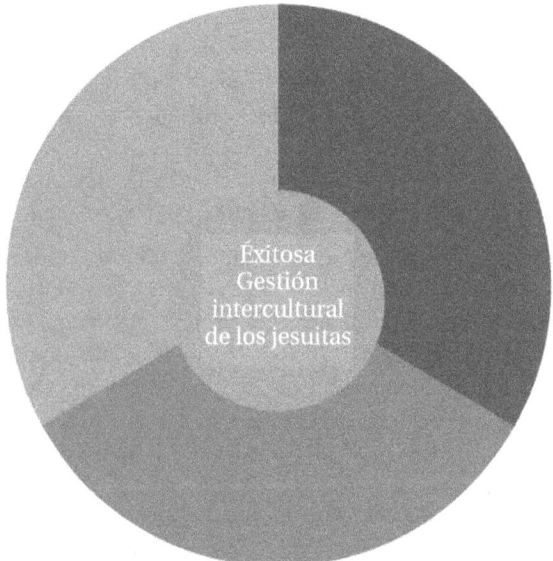

● Gestión intercultural, capital humano y habilidades lingüísticas
● Mentalidad global
● Expansión global de las PYMEs e internalización éxitosa

Fig. 1.1: Campos de investigación relevantes.

El análisis cualitativo longitudinal comparativo de los jesuitas que actuaron como "gestores" en el Japón y el Perú de principios de la Edad Moderna arrojará luz sobre los aspectos mencionados y, debido a un largo marco temporal histórico, permitirá recomendaciones más detalladas y, sin duda, pertinentes para las empresas actuales cuyos gestores se enfrentan a problemas similares con respecto a la obtención de las capacidades necesarias de equipos de gestión internacionales que puedan actuar en el mejor interés de las empresas globales (Bartel-Radic, 2006). Además, el análisis cualitativo longitudinal histórico comparativo permite obtener determinaciones más claras para la gestión intercultural, especialmente en lo que respecta a las categorías pertinentes, a saber, la prueba de la existencia de capital humano y una mentalidad global (para un análisis de los métodos cualitativos, véase Dubois & Gadde, 2002; Flyvbjerg, 2006; Gibbert, Ruigrok, & Wicki, 2008; Welch, Piekkari, Plakoyiannaki, & Paavilainen-Mäntymäki, 2011).

Problematización

¿Qué papel desempeñaron el capital humano y la mentalidad global en el éxito de la gestión religiosa intercultural, especialmente en el caso de las estructuras de gestión jesuita de los siglos XVI y XVII analizadas? Para responder a esta pregunta, el presente estudio proporcionará una visión más profunda de dos factores muy importantes de la gestión global, es decir, intercultural, que también determinan el crecimiento y el rendimiento de las PYMEs en el siglo XXI, a saber, el capital humano y la mentalidad global, mediante el análisis intensivo de dos estudios de casos históricos que subrayan la importancia de estos dos elementos para el éxito de la gestión intercultural durante el periodo de la globalización temprana y el establecimiento e internacionalización de las estructuras de las PYMEs de principios de la Edad Moderna. A pesar de su carácter histórico con respecto a su objeto de estudio, este libro podrá aportar importantes ideas que pueden utilizarse para comprender mejor el valor y la importancia del capital humano y la mentalidad global, así como su implicación como condiciones previas necesarias para una gestión intercultural y una expansión de las PYMEs más equilibradas por parte de las empresas y los equipos interculturales de hoy en día. Problemas similares existen en la economía mundial globalizada y pueden evitarse mediante una estrategia que tenga en cuenta las medidas que aseguraron el éxito en el pasado, evitando al mismo tiempo las decisiones que condujeron al fracaso. Dado que una estructura de gestión exitosa es capaz de determinar el éxito de una empresa, no solo desde el punto de vista financiero, sino también en lo que respecta a la innovación (Chemmanur, Kong, Krishnan, & Yu, 2019), es aún más importante aprender de las estructuras de gestión del pasado para asegurar estrategias orientadas al futuro en relación con una gestión exitosa, especialmente la gestión intercultural, para las empresas en los días venideros.

El caso de la Orden de los Jesuitas

El objetivo principal del siguiente estudio es averiguar cómo se establecieron las primeras estructuras de gestión modernas, en el caso concreto de los jesuitas, y cómo se determinaron las decisiones relacionadas con los negocios en relación con la existencia y la evaluación del capital humano y la mentalidad global. En otras palabras, la cuestión central para la investigación empresarial internacional, a saber, los factores determinantes del éxito o el fracaso de las empresas (Bartel-Radic, 2013, 239), ocupará un lugar central en el siguiente análisis. Al tener acceso a competencias interculturales a nivel personal, es decir, los propios misioneros, los jesuitas como organización adquirieron competencias interculturales adicionales que podían utilizar para ampliar aún más su influencia y su labor misionera (Bartel-Radic, 2013, 240). En el caso de los jesuitas, habría que subrayar lo que se afirma también para las empresas modernas, a saber, que "la experiencia internacional y la interacción intercultural, apoyadas por estrategias geocéntricas de recursos humanos internacionales, son factores clave en el desarrollo organizativo de la competencia intercultural" (Bartel-Radic, 2013, 239).

A los jesuitas les interesaba ante todo difundir la religión cristiana, como subrayó P. F. Willert de forma casi hagiográfica:

> Iglesias y santuarios fueron los trofeos de sus victorias incruentas, o si no incruentas, compradas con la sangre de sus propios mártires; no fue el estruendo de la batalla, sino la música de las campanas santas lo que marcó su progreso; no corazones rotos, sino conciencias sanadas; no ciudades saqueadas, mujeres violadas e infantes asesinados gratuitamente, sino pueblos bien ordenados, vírgenes dedicadas a Dios, y niños pequeños liberados de las ofrendas a los demonios y llevados a la familia de Jesús y María. Tales fueron sus trabajos, de los que todas las regiones de la tierra estaban llenas. (1887, 338)

Sin embargo, no sólo conseguían nuevos creyentes para la Iglesia cristiana, sino que también adaptaban técnicas de gestión intercultural que les permitían llegar fácilmente a posibles conversos en diferentes regiones geográficas (Duignan, 1958, 725-726). No había unidad entre las órdenes cristianas cuando se trataba de prácticas misioneras, pero los jesuitas "lideraban el movimiento de acomodación y adaptación" (Duignan, 1958, 725), lo que significa que aceptaban la existencia de la diversidad y estaban dispuestos a acomodarse a ella, siempre que facilitara sus actividades misioneras: "La experiencia con paganos y no creyentes no sólo ayudó a los jesuitas a desarrollar métodos para dirigir el cambio cultural, sino que les obligó a adoptar una posición de relativismo para hacer frente a la diversidad de condiciones encontradas" (Duignan, 1958, 726).

En definitiva, los jesuitas "supieron trabajar para ganar las almas de los hombres con tacto y paciencia, no con rudeza e impaciencia" (Duignan, 1958, 726). Conocemos un caso en la India, por citar sólo un ejemplo, en el que Roberto de Nobili (1577-1656) estudió las tradiciones y la lengua brahmánicas y siguió las normas religiosas y culturales pertinentes, lo que le facilitó enormemente ganarse la confianza y finalmente la creencia de muchas personas en la India, que siguieron de buen grado sus argumentos para convertirse al cristianismo (Duignan, 1958, 727). En consecuencia, combinó las habilidades lingüísticas y la flexibilidad dogmática, mostrando cómo el capital humano y una mentalidad global conducirían al éxito una forma de gestión intercultural, es decir, la existencia de conversos. Se conocen ejemplos similares en China, pero estos enfoques e interpretaciones jesuitas de la labor misionera también provocaron luchas con otras órdenes, cuyos miembros no estaban dispuestos a acatar tales formas interculturales de trabajo misionero, y especialmente la mentalidad global de los misioneros jesuitas, ya que los primeros creían en la superioridad europea: "Intrigantes, rebeldes, hipócritas, casuistas, todos han sido términos aplicados a los jesuitas. Se les ha atacado por tolerar costumbres paganas y transigir con ellas, y se les ha acusado de profanar el cristianismo adaptando rituales paganos a usos cristianos" (Duignan, 1958, 730).

Estos pocos ejemplos ya dejan claro que los jesuitas eran muy capaces de ajustar su enfoque misionero a las condiciones previas existentes en una región específica (Healy, 1958). Los jesuitas también participaron en el desarrollo del comercio local y se convirtieron en agentes de la transnacionalización de las relaciones comerciales de principios de la Edad Moderna, especialmente en relación con el comercio transpacífico de plata, que, en cierto modo, también conectaba Japón y Perú (Cauti, 2005, 254-262).

Los éxitos de los jesuitas fueron posibles gracias a la posesión y aplicación de capital humano y de una mentalidad global, establecida por su formación misionera, que, a diferencia de otras órdenes, les permitió adoptar elementos locales para hacer más atractivo el mensaje cristiano a la población autóctona. En cuanto a la educación y la creación de capital humano, los jesuitas siguieron pasos similares a los que deben seguir las empresas actuales: 1) reclutamiento y selección, 2) formación y desarrollo, y 3) evaluación del desempeño (Jain & Ahuja, 2019, 269-270).

En Japón, donde su misión comenzó con la llegada de Francisco Javier (1506-1552) en 1549 (Vlam, 1979, 48), los jesuitas intentaron educar a los discípulos japoneses, especialmente en latín y portugués, ya que existía una necesidad evidente de formación lingüística, al ser ésta una de las aptitudes relacionadas con el capital humano más importantes para el éxito de la actividad misionera. Aunque los jesuitas habían logrado la conversión de unos 750.000 japoneses hacia 1600 (Boxer, 1951, 180-187), no pudieron proporcionar suficientes misioneros para este inmenso número de creyentes, sobre todo porque las conversiones masivas solían ser consecuencia del bautismo de un señor feudal local (*daimyō*). La temprana suposición de Javier de que Japón proporcionaría un terreno muy fructífero para las actividades misioneras jesuitas fue, en consecuencia, demasiado entusiasta (Ellis, 2003, 157).

Aunque los jesuitas habían reconocido la importancia de la lengua (Vande Walle, 1996) y habían comenzado a imprimir los primeros diccionarios para la formación y el uso de los misioneros (Correia, 2003, 80-81),[2] existía una incapacidad numérica que hacía problemáticas sus actividades. Además, las conversiones masivas de subordinados a un daimyō local podrían haber aumentado el número de creyentes sobre el papel, pero no en la realidad, donde las nuevas comunidades cristianas habrían necesitado orientación espiritual para su desarrollo religioso (López-Gay, 2000). Otro problema infraestructural fue la falta de financiación oficial, por lo que los jesuitas tuvieron que involucrarse en el comercio de la seda entre Macao y Japón para asegurarse ingresos económicos suficientes para sufragar sus actividades misioneras en el país (Cushner, 1967, 361). En consecuencia, tuvieron que enfrentarse a problemas similares a los de las PYMEs que se expanden hacia mercados extranjeros en la actualidad.

Más allá de estos problemas existentes, los jesuitas también tuvieron que lidiar con una lucha interna sobre el valor de los enfoques interculturales en su gestión religiosa, lo que representa un discurso sobre una mentalidad global. El visitador Alessandro Valignano (1539-1606) luchó con el superior Francisco Cabral (1529-1609) sobre las estrategias y técnicas que debían utilizar los jesuitas durante sus actividades misioneras en Japón. Mientras Valignano era partidario de enfoques interculturales basados en la formación de jesuitas y discípulos japoneses en lo que respecta a la lengua y la cultura, Cabral se oponía a la adopción de elementos extranjeros en la misión jesuita. Este enfrentamiento fue una expresión moderna temprana de la lucha sobre el valor del capital humano y la mentalidad global relativa a un nuevo enfoque intercultural de la gestión (Hoey, 2010).

Japón no fue la primera misión jesuita que acabó fracasando (Gradie, 1988), pero, a diferencia del caso peruano, es evidente que los misioneros jesuitas no fueron capaces ni de ganarse la confianza y el apoyo de las autoridades locales ni de crear una comunidad sólida de creyentes o conversos entre quienes determinarían el destino del país en los siglos venideros.

Es, por tanto, un esfuerzo interesante y prometedor comparar los dos casos que Cauti consideraba "dos modelos incompatibles" (2005, 299-319), especialmente en lo que respecta a la existencia y aplicación de capital humano y mentalidad global por parte de los misioneros jesuitas individuales, así como de la orden como tal, en sus entornos culturales y políticos

---

[2] Correia cita una carta del padre Diogo de Mesquita al rector del Colegio de Manila, Nagasaki, 28 de octubre de 1599, Archivo Romano de la Compañía de Jesús, Japonica-Sinica, 13 II, fl. 349.

específicos. El estudio mostrará qué factores de impacto, además del interés genuino de los jesuitas, desempeñaron un papel y fueron responsables del éxito o fracaso de las estructuras establecidas. Por lo tanto, examinará en particular el papel de las personas dentro de las premisas de decisión de las organizaciones (Luhmann, 2011, 222-255). Volker Kessler ha considerado anteriormente los escritos de Ignacio de Loyola como "precursores de las modernas técnicas de gestión de la toma de decisiones" (2019, 106): "En sus Ejercicios Espirituales Ignacio presentó un modelo holístico para la toma de decisiones que integra la espiritualidad, la intuición, las emociones y el razonamiento" (Ibid., 116). Este estudio mostrará hasta qué punto tanto sus sucesores como sus discípulos reaccionaron con respecto a sus decisiones relacionadas con la misión de acuerdo con la recomendación de Loyola de tomar decisiones "cuando se reciba suficiente claridad y entendimiento a través de la experiencia de consuelos y desolaciones, y a través de la experiencia del discernimiento de diferentes espíritus" (Loyola, 1951, Sp.Ex. 176, citado en Kessler, 2019, 107-108).

Al mismo tiempo, el libro analizará los entornos locales de expansión y, por lo tanto, proporcionará una visión de los problemas a los que las corporaciones en expansión y activas internacionalmente podrían enfrentarse en nuestros días (Koschorke, 1998). En consecuencia, la comparación propuesta destacará cómo los parámetros locales deben tenerse en cuenta para las decisiones empresariales actuales, especialmente las relacionadas con la internacionalización de las PYMEs (Domínguez & Mayrhofer, 2018b). Por supuesto, Japón y Perú son regiones culturalmente diferentes y lo eran aún más en los años 1500 y 1600. Será de especial interés cómo reaccionaron los agentes jesuitas ante estas condiciones previas existentes. Un análisis de sus estrategias pondrá de relieve hasta qué punto valoraban el capital humano existente o necesario y las exigencias de una mentalidad global o, para ser más precisos, globalizada. Así pues, tomando estos elementos en su conjunto, el análisis mostrará finalmente cómo funcionaba la gestión intercultural en los siglos XVI y XVII y que era bastante similar a las formas modernas de dicho formato de gestión. También explicará por qué fracasó en Japón mientras que parecía funcionar mucho mejor en Perú.

Existe abundante bibliografía sobre la Compañía de Jesús en varios idiomas (Shore, 2007), incluso en algunas revistas importantes como el *Journal of Jesuit Studies* (Brill) y la serie de libros *Jesuit Studies* (Brill). Por supuesto, este libro también hará referencia a estudios recientes escritos en portugués, español y japonés. Independientemente de la cobertura histórica de las actividades jesuitas, ninguna investigación ha intentado conectar los datos disponibles para los casos nombrados desde una perspectiva de gestión. Esto se hará por primera vez en el presente estudio, que se centra en el capital humano y la mentalidad global como condiciones previas para el éxito de la gestión intercultural.

Capítulo 2
Revisión bibliográfica

El siguiente capítulo pretende ofrecer una revisión de la literatura en los campos de estudio anteriormente mencionados que son relevantes para el presente libro:
1) gestión intercultural, capital humano y competencias lingüísticas,
2) la mentalidad global, y
3) la expansión mundial de las PYMEs.

Independientemente del hecho de que actualmente vivimos en un mundo globalizado, las diferencias culturales siguen existiendo, especialmente dentro de las estructuras organizativas y las empresas (Barmeyer, 2018, 9). La globalización o internacionalización, por lo tanto, proporciona casi naturalmente el contexto para todas las investigaciones relacionadas con la gestión intercultural (Barmeyer, 2018, 17) y la internacionalización de las PYMEs (Chetty, Ojala, & Leppäaho, 2015; Zhang, Ma, Wang, Li, & Huo, 2016; Ahi, Baronchelli, Kuivalainen, & Piantoni, 2017; Domínguez & Mayrhofer, 2018c; Prange & Zhao, 2018; Sestu, Majocchi, & D'Angelo, 2018; St-Pierre, Lacoursière, & Veilleux, 2018), que suelen estar representados en entornos culturalmente diferentes por equipos globales (Bartel-Radic, 2006; Maloney & Zellmer-Bruhn, 2006). Los jesuitas, como primeros agentes de la globalización, tuvieron que lidiar con cuestiones relacionadas con dicha gestión intercultural, ya que los misioneros solían entrar en contacto con representantes de diferentes culturas a los que había que persuadir para que se convirtieran al cristianismo.

Al igual que las empresas modernas, los jesuitas primero necesitaban identificar la alteridad existente antes de poder tratar de abordarla (Barmeyer y Frankling, 2016a). Las competencias y los recursos solo pueden canalizarse hacia estas necesidades una vez identificadas. El "manejo [de] la alteridad cultural" (Barmeyer y Frankling, 2016c), por lo tanto, suele comenzar a nivel individual, pero debe incorporarse como política oficial de la empresa para tener éxito o un impacto positivo.

En consecuencia, los jesuitas se consideran una compañía religiosa de principios de la Edad Moderna cuyo objetivo era convertir al cristianismo al mayor número posible de personas, creando al mismo tiempo estructuras que les permitieran financiar estas actividades. La gestión intercultural era necesaria para alcanzar estos objetivos, ya que los jesuitas actuaban como gestores extranjeros en un entorno cultural y políticamente diferente. El capital humano de los individuos acabó siendo decisivo para el éxito o el fracaso de las estructuras de gestión establecidas en regiones culturalmente diferentes, a saber, las provincias de la orden de Japón y Perú.

En estos estudios de casos provinciales, se encontraron individuos de diferentes contextos culturales, y en estos casos, en contraste con nuestros tiempos modernos, es más que obvio desde los primeros encuentros que "[l]a globalización une lugares y personas" (García Echevarría, 1999, 48). La globalización, al mismo tiempo, estimula procesos de cambio (Ibid., 50-58) y exige reacciones especiales de las empresas y de las organizaciones internacionales en particular (Ibid., 59-65). La internacionalización de las organizaciones, como la de los jesuitas a principios de la Edad Moderna, ofrece por tanto, según Barmeyer (2018), un triple contexto de interculturalidad:

1) Un macrocontexto en relación con la internacionalización y globalización general de una empresa u organización (Ibid., 17-19),

2) Un contexto meso para las organizaciones internacionales (Ibid., 20-26), y

3) Un microcontexto para la gestión internacional (Ibid., 27-30).

Un examen más detenido de este último aspecto reviste especial interés para el presente estudio de la gestión intercultural llevada a cabo por los jesuitas en Japón y Perú durante el siglo XVI y principios del XVII. Independientemente de tales perspectivas, Domínguez y Mayrhofer (2017) subrayaron que la internacionalización de las empresas no siempre es un proceso riguroso, y el éxito global a menudo depende de algo más que del microcontexto como tal. Las estrategias específicas de gestión y marketing exigen cambios debido a un cambio en los contextos locales y/o globales (Ivens y Mayrhofer, 2003), especialmente cuando las estrategias no abordan un contexto culturalmente diferente. El hecho de que las empresas y sus respectivas estrategias de modo de entrada puedan fracasar debido a los prejuicios nacionales y culturales de la dirección de la empresa (Mayrhofer, 2004) hace evidente que los directivos tienen que pensar en las diferencias culturales y la interculturalidad, al igual que tuvieron que hacer los jesuitas hace más de 400 años.

Los directivos deben desarrollar la sensibilidad cultural porque "la toma de decisiones, la planificación de proyectos, la celebración de reuniones y la comunicación de opiniones a un miembro del personal son ejemplos de actividades de gestión universales, pero todas ellas se vuelven más difíciles cuando los directivos trabajan más allá de las fronteras culturales de la empresa o del país, porque pueden llevarse a cabo de formas específicas para cada cultura" (Holzmüller, 1997, 263). Holzmüller esbozó además por qué la interculturalidad exige una gestión culturalmente sensible para garantizar el éxito de una empresa en un contexto culturalmente diferente:

Cuando las personas se encuentran no sólo con una lengua extranjera y un estilo de comunicación diferente, sino con formas distintas de actuar y de gestionar, esto puede resultar muy agobiante. En una situación turística, las diferencias interaccionales suelen provocar sólo una incomodidad pasajera, pero en los negocios suele estar en juego mucho más. El éxito de los negocios de la empresa o del cliente, la armonía de las relaciones importantes, los puestos de trabajo del personal y de los colegas y/o incluso el propio, son algunas de las cosas que pueden peligrar por una interacción de gestión disfuncional influenciada culturalmente. (Ibid.)

Teniendo en cuenta el posible impacto, negativo o positivo, de la interculturalidad, no es de extrañar que numerosos estudios se hayan centrado en los resultados de las empresas en relación con la sociedad (Whitley, 1999; Maurice y Sorge, 2000) y, lo que es igual de importante, con la cultura (D'Iribarne, 1994; 2009; Hofstede, Hofstede y Minkov, 2010). Barmeyer y Mayrhofer también han destacado que los aspectos culturales no solo afectan al nivel directivo de una empresa u organización, ya que "la historia de un país, su identidad y el conjunto de valores relacionados con ella constituyen un marco de referencia que condiciona y da sentido a las prácticas sociales de las partes interesadas, incluso dentro de la organización y sus actores" (2014, 430). D'Iribarne et al. (2020, 1-3) destacaron de forma similar la importancia de la cultura para las decisiones de gestión modernas, y no es de extrañar que también fuera de especial importancia para la labor de gestión de los jesuitas en los siglos XVI y XVII.

Aunque la propia gestión suele estar estrechamente vinculada a las culturas específicas de su origen (Ibid., 13-14), no es sólo el origen cultural de una empresa lo que define el éxito de la gestión intercultural. Barmeyer, Bausch y Mayrhofer señalaron recientemente que

[las] organizaciones están cada vez más impregnadas de interculturalidad, y sus actores son cada vez más interculturales en su trabajo y sus prácticas. Aunque la globalización ha conducido, en cierta medida, a la armonización y normalización en las esferas social, cultural y económica, la diversidad cultural sigue presente en las organizaciones. Estas diferencias no pueden negarse ni minimizarse.... (2021, 1)

También destacaron que "la interculturalidad desempeña un papel central dentro de las organizaciones y entre ellas, y los actores necesitan nuevos enfoques sobre cómo abordar la diversidad cultural" (Ibid.). En otras palabras, las empresas y organizaciones que no acepten la importancia de la interculturalidad perderán automáticamente oportunidades de penetrar en nuevos mercados globales y de gestionar con éxito los ya existentes. Como muchos otros aspectos relacionados con los procedimientos de gestión en las empresas, la interculturalidad también debe gestionarse, ya que "surge de la diversidad cultural y refleja los procesos y resultados de grupos diversos. Si no se gestiona de forma adecuada, la interculturalidad puede resultar irritante y conflictiva debido a la divergencia de valores, expectativas, normas, significados e interpretaciones de los actores" (Ibid.). Para evitar problemas basados en contextos culturales diferentes, es importante preparar a los directivos para las actividades interculturales.

Grosskopf y Barmeyer (2021, 2) dejaron claro que a veces es difícil rendir tributo a la interculturalidad como categoría analítica para los investigadores, ya que un análisis de las prácticas de gestión transculturales también requeriría un enfoque intercultural. Thomas afirmó que "[l]a cultura como sistema de orientación estructura un campo de acción específico para el individuo perteneciente a esa sociedad, creando así las condiciones para el desarrollo de formas independientes de dominio del medio individual" (1988, 149, citado en Fink & Meierwert, 2004, 65). Las normas culturales, tal y como se formulan en los contextos nacionales de un determinado directivo, acaban determinando sus interacciones transculturales (Fink & Meierwert, 2004, 65). En consecuencia, no es de extrañar que el estudio de la cultura en relación con los aspectos de gestión haya cobrado importancia debido al auge de la empresa multinacional (EMN), "un artefacto de la sociedad moderna que puede trasladar las teorías de una cultura a la práctica en otras" (Lane, 1980, 62). Los problemas empresariales en un mundo cada vez más globalizado solían estar relacionados con la "insensibilidad cultural" (Ibid.), y las empresas estaban interesadas en evitarlos. Debido al interés por estas cuestiones, "los remedios solían centrarse en aumentar la sensibilidad hacia la cultura de acogida para mejorar las habilidades de comunicación interpersonal de los directivos" (Ibid.). Sin embargo, Lane ha subrayado que las relaciones de los sistemas de gestión con la cultura eran a menudo poco claras, y puesto que era difícil trabajar con la cultura como categoría, algunas empresas -como los jesuitas en el caso que nos ocupa- tuvieron que enfrentarse primero a los problemas antes de que una investigación más profunda pudiera estimular la comprensión y, por tanto, una estrategia de gestión posiblemente más acertada que abordara las necesidades específicas del espacio culturalmente diferente al que se quería expandir. Además, las empresas tenían la posibilidad de abordar las cuestiones culturales utilizando diferentes subsistemas administrativos (Lane, 1980, 64):

a) **Estrategia**: Es la forma en que una organización decide relacionarse con su entorno exterior. Abarca aspectos como el nicho elegido por la empresa en su sector y el control de los factores críticos para competir con éxito en ese nicho, la forma en que la empresa desarrolla los recursos y el modo en que se "lee" y se aborda el entorno político y social.

b) **Estructura**: Es la división del trabajo, la jerarquía y los mecanismos de integración utilizados por la empresa.

c) **Sistemas de medición**: Son los sistemas de información y control relacionados con las tareas y los sistemas de valoración y evaluación del rendimiento de los empleados.

d) **Sistemas de recompensa**: Es la constelación de prácticas de asignación de puestos, compensación, sanción y promoción de la empresa.

e) **Sistema de selección y desarrollo**: Incluye las prácticas de reclutamiento, selección, formación y desarrollo.

Los sistemas administrativos se aplican siempre que los directivos intentan vincular su empresa u organización al contexto específico en el que actúan, como también lo hacen entre la empresa y sus empleados, así como entre éstos y sus respectivas tareas, pero también exigen más o menos sensibilidad intercultural en función del espacio cultural en el que operan (Lane, 1980, 64). En pocas palabras, cuantas más diferencias culturales existan en los sistemas administrativos existentes, más competencias interculturales se exigirán a los directivos. Esto hace que la gestión intercultural sea una necesidad básica para el éxito de una empresa que opera a escala mundial.

La gestión intercultural, siguiendo la definición de Engelhard (2018), "forma parte de la gestión internacional. A diferencia de esta última, la gestión intercultural no tiene por objeto la coordinación de la empresa frente a todo su entorno (entorno económico, técnico, jurídico, etc.), sino exclusivamente el segmento ambiental de la 'cultura'. El objetivo de la gestión intercultural es tratar con éxito los problemas de gestión en situaciones de superposición intercultural". La cultura como tal funciona como un "sistema de orientación dinámico transmitido comunicativamente que proporciona supuestos básicos sobre la existencia humana, valores, normas y símbolos" (Ibid.), pero que puede percibirse en función de las diferencias nacionales o regionales y, por tanto, debe ser definida por los gestores interculturalmente exitosos en y para su respectivo contexto de actuación, lo que no significa que tengan que adoptar automáticamente valores culturales extranjeros o negar los propios. Sin embargo, deben actuar con conciencia de estas diferencias.[1]

Barmeyer, Bausch y Mayrhofer esbozan a este respecto que "[l]a gestión intercultural... considera todos los procesos que surgen entre actores de diferentes culturas. Al tiempo que compara culturas, también considera la dinámica subyacente y los resultados de la interacción intercultural, ya sean positivos o

---

[1] Thomas (2014) definió la gestión transcultural, un término también utilizado en la literatura, de la siguiente manera: "La gestión transcultural es el estudio de la gestión en un contexto transcultural. Incluye el estudio de la influencia de la cultura social en los directivos y la práctica de la gestión, así como el estudio de las orientaciones culturales de los directivos individuales y los miembros de la organización. En el plano individual, ocupan un lugar destacado los valores de los individuos, así como su comprensión de su contexto cultural y su experiencia, y sus reacciones ante ellos."

negativos. Así pues, tiene en cuenta tanto la interacción de los individuos como el carácter evolutivo de los sistemas sociales" (2021, 4). Desde una perspectiva de gestión, las operaciones globales y multinacionales de las empresas u organizaciones, dentro de ellas, los aspectos culturales también determinan el desarrollo de las relaciones de poder (Barmeyer y Mayrhofer, 2010; 2020), hacen que la interculturalidad sea inevitable y, por lo tanto, exige estrategias pertinentes para trasplantar una cultura operativa y de gestión empresarial existente a un mercado o ámbito de operación basado en normas culturales diferentes. Según Engelhard (2018), las empresas y los principales representantes de la dirección pueden desarrollar diferentes planes estratégicos para lograr este objetivo:

1. **Estrategia monocultural**: La cultura empresarial de la casa matriz se transfiere a la sucursal extranjera, por lo que se considera que la cultura empresarial propia es dominante frente a la extranjera y, mediante actividades de gestión adecuadas, se garantiza que en sus sucursales extranjeras se cree una cultura empresarial idéntica a la de la casa matriz.

2. **Estrategia multicultural**: Las filiales desarrollan su propia cultura corporativa y la adaptan según su propia cultura nacional. El resultado es una situación en la que las filiales pueden incluso tener una cultura corporativa completamente diferente a la de la empresa matriz.

3. **Estrategia de cultura mixta**: Se produce una mezcla cultural entre las filiales y la empresa matriz, lo que da lugar a una cultura corporativa uniforme. A diferencia del monoculturalismo puro, que equivale a una exportación cultural de la empresa matriz a las filiales, aquí se produce una síntesis cultural.

Teniendo en cuenta estas estrategias, no es de extrañar que las teorías relacionadas con aspectos de la gestión intercultural se formularan y se formulen a menudo en relación con conceptos específicos de áreas funcionales (Engelhard, 1997), aunque la cultura no desempeñara un papel destacado en la investigación relacionada con la gestión desde el principio (Tabla 2.1).

Aunque la investigación en profundidad relacionada con cuestiones de gestión intercultural es relativamente joven, este campo cobró importancia a partir de la década de 1960, sobre todo porque no considera la gestión únicamente como una cuestión relacionada con la empresa, sino también como un "campo de configuración relacionado con la cultura" (*kulturabhängiges Gestaltungsfeld*, Barmeyer, 2018, 31) para las estrategias y las organizaciones empresariales. En cuanto a los focos de investigación sobre cultura y gestión, existen numerosas posibilidades al alcance de la mano, de las cuales la gestión intercultural es probablemente la más sofisticada y ambiciosa (Tabla 2.2).

Tabla 2.1: El desarrollo de la investigación en gestión cultural (Barmeyer, 2018, 31-32).

Periodo de tiempo	Nivel inicial	Escenario	Enfoque
Antes de 1960		"Ignorancia cultural" de la gestión empresarial	La cultura como fenómeno inexistente
Desde 1960	Nivel macro	Gestión intercultural	Enfoque de gestión sin cultura. Enfoque de gestión basado en la cultura (cultura nacional como variable independiente)
Desde 1970		Gestión comparativa	Correlación entre cultura nacional y comportamiento directivo
Desde 1980	Nivel micro	Investigación relacionada con la cultura empresarial	Investigación/influencia de la cultura empresarial sin contexto nacional
Desde 1990	Nivel macro y micro	Integración cultural	Correlación entre cultura de gestión y cultura nacional
Desde 2000	A escala mundial	Puntillismo cultural	Consideración de pequeñas unidades culturales que determinan diferentes percepciones de la cultura
Desde 2010	Micronivel integrado	Situación cultural	Las empresas definen su propia cultura en función de la estrategia y el contexto

Tabla 2.2: Enfoques de investigación hacia los aspectos culturales de la gestión (Barmeyer, 2018, 32-33, en referencia a Adler, 1983).

Investigación	Referencia cultural de los estudios	Planteamiento sobre la similitud o la diferencia	Pregunta central de la investigación
Cerrada	Estudios sobre culturas individuales	Supuesta similitud	¿Cómo actúan las personas en relación con el trabajo en las organizaciones o empresas?
Etnocéntrica	Estudios sobre una segunda cultura	Búsqueda de similitudes	¿Pueden aplicarse las teorías del propio contexto nacional a contextos culturales extranjeros?
Policéntrica	Estudios sobre numerosas culturas	Buscar diferencias	¿Cómo trabajan los directivos y los empleados en un país concreto?
Comparativa	Estudios para la comparación de (muchas) culturas diferentes	Buscar similitudes y diferencias	¿En qué medida el comportamiento de directivos y empleados es diferente o similar en las distintas culturas?
Geocéntrica	Estudios de gestión internacional	Búsqueda de similitudes	¿Cómo funcionan las organizaciones internacionales?
Sinergia	Estudios sobre gestión intercultural	Utilización de similitudes y diferencias como recursos	¿Cómo pueden gestionarse las acciones interculturales en empresas y organizaciones nacionales o internacionales?

En un análisis de dos importantes revistas de gestión, a saber, *International Journal of Cross Cultural Management* y *Cross Cultural and Strategic Management*, entre 2001 y 2018, Barmeyer, Bausch y Moncayo (2019) mostraron que los estudios sobre gestión intercultural se centran principalmente en la cultura corporativa, la gestión de recursos humanos y las dimensiones culturales. Estos estudios tienden a seguir "cuatro grandes paradigmas de investigación: positivista, interpretativista, posmoderno y crítico" (Romani, Barmeyer, Primecz y Pilhofer, 2018, 2). Estos paradigmas se basan en los siguientes supuestos:

1. El paradigma **positivista** de la investigación transcultural define las culturas como fenómenos autónomos, separados y estables, compuestos de características distintas que pueden observarse, medirse y manipularse (Ibid., 3).
2. Los estudios **interpretativos** de la cultura se centran en la creación de un sentido compartido de la experiencia. Las culturas se consideran marcos interpretativos compartidos dentro de un grupo por personas con una socialización común, pero que también difieren en sus posiciones sociales y opiniones (Ibid., 4).
3. Al igual que el trabajo interpretativo, los estudios inspirados en **el posmodernismo** hacen hincapié en una comprensión local. Valoran las descripciones ricas y específicas del contexto de los casos, al tiempo que incluyen afirmaciones más contundentes sobre la ambigüedad, la fluidez y la transformación constante, así como la contradicción inmanente (Ibid., 5).
4. Los estudios en el paradigma crítico comparten el énfasis en la relación entre poder, conocimiento y teoría con la investigación que resulta de una inspiración posmoderna. Sin embargo, a diferencia del posmodernismo, las teorías críticas tienden a recurrir a las grandes narrativas porque se centran en las dicotomías de poder, la opresión y la reproducción del statu quo, investigando cómo las estructuras de poder (por ejemplo, sociales, económicas, militares y políticas) influyen en la gestión (Ibíd., 7).

Independientemente de los avances mencionados y de los diversos enfoques sobre la interrelación entre cultura y gestión, también hubo conflictos en cuanto a la importancia que la primera debería tener en la investigación sobre gestión. Mientras Oberg (1963, 142) destacaba el papel de las diferencias culturales, England y Lee (1974) apoyaban la hipótesis de la convergencia,[2] y Negandhi (1975) sostenían que existen variables socioculturales que determinan las políticas de gestión. Al mismo tiempo, muchos estudios eran de hecho estudios nacionales que no se centraban demasiado en las diferencias culturales

---

[2] Para un estudio de esta hipótesis, véase Rassekh (1998).

(Kelley y Worthley, 1981, 165). En cuanto a la importancia de estas últimas, se desarrollaron dos modelos de gestión comparativa diferentes, a saber, el de Farmer y Richman (1965), que describía la cultura como una de las principales variables para la eficacia de la gestión de una empresa u organización, y el de Negandhi y Prasad (1971), que consideraba las filosofías de gestión como factores independientes dentro de las empresas u organizaciones. Estudios posteriores intentaron combinar ambos modelos (Kelley y Worthley, 1981, 167-169), aunque hasta los años ochenta, como ya se ha mencionado, muchos estudios siguieron siendo transnacionales en lugar de transculturales en su nivel de análisis (Negandhi, 1983, 19).

Además, muchos estudios han considerado durante mucho tiempo que los aspectos interculturales son una desventaja para las empresas y organizaciones, mientras que trabajos recientes tienden a destacar que la gestión intercultural puede tener un efecto positivo siempre que los directivos en cuestión reciban algún tipo de formación, lo que se ha considerado que ofrece la posibilidad de aumentar la eficiencia empresarial en contextos operativos culturalmente diferentes (Kiryakova-Dineva y Hadzhipetrova-Lachova, 2017). Las empresas y organizaciones que operan en un mercado global se dan cuenta y aceptan la necesidad de una interculturalidad constructiva que, según Barmeyer, Bausch y Mayrhofer (2021, 4), se desarrolla en los tres pasos siguientes:

1. Conciencia y comprensión de la cultura y las diferencias culturales,
2. Adquirir experiencia a través de ejemplos y prácticas, y
3. Diseños y opciones de actuación estratégica.

Debido al hecho de que "la gestión intercultural se enmarca en el contexto de la internacionalización y la globalización[,] personas y organizaciones de diferentes países y continentes interactúan en el ámbito político, social y económico de un mundo global" (Ibid., 8), sobre todo porque la falta de sensibilidad intercultural podría perjudicar gravemente el rendimiento empresarial y de gestión de la empresa u organización respectiva.

Teniendo en cuenta estas necesidades, existe un debate crucial sobre la convergencia o la divergencia como principios rectores de la gestión intercultural (Barmeyer & Mayrhofer, 2008; 2020). Las dos cuestiones centrales relacionadas con estos debates son las siguientes: "¿Los procesos globales de transferencia y difusión conducen a la aproximación gradual de las personas y las organizaciones de todo el mundo, es decir, se vuelven más uniformes? ¿O idean naciones y culturas concretas sus propias formas de abordar la diversidad cultural, manteniendo su singularidad?". (Barmeyer, Bausch & Mayrhofer, 2021, 11). El impacto de los dos factores puede identificarse a menudo para los directivos individuales, ya que "los individuos se ven influidos por los dos mecanismos de alineación y diferenciación, así como por la convergencia y divergencia de las influencias culturales, que conducen a cambios de valores en la sociedad" (Ibid., 12).

Las cuestiones y preguntas mencionadas, sin embargo, se vuelven naturalmente más apremiantes para las empresas que tienen un fuerte interés comercial internacional porque están "incrustadas en redes intra e interorganizacionales con una variedad de actores marcados por diferentes antecedentes culturales" (Ibid., 13; véase también Buckley, 2018). Aunque hay tres tipos diferentes de modos de entrada en el mercado que una empresa puede elegir para su penetración inicial en un mercado extranjero y culturalmente diferente, a saber, las actividades de exportación, las alianzas estratégicas y las filiales de propiedad total (Barmeyer, Bausch y Mayrhofer, 2021, 13), su gestión se enfrentará sin duda alguna a "desafíos interculturales en las operaciones transfronterizas" (Ibíd., 14-16).

En consecuencia, la investigación sobre la gestión intercultural no solo ofrece múltiples aspectos y métodos para analizar el desempeño intercultural de una empresa u organización (Barmeyer, 2018, 115-138), sino también una posibilidad de fortalecer su eficiencia empresarial en mercados cada vez más internacionalizados y globalizados. Independientemente de los debates sobre las prácticas empresariales "ligadas a la cultura" o "libres de cultura" (Hickson, Hinings, McMillan & Schwitter, 1974; Maurice & Sorge, 2000), convergentes o divergentes en el pasado (D'Iribarne et al., 1998; Inglehart & Welzel, 2005), las empresas y organizaciones tienen que lidiar con un cierto nivel de interculturalidad en múltiples niveles de sus respectivos sistemas y prácticas organizativas, porque las empresas globales no pueden eludir un cierto grado de interculturalidad hoy en día (Barmeyer, 2018, 9). En situaciones de trabajo reales, esta interculturalidad puede causar problemas y malentendidos que impidan a una empresa u organización alcanzar sus objetivos; sin embargo, también existe una comprensión constructiva de la interculturalidad, que ofrece posibilidades de mejorar los resultados empresariales (Ibíd., 9-10; véase también Barmeyer y Franklin, 2016b). Aunque el lado constructivo de la gestión intercultural se ha ignorado durante mucho tiempo o sus efectos sinérgicos se han tratado de forma más bien marginal (por ejemplo, Gannon & Newman, 2002; Peterson & Søndergaard, 2008; Smith, Peterson & Thomas, 2008; Bhagat & Steers, 2009) y se han destacado las consecuencias negativas de la interculturalidad (Stahl & Tung, 2015; Chanlat & Pierre, 2018), trabajos recientes se han centrado especialmente en la gestión intercultural constructiva (GIC) (Barmeyer, 2018; Barmeyer, Bausch & Mayrhofer, 2021).

Los estudios sobre CIM consideran la gestión intercultural como una "opción para dar forma a la cooperación intercultural" (Barmeyer, 2018, 14), y la CIM per se se entiende como el "tratamiento consciente de las especificidades culturales y la diversidad cultural en contextos organizativos, donde, a través de procesos de adaptación y desarrollo mutuos, es posible utilizar constructivamente las especificidades como recursos enriquecedores y complementarios de tal manera que se cree valor añadido para las organizaciones y sus actores" (Ibíd.). Por lo tanto, también se asume, en contraste con las anteriores perspectivas negativas sobre la interculturalidad, que "la diversidad cultural también puede conducir a la sinergia y la complementariedad, en forma de creatividad e innovación" (Barmeyer, Bausch & Mayrhofer, 2021, 1). Los nuevos enfoques hacia la CIM deben, casi de forma natural, "considerar la interculturalidad y las diferencias culturales como un *recurso* y adoptar un enfoque *constructivo* explícito de la diversidad cultural". Llamamos a este nuevo enfoque *gestión intercultural constructiva*" (Ibid., énfasis en el original). En consecuencia, los nuevos enfoques también tienen que "basarse en la convicción humanista, idealista y normativa de que los seres humanos, ya sea en sus funciones de gestores o consultores, son capaces de aprender y desarrollarse" (Ibíd., 2), porque las interacciones interculturales pueden producir, y a menudo producen, resultados positivos también para las empresas y organizaciones (Barmeyer & Franklin, 2016b; Mayrhofer, 2017; véase también Franklin, 2007; Spencer-Oatey & Franklin, 2009). Que los jesuitas en Japón y Perú en los siglos XVI y XVII se enfrentaran a diferencias culturales, algunas de las cuales incluso superaban a las que las empresas u organizaciones contemporáneas encuentran en mercados más globalizados, hace que el estudio del trabajo misionero jesuita como una forma moderna temprana de gestión intercultural, en algunos casos como formas tempranas de CIM, sea particularmente interesante. El hecho de que las diversidades culturales sean aún más fuertes que en los globalizados siglos XX y XXI también nos permite centrarnos en algunos aspectos que fueron particularmente importantes para el éxito o el fracaso de las prácticas de gestión intercultural en los dos contextos geográficos de la globalización moderna temprana, la historia misionera y la historia de la gestión.

El capital humano es uno de los intangibles en los que se basa el éxito de una empresa. Por supuesto, la categoría actual de capital humano no puede trasladarse fácilmente a épocas pasadas, pero en lo que respecta al enfoque actual, probablemente sea la más prometedora para utilizar como marco teórico. Armstrong define el capital humano como todas las capacidades humanas, ya sean atributos innatos o adquiridos, cuyo valor podría incrementarse mediante inversiones de desarrollo adecuadas (2006, 29-52). Bonfour también ha subrayado ya la necesidad de "una reflexión multidisciplinar integrada sobre el lugar de los intangibles en el análisis estratégico moderno" (2007, 5). Puesto que vivimos en una sociedad en la que la economía refleja una "creciente importancia de los trabajadores creativos", no es de extrañar que "la irrupción de los intangibles en el ámbito estratégico subraye la importancia de las competencias y los activos de conocimiento como base sólida de la identidad de la empresa y, por tanto, de su competitividad" (Bonfour, 2007, 6).

En el caso de los jesuitas, como se ha subrayado anteriormente, era el capital humano, como uno de los intangibles relacionados con la empresa, aunque no plenamente en el sentido moderno de la palabra, ya que no se capitalizaban como hoy, de los individuos y el enfoque misionero intercultural de la orden en su conjunto lo que podía determinar el éxito de la misión (Nonaka & Reinmoeller, 1999, 22). Un análisis detallado del capital humano existente y de las competencias que aplicaron con éxito los misioneros en Japón o Perú también aportará más información e iluminación sobre las necesidades modernas de las empresas con actividad internacional, especialmente las PYMEs.

El capital humano de interés aquí podría ser la capacidad de hablar, leer o escribir en un idioma extranjero, así como capacidades sociales como las habilidades diplomáticas. Cañibano et al. (1999, 11-12) definen los intangibles del siguiente modo:

> Los "recursos inmateriales", que incluyen los "activos" y las "competencias" [es decir, el capital humano], se entienden en un sentido dinámico, es decir, que las empresas emprenden actividades para adquirir externamente o producir internamente esos recursos, y también para medirlos y gestionarlos. Aunque las actividades emprendidas son siempre costosas, las empresas no siempre son capaces de medir y hacer un seguimiento de esos costes. En general, esos costes se consideran "inversiones inmateriales", que pueden definirse como un conjunto de gastos (a veces no expresados en términos financieros), que pueden aparecer o no en los informes financieros de las empresas, y que dan lugar a nuevos "recursos inmateriales" o permiten un uso más eficiente de los existentes. Es probable que estos "recursos intangibles" aumenten el valor futuro de la empresa, en general, y su capacidad de innovación, en particular.

Según Sánchez et al. (2000, 312), las empresas definen los intangibles importantes, como el capital humano, en tres pasos:

1. La identificación de intangibles,
2. La valoración de intangibles, y
3. El seguimiento de los recursos y actividades relacionados.

Con respecto al capital humano en particular, Wohltmann (2018) sostiene que este se produce a través del aprendizaje y la formación basados en el gasto de recursos y en procesos de aprender haciendo. En el caso de los jesuitas, estos procesos no estaban centralizados, como podrían estarlo en las empresas modernas, sino que a menudo eran reacciones ad hoc a necesidades específicas en un contexto geográfico y cronológico concreto. El capital humano también está ligado a los individuos. Esto significa que, para el éxito de la gestión intercultural, las capacidades de los gestores individuales, en el presente caso, jesuitas individuales, fueron decisivas.

Para los jesuitas que fueron enviados a Japón o Perú en los siglos XVI y XVII, uno de los intangibles más esenciales para aumentar su capital humano como gestores interculturales eran sus conocimientos lingüísticos. El capital humano general de un misionero jesuita podría, por supuesto, haberse basado también en otros intangibles, por ejemplo, habilidades sociales o diplomáticas, pero teniendo en cuenta la necesidad de explicar los fundamentos de la religión cristiana a extranjeros que hablan un idioma diferente, la capacidad de comunicarse con los japoneses o los indígenas de Perú era probablemente la más importante (Piekkari & Zander, 2005; Barmeyer, 2018, 193-199).

Scarino (2010, 324) hizo hincapié en el papel de la lengua, especialmente en lo que respecta a su componente cultural, que "con frecuencia comprendía un conjunto generalizado de conocimientos sobre el país de destino y sus gentes, que abarcaba desde la literatura y las artes (alta cultura) hasta aspectos de la vida cotidiana." Por lo tanto, es importante examinar más de cerca las habilidades lingüísticas de los jesuitas en los respectivos casos, ya que su capacidad para hablar con los posibles conversos en su propia lengua parece ser un aspecto importante para determinar el papel del capital humano en un sentido más amplio para el éxito de la gestión intercultural en el período moderno temprano. La diversidad de los jesuitas, que en muchos sentidos pueden considerarse un equipo global de gestores, estimuló aún más el desarrollo de competencias interculturales, ya que estos equipos en particular parecen desarrollarlas a través de sus interacciones en el marco de empresas internacionales (Bartel-Radic, 2006). Los jesuitas ya hablaban con fluidez más de una lengua (una era el latín, otra la lengua de su región/país de origen y quizá otra lengua relacionada con destinos anteriores), lo que demuestra que su competencia intercultural parece haber sido un requisito previo para su labor misionera en regiones más periféricas del mundo. Los que habían demostrado así competencia intercultural, algo que desde hace décadas se considera especialmente importante para el éxito empresarial en un mercado extranjero (Black 1990; Müller 1996), fueron enviados finalmente a otras misiones, como también pondrá de relieve la posterior evaluación de los datos.

Más allá de su practicabilidad y uso en los negocios cotidianos, fue en consecuencia el estudio de lenguas extranjeras lo que debe haber estimulado la competencia global, la mentalidad global para ser más precisos, de los directivos jesuitas en cuestión (Little & Thorne, 2017; Godwin-Jones, 2019). Dado que la internacionalización es una tarea bastante compleja y diversa, cabe afirmar que la capacidad de comunicarse con los posibles destinatarios de su misión debió aumentar las posibilidades de que los jesuitas difundieran sus nuevas creencias religiosas en Asia y América Latina.

La internacionalización de las PYMEs también exige una mentalidad global, que se ha destacado como un factor importante para el éxito de las estrategias de entrada en el mercado y la expansión de las empresas a mercados culturalmente diferentes. A este respecto, la mentalidad global se define como la capacidad cognitiva de comprender y vincular diferentes culturas (Hruby, 2014). Los directivos que poseen esa mentalidad global se consideran especialmente eficientes para alcanzar los objetivos de expansión de las PYMEs, así como de las grandes empresas (Hruby, 2013; Hruby et al., 2019). El término "mentalidad global" suele aplicarse "ya sea como una característica de la alta dirección de las empresas multinacionales que conduce a un mejor liderazgo global... o como una característica de los directivos de las PYMEs que conduce a una internacionalización empresarial exitosa" (Torkkeli, Nummela y Saarenko, 2018, 9). Tiene un impacto en el proceso de toma de decisiones de los directivos líderes y, por lo tanto, a menudo se considera un requisito previo para aquellos que orquestan la expansión internacional, especialmente en un contexto relacionado con las PYMEs.

A pesar del mayor énfasis puesto en la investigación reciente, la mentalidad global sigue siendo un aspecto debatido en la investigación relacionada con las PYMEs (Andresen y Bergdolt, 2017), aunque algunos la consideran esencial para los directivos que actúan a escala mundial (Oviatt y McDougall, 1995; Nummela et al., 2004; Eriksson, Nummela y Saarenketo, 2014). Según Torkkeli, Nummela y Saarenko, la mentalidad global "[c]omo concepto... integra la apertura y articulación del directivo a múltiples realidades culturales y estratégicas a nivel global y local y su capacidad para gestionar operaciones geográficamente dispersas a pesar de esta diversidad" (2018, 9). Por lo tanto, los directivos deben ser capaces de identificar las dinámicas culturales existentes (Fang, 2010) y aplicar o utilizar el "conocimiento específico de la cultura" (Hofstede, 1980) para planificar estrategias de entrada, enfoques cooperativos y la continua expansión y explotación de mercados culturalmente diferentes. Si los directivos son conscientes de la existencia de diferencias culturales y están abiertos a aceptar su existencia como un factor importante en las decisiones estratégicas, se supone que tendrán más éxito en lo que respecta a su rendimiento global (Elo, Benjowsky y Nummela, 2015). Por consiguiente, una mentalidad global, o lo que también se ha denominado "inteligencia cultural" (Ramsey et al., 2016), debe "considerarse una metacapacidad necesaria para el éxito de la internacionalización" (Torkkeli, Nummela, & Saarenko, 2018, 10; véase también Eriksson, Nummela, & Saarenketo, 2014). Si las PYMEs refuerzan la concienciación de sus principales directivos, aumentan en consecuencia sus propias tasas de éxito (Levy et al., 2007) y garantizan el éxito a largo plazo de las empresas en entornos culturalmente diferentes.

El papel positivo de la expansión de las PYMEs en la economía mundial se ha puesto de relieve mediante los dos argumentos siguientes (Beck, 2013, 23):

1. Las PYMEs estimulan la innovación y el crecimiento más allá de su propio rendimiento, y
2. Las PYMEs exitosas reducen la pobreza a escala mundial porque crean nuevas oportunidades laborales en las regiones a las que se expanden (sobre la movilización de recursos de las PYMEs, véase Subhan, Mahmood y Sattar, 2014, 161).

Al mismo tiempo, "se ven limitadas por fallos institucionales y del mercado" (Beck, 2013, 23). Esta situación ambivalente en relación con el rendimiento de las PYMEs ha aumentado el interés por el tema desde la década de 1990 (Oviatt y McDougall, 1994; Knight y Cavusgil, 1996), especialmente desde que un número creciente de empresas tuvo que globalizar sus estrategias empresariales en las últimas décadas (Laanti, Gabrielsson y Gabrielsson, 2007; Sumati, 2011). Por lo tanto, la mayoría de las empresas actúan como "empresas multinacionales" (Gomes & Ramaswamy, 1999) y, en consecuencia, están interesadas en las recomendaciones para una estrategia de gestión intercultural exitosa, en contraste con las empresas tradicionales, que en un momento dado ampliaron su mercado debido a su éxito "en casa". Además, también se observa un aumento del número de las denominadas empresas nacidas globales (born global, BG) (Oviatt y McDougall, 1994) que inician su expansión internacional inmediatamente después de su fundación. Teniendo en cuenta que la mayoría de las empresas de todo el mundo pueden caracterizarse como microempresas, pequeñas o medianas empresas (Beck, 2013, 23), la gestión de las PYMEs, en particular, tiene que enfrentarse ahora a retos globales. Además, como han demostrado Zhou, Wu y Luo, "las PYME emprendedoras internacionales son capaces de explotar las oportunidades globales con mayor rapidez y eficacia" (2007, 673). Estas empresas, especialmente debido a las diferencias que las separan de las empresas más grandes (Russo y Perrini, 2010), simplemente necesitan ser innovadoras para seguir siendo competitivas (Lefebvre y Lefebvre, 2001) y, por lo tanto, también dependen de las mejores capacidades de gestión posibles para expandirse con éxito en contextos de mercado culturalmente diferentes.

A pesar del creciente interés de la investigación por las PYMEs, la cuestión de su definición plantea problemas. En la Unión Europea (UE), el 99% de las empresas son PYMEs. Se definen en la Recomendación 2003/361 de la UE y suelen separarse según el número de empleados y el volumen de negocios anual o el total del balance (Comisión Europea, 2021). En consecuencia, la Comisión Europea utiliza las categorías establecidas en el cuadro 2.3 para microempresas, pequeñas y medianas empresas.

Tabla 2.3: Categorías de PYMEs utilizadas y recomendadas por la Comisión Europea.[3]

Categoría de empresa	Plantilla	Facturación	Total del balance
Micro	<10	≤ € 2 m	≤ € 2 m
Pequeño	<50	≤ € 10 m	≤ € 10 m
Mediana	<250	≤ € 50 m	≤ € 43 m

Sin embargo, esta definición no es universal, y esta "falta de una definición común de las PYMEs pone de manifiesto su heterogeneidad y atestigua la importancia de obtener [una] mejor comprensión de las principales peculiaridades de estas empresas en todo el mundo" (Domínguez y Mayrhofer, 2018a, 1). Mientras que las empresas con menos de 500 empleados en Norteamérica se consideran PYMEs (Berk, 2017, 13), en China, el número suele ser inferior a 1.000. En consecuencia, puede considerarse que los jesuitas, que actuaban en pequeños equipos cuando se iniciaba una nueva "entrada en el mercado", se situaban entre las microempresas y las pequeñas empresas, aunque la capacidad de la orden en algunas regiones del mundo era mediana, si no mayor, en períodos posteriores. En cualquier caso, la definición parece ajustarse, especialmente si se tienen en cuenta las variedades existentes relacionadas con estas categorías definitorias (Lawrence, 2012; Beck, 2013; Chin & Lim, 2018).

Si se tiene en cuenta que los jesuitas actuaban como PYMEs cuando trabajaban por la globalización del cristianismo, resulta casi irónico que estas estructuras empresariales sean hoy especialmente importantes en estas regiones, que se han convertido en polos de desarrollo de la economía mundial (Hallberg, 2001). Las PYMEs siguen desempeñando un papel importante hoy en día en países como Brasil, China y Malasia, así como en América Latina y la región del Caribe (Siu & Liu, 2005; Lawrence, 2012; Roofe & Stone Roofe, 2016; Zhang, Ma, Wang, Li, & Huo, 2016; Rasiah & Thangiah, 2017; Chin & Lim, 2018).

A diferencia de las PYMEs más antiguas, que, según el modelo de Uppsala (Johanson & Vahlne, 1977) y el modelo relacionado con la innovación (Cavusgil, 1984), no se internacionalizaban inmediatamente después de su creación y, en su lugar, elegían los mercados en función de su proximidad geográfica y cultural (Prange & Zhao, 2018, 209-210), las PYMEs más recientes,

---

[3] "Estos límites máximos se aplican únicamente a las cifras de las empresas individuales. Una empresa que forme parte de un grupo mayor puede tener que incluir también los datos de plantilla/volumen de negocios/balance de ese grupo" (Comisión Europea, 2021).

las llamadas PYMEs BG, definidas como "empresas jóvenes, pequeñas y medianas, emprendedoras que, desde su fundación o cerca de ella, obtienen una parte sustancial de los ingresos totales de la venta de productos en múltiples países" (Knight & Cavusgil, 1996), comienzan a globalizarse/internacionalizarse inmediatamente después de su fundación (Cancino, 2014, 143). En consecuencia, se internacionalizan mucho más rápido y utilizan los conocimientos y las redes existentes para penetrar en nuevos mercados (Andersson y Wictor, 2003; Hermel y Khayat, 2011). Teniendo en cuenta que, por consiguiente, las PYMEs pueden elegir entre una internacionalización gradual o inmediata, las actividades de los jesuitas se encuadran en la segunda categoría, aunque inicialmente no podían contar con una gran cantidad de conocimientos sobre su nuevo "mercado" de interés y, por lo tanto, representan un nivel intermedio entre una PYME más antigua y una PYME BG.

Por lo tanto, los jesuitas, al comienzo de una nueva empresa, tuvieron que hacer frente a problemas que a menudo hacen fracasar la entrada en el mercado de las PYMEs modernas, a saber, recursos limitados y falta de experiencia en esa región (Lu & Beamish, 2001; Brouthers, Nakos, & Dimitratos, 2015; Oehme & Bort, 2015). Al mismo tiempo, los jesuitas tuvieron que enfrentarse a la "incertidumbre de hacer negocios con mercados en los que existen muchas diferencias culturales y limitaciones institucionales" (St-Pierre, Lacoursière, & Veilleux, 2018, 176), con la que también luchan las PYMEs hoy en día. Los mercados asiáticos se consideran especialmente arriesgados en este sentido. Al igual que los jesuitas en el siglo XVI, los gerentes y ejecutivos de las PYMEs tienen que decidir hoy dónde lanzar su expansión global o su intento de penetración en el mercado. "La economía de los costes de transacción sostiene que, para minimizar la incertidumbre, aumentar la flexibilidad y reducir los costes, las empresas deberían dirigirse a países de acogida que sean similares a su país de origen desde el punto de vista geográfico, social, cultural y/o económico" (Cui, Walsh & Zou, 2014, 68), pero las realidades y la posibilidad de crear la máxima ganancia exigen o dictan que se ignoren tales acciones y, en su lugar, se presione a las PYMEs hacia mercados que son mucho más arriesgados por ser culturalmente diferentes. La entrada en el mercado, y si ésta tiene éxito, depende de que se tengan muy en cuenta las diferencias culturales (Johnson y Tellis, 2008), y aunque muchas PYMEs intentan evitar dicha entrada en un mercado que consideran demasiado arriesgado, la entrada en una región o país que se considera culturalmente más cercano y "más fácil" no garantiza automáticamente el éxito (Cui, Walsh y Gallion, 2011). Cui, Walsh y Zou también hicieron hincapié en que estos últimos mercados también podrían estar "saturados y la competencia puede ser demasiado intensa para las PYMEs con recursos limitados" (2014, 68), por lo que un mercado culturalmente más diferente y difícil pero relativamente no disputado podría ofrecer más ganancias, independientemente del posible mayor riesgo que conlleve.

No obstante, una PYME que pretenda aceptar este riesgo debe ser consciente de los aspectos que debe tener en cuenta para que su estrategia de internacionalización tenga éxito (Cavusgil & Zou 1994; Zou & Cavusgil 2002). Una entrada en el mercado, y así lo entendían los jesuitas, que recababan información en las regiones a las que pretendían expandir su labor misionera, depende de información valiosa sobre el mercado, que puede ser difícil de recabar adecuadamente debido a varias formas de distancia, es decir, geográfica, cultural o económica (Kalafsky, 2017, 1135). Por consiguiente, no es de extrañar que "las prácticas de gestión de las PYMEs tiendan a estar muy contextualizadas" y, como demostrará el presente estudio, también lo estaban las estrategias de gestión de los jesuitas en el siglo XVI. Una gestión intercultural exitosa que se dirija a un mercado extranjero y culturalmente diferente tiene que encontrar la manera de responder a las necesidades específicas o a los contextos y riesgos locales de estos mercados (Li & Quian, 2008). Por lo tanto, es esencial buscar socios locales capaces de aportar "conocimiento local", es decir, una visión adecuada del mercado que se pretende abrir (Sestu, Majocchi, & D'Angelo, 2018, 66). Estos mercados no son fáciles de abordar, ya que los riesgos para las PYMEs en expansión aumentan posiblemente por la "falta de experiencia internacional" y la "distancia psíquica entre el país de origen y el de acogida" (ídem, 67). Estos últimos riesgos pueden variar en función de las razones que lleven a la PYME a introducirse en un mercado culturalmente diferente, a saber:

1) inversiones en busca de recursos,
2) inversiones en busca de mercado,
3) inversiones que buscan la eficiencia, o
4) inversiones en busca de activos. (Dunning, 1992, citado en Sestu, Majocchi, & D'Angelo, 2018, 63-64)

Lo que es especialmente importante, independientemente de los objetivos y el tamaño de la PYME (Chiao, Lo, & Yu, 2010; Majocchi, Mayrhofer, & Camps, 2013), es la entrada en el mercado y el modo de entrada en el mercado extranjero (Root, 1977; Rasheed, 2005; Aharoni & Brock, 2010) porque "[la] elección del modo de entrada en el mercado internacional es, junto con el mercado al que se entra, una de las decisiones más importantes que tiene que tomar una empresa en proceso de internacionalización" (Ahi, Baronchelli, Kuivalainen, & Piantoni, 2017, 1). Hennart y Slangen (2015) señalan que las decisiones sobre el modo de entrada y los procesos pertinentes a menudo siguen siendo desconocidos, aunque está claro que el objetivo de tal decisión es la internacionalización de la actividad de una PYME (Chetty, Ojala &

Leppäaho, 2015). Los principales factores del proceso, sin embargo, son conocidos y han sido objeto de debate en la literatura (Ahi, Baronchelli, Kuivalainen, & Piantoni, 2017, 3):

1) escasez de información (Gabrielsson y Gabrielsson, 2013; Child y Hsieh, 2014)
1) disponibilidad de recursos (Evers & O'Gorman, 2011)
2) características de liderazgo del responsable de la toma de decisiones e interpretaciones del entorno (Oviatt & McDougall, 1994; Child & Hsieh, 2014)
3) los conocimientos previos, la experiencia y las redes empresariales y sociales del empresario (Evers y O'Gorman, 2011)
4) estructuras de gobernanza híbridas en las PYMEs, en las que las decisiones se toman con los socios (Nummela et al., 2014)
5) establecimiento de objetivos (Gabrielsson & Gabrielsson, 2013)

Además de estos aspectos, la velocidad también desempeña un papel importante en la entrada en un mercado (Casillas y Acedo, 2013; Casillas y Moreno-Menéndez, 2014; Hilmersson y Johanson, 2016), y puede ser rápida cuando una PYME también utiliza los conocimientos locales en lugar de intentar reunir todos los conocimientos necesarios por sí misma. Los jesuitas fueron muy a menudo rápidos porque, por un lado, aportaron la mentalidad global necesaria para una expansión en un entorno culturalmente diferente y, por otro, confiaron en los conocimientos proporcionados por los "agentes locales" que les apoyaron durante el periodo de entrada. En este sentido, los jesuitas se asemejaban a las nuevas empresas internacionales (INV) que "operan internacionalmente desde su creación y se internacionalizan más rápido de lo que predicen los modelos tradicionales" (Hilmersson & Johanson, 2016, 68). El "país de acogida" para la expansión de una PYME también debe ajustarse a las "estrategias de exploración y explotación" de esta última (Cui, Walsh y Zou, 2014), y la diversidad cultural suele considerarse un obstáculo para la mejor adecuación posible en este sentido. Los jesuitas fueron capaces de hacer frente a esto mediante la innovación de sus estrategias misioneras, que debían ajustarse a los respectivos contextos locales, lo que pone de relieve que la idea de que las PYMEs en expansión tienen que adaptar e innovar sus propias políticas de internacionalización para tener éxito no es algo nuevo en absoluto (Louart & Martin, 2012; Hagen, Denicolai, & Zucchella, 2014; Rask 2014). En consecuencia, las PYMEs en expansión también deben ocuparse de la gestión de la innovación como parte de sus procesos de internacionalización (Kunttu & Torkkeli, 2015, 84).

Dado que "la internacionalización en las PYMEs es un fenómeno complejo" (Zhou, Wu y Luo, 2007, 674) que se apoya desde el principio en las redes y en el intercambio de conocimientos (Ellis, 2000), Zhou, Wu y Luo (2007) también recomiendan tener en cuenta el papel de las redes sociales para el éxito de la internacionalización de las PYMEs (véase también Adler y Kwon, 2002), es importante no olvidar el papel de los intermediarios extranjeros locales (Ellis, 2000; Ellis y Pecotich, 2001), por ejemplo, traductores, que desempeñan un papel importante en el éxito de la entrada en el mercado de una PYME en expansión.

Teniendo en cuenta los aspectos anteriores para el éxito de la gestión intercultural, hay que destacar que los directivos que puedan combinar el capital humano, y los conocimientos lingüísticos en particular, con una mentalidad global que les permita aplicar la flexibilidad necesaria para abordar diferentes entornos culturales, especialmente aquellos culturalmente alejados de su país de origen, y lograr los resultados esperados en un mundo cada vez más global. Por consiguiente, las PYMEs que pretendan expandirse a escala mundial deberán prestar atención a las capacidades de gestión relacionadas y determinadas por el capital humano, los conocimientos lingüísticos y una mentalidad global. La entrada en mercados extranjeros y, a menudo, culturalmente diferentes, exige un proceso de selección precavido y medidas posteriores para establecer una conciencia suficiente de la interculturalidad existente y los medios para superar los obstáculos que podría presentar la diversidad cultural. Teniendo en cuenta la bibliografía presentada en los distintos campos de investigación, desde la perspectiva de la gestión es importante aumentar el número de directivos con conciencia cultural, especialmente dentro de la alta dirección de la empresa.

Sólo si se aplican estas medidas, la dirección local de una PYME en expansión será lo suficientemente flexible como para garantizar el éxito de la penetración en un mercado hasta ahora desconocido sin poner en peligro el éxito de la empresa por falta de sensibilidad intercultural. La combinación de capital humano en general, conocimientos lingüísticos en particular, y una mentalidad global permitirá a los principales directivos de las PYMEs en expansión cambiar y adaptar la estrategia de estas últimas en caso necesario, y probablemente de forma bastante proactiva.

Capítulo 3
Modelo de investigación y perspectivas de la metodología

Como ya se ha mencionado, el presente libro ofrece un análisis documental histórico comparativo y un estudio de caso longitudinal (Bartel-Radic & Lesca, 2011) de las actividades misioneras de los jesuitas en las provincias de la orden de Japón y Perú en los siglos XVI y XVII, y considerará especialmente el papel del capital humano y la gestión intercultural en el éxito de estas actividades. Se han elegido estos dos ejemplos para evaluar mejor el papel de los factores mencionados: mientras que el gobierno japonés socavó la posición de la congregación religiosa en Japón y acabó volviéndose muy hostil, el caso peruano fue, en cambio, un éxito para el enfoque misionero y educativo de la Compañía de Jesús. En consecuencia, el siguiente estudio estudiará esta cuestión a través de la lente de la teoría de la organización y la gestión. No obstante, se presentará el contexto de cada caso para destacar el espacio cultural en el que se desarrollaron las actividades de los misioneros y para que un lector no familiarizado con el tema lo comprenda mejor.

Tab. 3.1: Descripción de los principales aspectos del presente libro.

Cuestión de investigación	¿Cómo influyeron el capital humano y la mentalidad global en el éxito de la labor misionera de los jesuitas en el Japón y el Perú de los siglos XVI y XVII?
Definiciones	Capital humano (ante todo, competencias lingüísticas); mentalidad global (basada en la experiencia previa y la flexibilidad dogmática).
Método	Estudios de casos históricos longitudinales comparativos de dos provincias de la orden
Recogida de datos	Recogida de datos de más de 200 personas en Japón y Perú que estuvieron activas en tres periodos diferentes (periodo de entrada, periodo de consolidación y periodo de declive).

Diseño de la investigación

Teniendo en cuenta los paradigmas mencionados para la investigación transcultural, el presente estudio no pretende seguir per se uno positivista, ya que el autor no considera la cultura como un elemento estático, aunque la diversidad entre los jesuitas y la población indígena en Japón y Perú puede considerarse más intensa de lo que sería el caso en la actualidad. Dado que las culturas son "marcos interpretativos" y que esto se hace visible en ambos casos, el principal paradigma que se aplica es el posmodernista, ya que ambos casos se estudian en su contexto local, teniendo en cuenta la interacción cotidiana, es decir, la comunicación, entre los jesuitas y las personas a las que pretenden convertir. En consecuencia, el estudio presentado sigue un paradigma interpretativo-postmoderno.

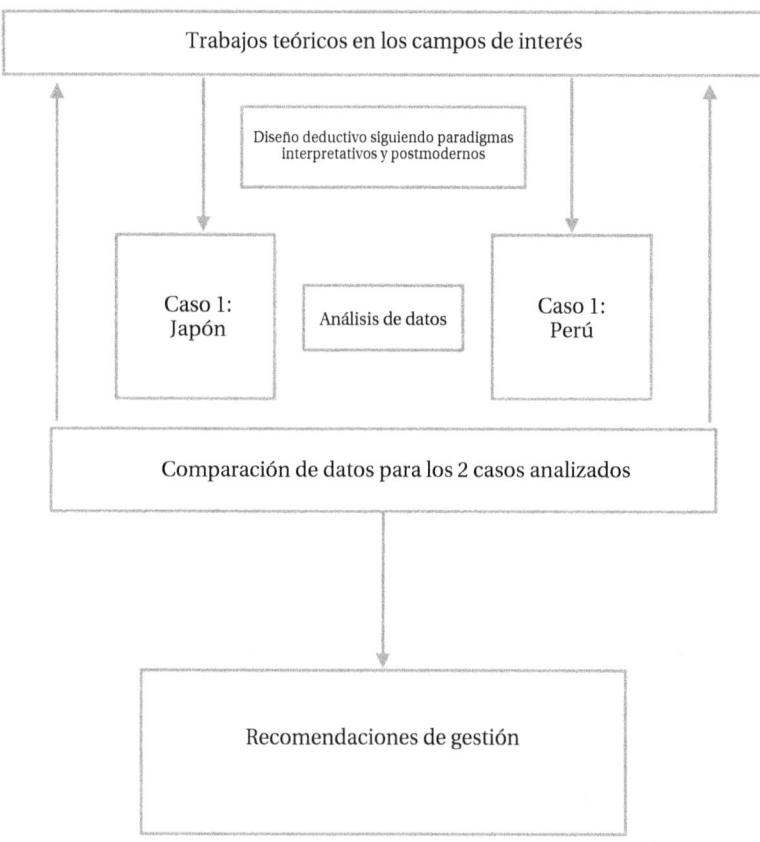

Fig. 3.1: Operacionalización del proyecto.

El propio diseño de la investigación es deductivo, ya que se parte de la base de que la combinación de capital humano, en particular, los conocimientos lingüísticos, y una mentalidad global son factores importantes para garantizar el éxito de la gestión intercultural. Los dos estudios de caso detallados de la labor misionera de los jesuitas en Japón y Perú en los siglos XVI y XVII se utilizan en un esfuerzo por demostrar esta suposición.

Modelo de investigación y casos elegidos

Como se mencionó anteriormente, el análisis de las misiones jesuitas en Japón y Perú proporcionará un estudio de caso longitudinal de la gestión religiosa y económica en el período moderno temprano, ya que "[las] perspectivas de lucro y las verdades del cristianismo se vincularon, a menudo incómodamente, a medida que los imperialistas comerciantes y el clero cristiano se comprometían con un mundo de diversidad" (Tutino, 2021, 11. Véase también Winnerling, 2014). Las dos provincias jesuitas han sido elegidas porque ofrecen espacios culturalmente diferentes que no tenían conexiones organizativas directas y, por lo tanto, permiten un análisis comparativo que examina las experiencias y estrategias jesuitas hacia la interculturalidad. Los factores de interés, es decir, el capital humano y la interculturalidad de los equipos misioneros, se recogerán primero en su contexto cronológico a través de un análisis histórico documental. A partir de las fuentes disponibles, se condensarán datos cualitativos que servirán para establecer y definir mejor los factores mencionados. A continuación, se pondrán en relación con su impacto global en el éxito de los misioneros en Japón y Perú. Una comparación del éxito de los misioneros en relación con el capital humano y la gestión intercultural en los dos contextos específicos generará entonces una mejor comprensión del valor de estos dos componentes de la gestión internacional. El capital humano (conocimientos lingüísticos, experiencia previa en misiones en entornos culturalmente diferentes) de interés se recopilará para los individuos de interés en la medida en que esté disponible, pero, presumiblemente, éstos serán en su mayoría miembros del nivel directivo superior.

También será necesario, siguiendo las consideraciones teóricas de Bartel-Radic y Lesca (2011), destacar el papel de la variedad de los equipos y la existencia de capital humano en el trabajo de los equipos interculturales como tales, que serán analizados durante un largo período de tiempo. En consecuencia, se tendrá en cuenta el papel del capital humano en los factores externos y su interrelación con la competencia intercultural, lo que posiblemente conduzca a una gestión intercultural exitosa.

En consecuencia, también se argumenta que la existencia de capital humano permite que los procesos de los equipos interculturales sean mejores y más eficaces. Se supone que esto repercute en la eficacia de los misioneros (es decir, en el éxito de la gestión intercultural) cuando actúan como equipos interculturales en entornos culturalmente diferentes. Uno de los intangibles más importantes es la capacidad lingüística de los miembros del equipo. Como confirman Church-Morel y Bartel-Radic, "también se puede tener en cuenta el grado y la naturaleza de la diversidad lingüística y las competencias lingüísticas del equipo" a la hora de determinar el "grado de diversidad cultural de un equipo"

(2014, 20). En el caso de los misioneros, las competencias lingüísticas parecen ser especialmente importantes y se consideran de especial interés.

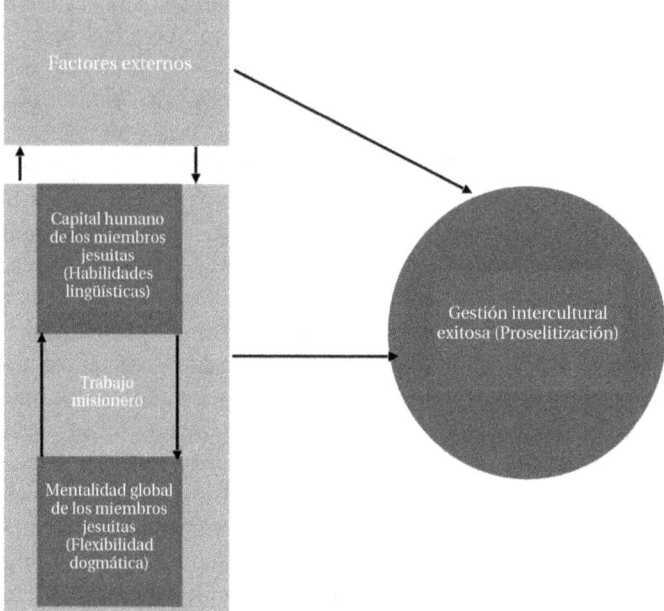

Fig. 3.2: Representación esquemática del modelo de investigación.

Metodología

El estudio presentado aplicará un estudio de casos longitudinal comparativo para identificar el papel del capital humano y de una mentalidad global en el éxito de la gestión intercultural en esferas de expansión geográficamente distantes y, según el modelo de Uppsala, inconvenientes (Johanson & Vahlne, 1977).

Por consiguiente, este libro se centra en dos aspectos: por un lado, la identificación del capital humano y la mentalidad global que presentan los equipos interculturales de los jesuitas y, por otro, el contexto cultural local:

Los jesuitas

1. El capital humano de los actores, en primer lugar, la existencia o no de conocimientos lingüísticos y su mentalidad global;
2. Las acciones que reflejan la gestión intercultural por parte de los jesuitas responsables, tal y como se solicita en la estrategia general de la organización;
3. Respuestas locales ad hoc, así como estratégicas, a los problemas interculturales por parte de los jesuitas, y en qué medida se corresponden

con el capital humano y la mentalidad global de los actores o las políticas de gestión intercultural de la organización.

Perspectivas locales

1. Los creyentes y los nuevos conversos y sus reacciones ante el capital humano presentado por los jesuitas;
2. Las élites locales y sus reacciones ante la gestión intercultural jesuita;
3. La geografía económica y política y su impacto en el capital humano y las oportunidades de gestión intercultural.

Una vez analizados estos dos elementos principales para el éxito o el fracaso de la gestión intercultural global de los jesuitas en las regiones en cuestión, se ofrecerán recomendaciones con respecto a las estrategias actuales de las PYMEs, especialmente para la planificación de entradas globales en nuevos mercados. El análisis cualitativo longitudinal comparativo proporcionará una visión clara de los procesos de globalización y permitirá sacar conclusiones más acertadas y basadas en datos sobre la necesidad de una formación lingüística o una mentalidad global a la hora de seleccionar a los principales directivos para los equipos globales del futuro.

Análisis de datos

El análisis de datos para el presente estudio también tiene dos vertientes. En un primer paso, se identificarán los equipos activos y sus responsables en Japón y Perú (véanse los apéndices 9.1-6). Los datos necesarios para este primer paso se extraerán de la *Monumenta Historica Japoniae* (MHJ, vol. 1), que proporciona los datos pertinentes de Japón para los años comprendidos entre 1549 y 1654, y de la *Monumenta Peruana* (vols. 1-8), que contiene los datos pertinentes de Perú para los años comprendidos entre 1565 y 1604. Una vez identificados los jesuitas dirigentes y documentables, es decir, el nivel directivo superior de las misiones, se utilizarán las fuentes existentes, ya sean publicadas por ellos mismos o documentos relacionados con su trabajo disponibles a través de ediciones de fuentes (Polgár, 1986, 427-473) o archivos jesuitas, como base para el análisis cualitativo longitudinal comparativo que se pretende. Dado que este tipo de recogida de datos no puede ajustarse mediante la adquisición de información adicional, el conjunto de datos está limitado hasta cierto punto, razón por la cual sólo puede tomarse en consideración al personal directivo superior.

Los jesuitas individuales en los respectivos periodos de tiempo también se presentarán en los apéndices del libro. La evaluación general de la gestión intercultural jesuita, su fracaso o éxito, y la relación de este último con el capital humano, la mentalidad global o los factores externos se ofrecerán en detalle en la parte principal.

De acuerdo con los datos históricos de los dos estudios de casos longitudinales y los respectivos análisis cualitativos, el presente libro acabará proporcionando recomendaciones relacionadas con los datos respecto a las actuales estrategias de gestión de las PYMEs, especialmente las claramente relacionadas con las formas interculturales de gestión y expansión.

Capítulo 4

Los casos

En este capítulo, se presenta un análisis de los dos casos de trabajo misionero jesuita en Japón y Perú tras una breve introducción a la Orden Jesuita. A este análisis le seguirán datos detallados sobre los padres jesuitas que estuvieron activos en los respectivos contextos en los diferentes periodos, es decir, periodo de entrada, periodo de consolidación y periodo de declive. A continuación, también se describirán en detalle algunos directores importantes antes de resumir brevemente las conclusiones relacionadas con los datos.

4.1. Los jesuitas: Breve introducción

En 1540, el Papa Pablo III (1468-1549) anunció la aceptación oficial de la Orden de los Jesuitas, un "tipo totalmente nuevo de orden [religiosa]" (Hartmann, 2008, 7) y, de hecho, una "nueva sociedad controvertida" (Alden, 1996, 3-23). A diferencia de otras órdenes religiosas, los jesuitas eran especialmente flexibles en lo que respecta a su labor misionera y, por tanto, avanzaron hasta convertirse en una "versátil tropa de choque de la Iglesia católica" (Ibíd.). En contraste con la flexibilidad de su mentalidad misionera, la estructura de su sociedad era muy jerárquica, y se tomaban muchas medidas para mantener esta estructura en su lugar (Friedrich, 2009a; Friedrich, 2009b). Fue debido a este carácter de los jesuitas que la orden tuvo mucho éxito en su expansión mundial, y desempeñó un papel importante en la globalización del cristianismo, después de que Cristóbal Colón (1451-1506) llegara al llamado "Nuevo Mundo" en 1492 (Paul, 2014, 43-88), y Vasco da Gama (ca. 1469-1524) llegara a la India en 1498 (Contente Domingues, 2003). En esta época, los jesuitas participaron e intensificaron la colonización de partes del mundo hasta entonces desconocidas. Como la orden era muy estricta en cuanto a la selección de sus novicios, pronto representó una especie de "élite católica" (Hartmann, 2008, 7) cuyos miembros participaron activamente en la expansión de la influencia del Papa y de la Iglesia católica en casi todas las partes del globo.

Ignacio de Loyola fue la figura central en el establecimiento y desarrollo temprano de los jesuitas (Rahner, 1979; Guillermou, 1993; Tylenda, 2001; Marcuse, 2008; de Ribadeneira, 2014). Tras una carrera militar y una especie de "experiencia de despertar espiritual" después de ser gravemente herido durante la batalla de Pamplona en 1521, Ignacio dejó la espada y continuó su vida en la pobreza, siguiendo un camino religioso. Tras una peregrinación a Barcelona y Tierra Santa, a la edad de 33 años, decidió aprender latín para poder ingresar como estudiante en una universidad. Diez años más tarde, en

1533, terminó la carrera en la Universidad de París. Para entonces, ya había reunido a su alrededor a los amigos que más tarde le ayudarían a formar la Orden de los Jesuitas, por ejemplo, Pierre Favre de Saboya (1506-1546) y Francisco Javier (1506-1552). En 1537, los amigos llegaron a Roma y recibieron permiso del Papa Pablo III para peregrinar a Jerusalén (Olin, 1979). Por razones políticas, Ignacio y sus amigos, que habían sido ordenados sacerdotes en Venecia, regresaron a Roma para cuidar enfermos y hacer proselitismo entre la población judía de la ciudad. En 1538, Ignacio dirigió su primera Santa Misa.

Fig. 4.1: Ignacio de Loyola, cuadro de Peter Paul Rubens (1577-1640).

Los casos

Quizá fueran sus años de experiencia los que le proporcionaron una ventaja en su demanda de establecer la nueva Orden de los Jesuitas, tarea para la que recibió el permiso del Papa en 1540, y en abril del año siguiente, sus seguidores y amigos eligieron a Ignacio como General de la orden, cargo que mantuvo hasta su muerte en 1556. Cabe mencionar aquí que la orden tuvo enemigos desde el principio, sobre todo porque su figura principal había sido acusada por la Inquisición en múltiples ocasiones antes de que se fundara la orden. Aunque nunca se le consideró culpable, Ignacio había sido atacado antes y atraería la ira, por ejemplo, del cardenal Gian Pietro Carafa, que más tarde se convertiría en el Papa Pablo IV (1476-1559) (Quinn, 1981), también hacia la orden, sobre todo porque los jesuitas representaban una competencia para las órdenes religiosas más antiguas en esta época.

Hasta su muerte, Ignacio fue capaz de hacer crecer la orden sustancialmente, y mientras que sólo había 40 jesuitas en 1540, su número había alcanzado alrededor de 1.000 en unas 50 ramas en 1556. Además, para entonces se habían fundado casi 30 academias jesuitas, que aseguraban la educación de y por los miembros de la orden, un número que crecería aún más en los siglos siguientes (Fig. 7) (Grendler, 2019).

Sin embargo, los jesuitas no sólo estaban interesados en cuestiones educativas, sino que también pretendían expandir la influencia de la orden en las partes conocidas y aún desconocidas del mundo. La orden creció rápidamente y, bajo el liderazgo de Ignacio, también expandió su influencia por todo el globo con relativa rapidez. Pronto, los jesuitas estarían activos en todos los continentes conocidos, extendiendo así las actividades misioneras de la Iglesia Católica. Como General de la orden, Ignacio ya había establecido diez provincias jesuitas en 1557 (Tabla 4.1).

La Orden de los Jesuitas continuaría esta expansión en Europa, por ejemplo, en las Islas Británicas e Irlanda (Kelly & Thomas, 2019; McCoog, 2019), y en otras partes del mundo en los años posteriores al fin del liderazgo de Ignacio, cuando la influencia de la orden no dejó de aumentar. No obstante, las primeras generaciones de "gestores" provinciales ya muestran que la orden jesuita se basaría en una forma de gestión intercultural desde muy pronto. Mientras que las provincias de Portugal y España fueron dirigidas por dos "locales", a saber, Simão Rodrigues (1510-1579), nacido en Vouzela, Portugal, y Antonio Araoz, jesuita español, respectivamente, el español Francisco Javier (1506-1556) fue enviado a la India, Jerónimo Doménech (1516-1592), otro español, dirigió la provincia de Sicilia, mientras que el francés Paschase Broët sirvió durante algunos años en Italia antes de que más tarde se le asignara la provincia de Francia. Mientras que el jesuita holandés Petrus Canisius (1521-1597) sirvió en la provincia alemana, el jesuita español Andrés de Oviedo (1518-1577) fue enviado a Etiopía. El período inicial de la expansión de la Orden de los Jesuitas pone de relieve, por tanto, que la organización contaba con hombres de diferentes orígenes culturales, que a menudo eran enviados a provincias diferentes de su propio entorno cultural. En muchas provincias se observan, en consecuencia, formas de "gestión intercultural", y se puede afirmar sin lugar a dudas que, en diferentes etapas de su carrera, varios destacados "gestores" jesuitas serían capaces de aumentar sus competencias en relación con los diversos contextos de su labor misionera.

Tabla 4.1: Las diez primeras provincias de la Orden de los Jesuitas.

Provincia de la orden	Fecha de fundación	Provincial	Referencia
Portugal	1546	Simão Rodrigues	Alden (1996)
España	1547	Antonio Araoz	Casalini y Pavur (2016: 55-59)
India	1549	Francisco Javier	Fernando (2016); Županov (2016)
Italia (excluida Roma)	1551	Paschase Broët	Padberg (1997)
Sicilia	1553	Jerónimo Doménech	Anónimo (1768)
Brasil	1553	Manuel de Nóbrega	McGinness (2018)
Francia	1555	Paschase Broët	Avon y Rocher (2017)
Baja Alemania	1556	Bernard Oliver	Johnston (2016)
Alta Alemania	1556	Petrus Canisius	Brodrick (1950); Oswald & Rummel (1996); Haub (2004); Leinsle (2014)
Etiopía	1557	Andrés de Oviedo	Wolde Aregay (1998); Pennec (2003)

El éxito de la orden se basaba en dos cosas: 1) una organización centralizada que dirigía Ignacio desde Roma y, al mismo tiempo, 2) un cierto grado de flexibilidad en cuanto a los métodos que los jesuitas podían aplicar a su labor misionera (Hartmann, 2008, 17). A pesar de estos primeros éxitos, Ignacio no tuvo mucho éxito con las finanzas de la orden y, a menudo, el dinero seguía siendo un problema. Esto también estimuló acciones independientes por parte de los líderes provinciales de la orden para asegurarse unos ingresos locales. En consecuencia, los jesuitas no sólo actuaban como misioneros, sino que a menudo también desarrollaban una agenda económica. Este hecho subraya aún más el carácter de las empresas misioneras globales de la orden jesuita como las de una empresa en expansión que no sólo estaba interesada en la misión cristiana. También necesitaría activos financieros para financiar sus actividades provinciales y las respectivas estructuras.

La Orden de los Jesuitas era también algo totalmente nuevo en cuanto a las exigencias de sus miembros. Mientras que las órdenes más antiguas solían centralizar a sus miembros en monasterios, rezaban juntos y compartían la misma vestimenta, los jesuitas eran relativamente liberales en cuanto a tales exigencias. Esto suscitaba críticas y recelos por parte de otras órdenes religiosas y a menudo provocaba conflictos (Tronu Montane, 2015), pero también dotaba a la orden de mayor flexibilidad, especialmente cuando era necesario realizar adaptaciones en contextos culturales diferentes (Zampol D'Ortia, 2020). Los miembros de la orden eran relativamente flexibles, y el enfoque en el individuum, que en cierto modo representaba los ideales del Renacimiento, apoyaba la agenda de Ignacio. Los miembros de la orden debían comprometerse con su voto a servir a la orden y al Papa en cualquier región del mundo. La movilidad quedaba así garantizada por la aceptación de nuevos miembros que, a su vez, estarían dispuestos a servir allí donde fuesen enviados. Si se permite aquí la comparación, la orden jesuita presentaba así una especie de "Legión Extranjera" moderna y católica temprana, y recientemente se ha subrayado que el viaje transoceánico también puede considerarse como un ritual esencial, un "rito de paso a la virilidad misionera" (Strasser, 2020, 79-112).

La gestión religiosa de la orden permitía a sus miembros actuar con rapidez, establecer nuevas provincias de la orden y tener flexibilidad dogmática en cuanto a su apariencia, pero la forma en que presentaban el cristianismo en las nuevas esferas de su trabajo también hizo que sus intentos misioneros tuvieran un éxito relativo. Así pues, Ignacio había creado muy pronto un nuevo "tipo internacional de orden" (Hartmann, 2008, 20). Aunque las estructuras centralizadas exigían una obediencia estricta, los jesuitas sólo tenían que seguir las órdenes si se ajustaban al orden y a las reglas cristianas, en particular, a los Diez Mandamientos. En definitiva, los acontecimientos locales estaban estrechamente relacionados con los provinciales de la orden y sus decisiones, ya que la distancia jugaba un papel más importante que hoy en día. Por consiguiente, las autoridades centrales tardaban más tiempo en abordar los cambios relativos a los problemas existentes, especialmente cuando la Orden de los Jesuitas había empezado a extender su labor e influencia por todos los continentes (Quattrone, 2004).

Peter C. Hartmann (2008, 22-26) describe las estructuras de la orden jesuita y se refiere a ellas como las de un "orden *mundial centralista*" (*zentralistischer Weltorden*) cuyos representantes eran misioneros activos de la Iglesia católica en todas las partes conocidas del mundo. La "tropa" de la orden tenía un carácter muy internacional, y miembros de todas partes de Europa eran enviados al extranjero, donde se encontraban con nuevos entornos culturales y tenían que ajustar su agenda misionera para llegar a posibles conversos, utilizando diferentes lenguas y códigos culturales para predicar con éxito el mensaje de la Biblia y la historia de Jesucristo y del Señor. La internacionalidad de la orden y de sus estructuras era bastante moderna, teniendo en cuenta que los jesuitas expandieron su influencia como las empresas actuales tienden a ampliar su acceso global a los mercados internacionales. Se pueden subrayar otras similitudes, ya que las provincias de la orden tenían que autofinanciarse y no podían esperar ayuda económica de Roma, donde Ignacio, como se ha descrito antes, a menudo tenía él mismo problemas económicos.

Otro de los aspectos que estimularon el éxito jesuita con respecto a la conversión de los no cristianos en todas las partes del mundo fue el énfasis de la orden en la presentación de Jesús, así como del cristianismo como institución consoladora y de la atención pastoral como elemento esencial para proporcionar consuelo a los creyentes. Ignacio puso el acento en dos aspectos que debían determinar el trabajo de los jesuitas, a saber, la gloria de Dios y el bien común (Hartmann, 2008, 29), y con ello estableció o allanó el camino para una cierta "cultura jesuita" (O'Reilly, 2020, 378) que los hombres de la orden debían seguir en los siglos posteriores a su muerte. Además de su cuidado pastoral, los jesuitas también empezaron pronto a establecer colegios y universidades para educar a los hombres jóvenes según estos nuevos valores y la orden proveía en particular a posibles futuros miembros (Donnelly, 2006, 32-63). El hecho de que los jesuitas replicaran tales intentos educativos en el mundo no europeo, por ejemplo, en América Latina (Klaiber, 2009) en general, y en Perú en particular (Ghelarducci, 2020), les hizo y les sigue haciendo especialmente atractivos como socios cooperativos en muchas regiones del globo. Por lo tanto, no es de extrañar que el número no sólo de conversos, sino también de jesuitas, aumentara enormemente en los primeros 100 años de existencia de la orden (Tabla 4.2).

Tabla 4.2: Número de jesuitas en el primer siglo de existencia de la orden (Hartmann, 2008, 30).

Año	Número de jesuitas
1540	40
1556	1,000
1570	3,000
1590	6,000
1640	15,000

Por supuesto, el éxito de los jesuitas estuvo relacionado con la expansión exterior de las potencias europeas desde finales del siglo XIV, pero la orden y sus miembros también influyeron activamente en estos acontecimientos. Es esta interrelación entre el trabajo misionero por motivos religiosos, la expansión del dominio territorial, es decir, el colonialismo, y la penetración económica en regiones extranjeras y culturalmente desconocidas lo que hace que los jesuitas sean comparables a las PYMEs modernas y a sus intentos de aumentar su influencia en dichos mercados. Dado que este libro pretende analizar el éxito de la gestión intercultural de la Orden de los Jesuitas y el papel del capital humano de los "altos directivos" provinciales en Japón y Perú, parece oportuno esbozar aquí algunas de las similitudes relativas a las PYMEs actuales para subrayar las posibilidades de análisis desde una perspectiva de gestión moderna.

4.2. Japón

En Asia Oriental, la expansión de la Orden de los Jesuitas siguió a la del Imperio portugués (Alden, 1996). Enrique el Navegante (1394-1460) sentó las bases para el éxito de los navegantes portugueses que alcanzaron el Cabo de Buena Esperanza en 1488 y allanó el camino para el viaje de Vasco de Gama a la India (da Gama, 2009), adonde éste llegó diez años más tarde. A partir de ahí, el Imperio portugués extendió su influencia por el océano Índico y estableció una red regional de puertos y puestos comerciales en el sudeste asiático (Newitt, 2005; Sousa Pinto, 2012), obteniendo grandes beneficios del comercio en la región, y la exportación de artículos de lujo, como seda, especias, porcelana, té, etc., que llenaría los bolsillos de los comerciantes europeos en los siglos venideros (Disney, 2010; Canepa, 2016). Los portugueses habían logrado "establecer sistemáticamente una red de factorías y fortalezas en todo el mundo, conectadas directa o indirectamente con Lisboa por rutas marítimas regulares" (Loureiro, 2000, 155), y los jesuitas acabarían beneficiándose de esta red en el contexto asiático de la orden, del mismo modo que los misioneros jesuitas en América Latina se habían beneficiado inicialmente de la presencia de los conquistadores españoles y las autoridades coloniales. Como ya se ha dicho, la disposición a viajar era esencial para los miembros de la orden jesuita, y muchos jóvenes se dieron cuenta de las posibilidades que esto les ofrecía, sobre todo porque "se suponía que los jesuitas pasarían el resto de sus vidas en los campos misioneros seleccionados". Esto significaba que estaban completamente decididos a dedicar su vida a tareas religiosas" (Ibid., 156), pero al mismo tiempo también recibían la oportunidad de hacer algo desafiante, lejos de la esfera cultural de su educación. Los motivos de tan importante decisión eran, sin duda, diversos, y la perspectiva de futuras aventuras podría haber sido sólo uno de ellos. Independientemente de ello, como subraya Boscariol, "dado el estado embrionario y el reducido número de individuos implicados, los misioneros enviados a estas misiones tenían un bagaje similar y una formación educativa equivalente", mientras que su destino a un espacio culturalmente desconocido exigía "que sus reglas tuvieran que tener cierta flexibilidad, siendo adaptables a las distintas realidades encontradas" (2017, 62).

En un principio, el caso japonés se consideró un ejemplo positivo de la labor misionera de los jesuitas en regiones lejanas del mundo, sobre todo porque proporcionaba algunas ideas con respecto a la necesidad de algún tipo de "aclimatación cultural" o "aculturación" (Alberro, 1992; Alves Filho & Milton, 2005) por parte de los misioneros. En ese sentido, los jesuitas en Japón se asemejan a los directivos de una PYME moderna que son enviados a un espacio culturalmente desconocido, donde a menudo se enfrentan a los mismos problemas que los jesuitas cientos de años antes. Por consiguiente, el examen de este caso histórico permitirá también formular algunas recomendaciones para las PYMEs en expansión actualmente y con especial interés en los mercados asiáticos. Era y es importante que las personas responsables del éxito de la expansión, es decir, los responsables de las empresas y de las misiones, fueran y sean dogmáticamente flexibles y culturalmente abiertos. En el caso de los jesuitas, éstas eran en realidad condiciones previas esenciales que se esperaban de los dirigentes de la orden; sin embargo, estas exigencias no siempre se cumplirían en el respectivo contexto extranjero. Sin embargo, "en diferentes territorios podemos reconocer misioneros que demostraron no sólo un talento distintivo sino también disposición para aprender las lenguas indígenas, como otros que intentaron adaptar su comportamiento y estilo para seguir los preceptos de la cultura local" (Boscariol, 2017, 65). Sin embargo, como bien subraya Boscariol, "este tipo de iniciativa era orgánica precisamente en la actitud de aquellos misioneros que trabajaban fuera de Europa, ya que era un planteamiento que solo podía prosperar en un contexto completamente diferente al de su origen" (Ibídem). Por tanto, el estudio de un "caso orgánico" de este tipo puede ofrecer también una valiosa perspectiva para futuras estrategias relacionadas con las PYMEs, y las experiencias recogidas por los jesuitas en sus provincias de Asia Oriental ofrecen una valiosa perspectiva de los problemas a los que podría enfrentarse en el siglo XXI también en esta región, especialmente en lo que respecta a las tareas necesarias para una gestión intercultural satisfactoria.

En consecuencia, la labor misionera de los jesuitas en Japón ofrece valiosos conocimientos, sobre todo porque demuestra que aún no existía una estrategia centralizada, sino que los respectivos representantes de la Orden de los Jesuitas tenían que abordar los problemas existentes. Al mismo tiempo, sin embargo, su éxito también estuvo determinado por factores externos, como mostrará el siguiente análisis más detallado. Teniendo en cuenta el trabajo de los misioneros en regiones alejadas de los centros clericales de poder en el sur de Europa, no es sorprendente que las autoridades provinciales, aunque actuaban en nombre de la Iglesia Católica, necesitaran implicarse también en empresas económicas, porque necesitaban financiar sus propias actividades sin ningún apoyo de Roma, particularmente durante los primeros años de las actividades de los jesuitas en Asia Oriental, cuando éstos no podían esperar apoyo económico ni de la Orden General ni del Papa. A pesar de estos obstáculos, la orden logró establecer una "presencia mundial, con 372 colegios y 123 residencias para sus 13.000 miembros estimados" (O'Malley, 1994) en 1615. Resulta irónico que este primer clímax de la influencia jesuita en todo el mundo se alcanzara cuando las autoridades japonesas prohibieron la orden en Japón, y los misioneros que no abandonaron el país pronto fueron perseguidos y asesinados.

Antes, sin embargo, los jesuitas no sólo habían tenido éxito en la conversión de un gran número de japoneses (alrededor de 300.000), sino también en participar y beneficiarse de las redes comerciales existentes que conectaban Japón con Macao, por un lado, y Manila, por otro (Campos, 2007, 96; Tronu Montane, 2012a: 257; Tremml-Werner, 2015). Japón fue incluido gradualmente en un sistema de comercio cada vez más global, y los jesuitas pudieron utilizar este desarrollo para sus propios fines económicos, aunque esta participación también causó algunos problemas, por ejemplo, el comercio de esclavos japoneses (Ehalt, 2017). Sin embargo, la financiación de la orden en Japón sólo podía asegurarse compartiendo los beneficios del comercio, especialmente los relacionados con la *nao do trato*, el galeón que navegaba regularmente de Macao a Japón (Moran, 1993, 43-44). Los años sin esta oportunidad comercial muestran claramente hasta qué punto la existencia de los jesuitas en Japón no era sólo una cuestión de proselitismo exitoso, sino también de una operación comercial exitosa (Ibid., 44).

Además de la red de comercio de seda establecida entre Macao y Japón, donde los jesuitas también tenían sus propios establecimientos, la ocupación de Manila por el Imperio español en 1571 amplió aún más las posibilidades comerciales de los jesuitas, ya que los galeones ahora también navegarían entre Manila y Acapulco en México (Nueva España) y crearían oportunidades para obtener más ingresos. Los intercambios pueden explicarse de forma sencilla: "Los españoles y los japoneses tenían plata y querían seda china, y los chinos siempre estaban dispuestos a cambiar seda y otras cosas por plata de Nagasaki o Manila. No había tal mercancía que las Filipinas quisieran de Japón o Japón de las Filipinas, pero hubo una cantidad considerable de comercio entre Nagasaki y Manila en los últimos años del siglo XVI y los primeros del XVII" (Ibid.). La unión de los dos reinos ibéricos en 1580 también hizo que las relaciones comerciales fueran menos competitivas, aunque la administración en la región del sudeste asiático permaneció separada. Para los jesuitas, sin embargo, esta unión aumentó la presión de otras órdenes religiosas (Pérez, 1920; Schütte, 1967, 178-179), cuyos representantes presionaban ahora para acceder a las esferas de influencia hasta entonces exclusivamente jesuíticas, concretamente en China y Japón, donde aparecieron frailes españoles en 1580 y 1584 respectivamente para desafiar las ambiciones misioneras de los jesuitas allí (Moran, 1993, 46).[1]

---

[1] La presente parte del libro sigue, si no se indica lo contrario, a Moran (1993). En la década de 1590 también llegaron a Japón agustinos, franciscanos y dominicos, aunque su número nunca superó la cuarta parte de los jesuitas (Schütte, 1967, 175).

Fig. 4.2: Alessandro Valignano, hacia 1599.

La implicación de los jesuitas en el comercio de la seda entre Macao y Japón suscitó críticas no sólo desde el exterior, sino también por parte de los propios misioneros. En un informe de junio de 1584, el Visitador de la Provincia de la India, Alessandro Valignano, que durante mucho tiempo fue el jesuita más poderoso e influyente de Asia Oriental y que también mostraría un interés especial por Japón, habría descrito críticamente a los jesuitas de Macao como "mimados, autoindulgentes y que vivían con un estilo difícil de conciliar con el espíritu de su voto de pobreza". Como síntomas de esta decadencia menciona criados, animales domésticos, sedas, ropa de cama fina, baños frecuentes y

Los casos   51

cambios de ropa interior, comer fruta entre comidas, cantar, charlas innecesarias y visitas de forasteros" (Ibid., 48). Por otro lado, los jesuitas criticados ofrecían un informe en el que se culpaba parcialmente al Visitador porque se le suponía "santo, servicial y cooperador, pero también como un hombre que está en su elemento cuando trata con grandes personajes sobre asuntos de peso, pero tiende a descuidar los detalles esenciales para la vida religiosa organizada, entre los que enumera las reglas, la campana (que convoca al religioso a sus diversos deberes), el silencio, el vestido y el orden" (Ibid.). Esta disputa pone de manifiesto que ya existían tensiones en el seno de la propia orden, que también tendrían un impacto decisivo en el éxito de la labor misionera de los jesuitas en Japón en años posteriores.

El interés comercial de los jesuitas en relación con el comercio de la seda Macao-Japón y su organización estructural "se desarrollaba en torno a un sencillo organigrama en el que el sacerdote que estaba en Macao como Fiscal era responsable del envío anual de sedas y otros productos necesarios para la misión desde Japón, mientras que, en el lado japonés, otro Padre Fiscal se encargaba de la gestión del negocio" (Campos, 2007, 101). Luís de Almeida (ca. 1525-1583), uno de los jesuitas que estarían en Japón durante el período de entrada, pero que también podía mirar hacia atrás en alguna actividad comercial exitosa en la región antes de unirse a la orden, llegó a Japón en 1552 después de haber estado activo en la India desde finales de la década de 1540. Tres años después de su llegada al país, el mercader Almeida "visitó el reino de Bungo e, impresionado y profundamente conmovido por los resultados obtenidos por los sacerdotes jesuitas, solicitó ingresar en la Compañía. Aprendió la lengua japonesa, recorrió varias regiones del país e hizo un trabajo notable en el hospital que fundó en Funai, introduciendo así la medicina occidental en Japón" (Campos, 2007, 102). Este ejemplo ya muestra lo estrecha que era la interrelación entre el comercio, la expansión y el trabajo misionero religioso, especialmente durante los primeros años de las actividades de los jesuitas en Japón.

Al mismo tiempo, los jesuitas en Japón tuvieron que reaccionar ante la volátil situación política (Ibid., 74-91), que cambió mucho entre 1549, cuando Francisco Javier llegó por primera vez a las costas del país insular, y 1614, cuando los misioneros de la orden se vieron obligados a marcharse de nuevo. El orden político japonés fue, en cierto modo, convulso cuando los señores feudales, tras el fin del débil shogunato Ashikaga en 1573, lucharon aún más por la expansión y el poder, pero éste fue finalmente centralizado por los tres unificadores, Oda Nobunaga (1534-1582), Toyotomi Hideyoshi (1537-1598) y Tokugawa Ieyasu (1543-1616). En consecuencia, el periodo de los Estados Combatientes (*sengoku jidai*) estuvo determinado por las rivalidades entre los señores feudales japoneses, rivalidades que en ocasiones se expresaron también a través de las conversiones al cristianismo (Imai, 1971; Nagahara, 1978). Por tanto, la Orden de los Jesuitas se vio arrastrada a la política, y los éxitos conseguidos en la labor misionera local podían ser destruidos de nuevo por cambios en el orden político con bastante rapidez. Una vez unificado y centralizado el país bajo el gobierno de Tokugawa Ieyasu, los actos anticristianos iniciados por Toyotomi Hideyoshi se intensificaron o fueron debidamente aplicados.

Además, la posición geográficamente periférica de los jesuitas hacía bastante problemática la comunicación con otras provincias, por no hablar de Roma. Enviar una carta desde Europa y recibir respuesta podía llevar de cinco a seis años, razón por la cual a menudo se enviaban múltiples copias de cartas por diferentes rutas. Los jesuitas de Japón estaban en contacto "más estrecho" con Macao y la India que con el centro europeo (Moran, 1993, 42). Valignano, en particular, parece haber utilizado múltiples rutas para obtener respuestas lo más rápido posible porque se frustró en 1591 cuando recibió ocho cartas de Europa que habían sido escritas entre 1587 y 1589 (Ibid., 45). La comunicación, especialmente si se compara con las posibilidades actuales de intercambiar conocimientos, ideas e información, era bastante lenta en los años 1500 y 1600. Esto también significa que la Orden de los Jesuitas tenía que depender de las personas que actuaban en su nombre en las regiones lejanas del mundo, por ejemplo, Japón. Aunque todos los misioneros que salieron al extranjero habían recibido las mismas directrices, fueron finalmente sus experiencias locales las que determinaron lo que harían a partir de esas directrices, lo que permite comprender las similitudes y diferencias en cuanto a las estrategias para la labor misionera aplicadas y los éxitos conseguidos, así como los acontecimientos locales en una región en cierto modo periférica:

> [El proyecto de conversión de poblaciones ajenas al contexto europeo se alimentó de directrices comunes a los distintos territorios de misión -instrucciones que, con el tiempo, llegaron a tener repercusiones y a derivar de ellas, tanto de Europa como de otras misiones existentes. Dicho esto, al contrastar experiencias completamente diferentes, podemos ser capaces de identificar la puesta en común de muchos puntos dentro del discurso que se difundió y en la interpretación que se hizo sobre los nativos. (Boscariol, 2016, 91)

También hay que subrayar, como han hecho antes investigadores como Ebisawa Arimichi (1910-1992), que los contactos entre los misioneros y el pueblo japonés estimularon un intercambio de ideas religiosas cristianas y locales (Ebisawa 1944, 1960, 1971), creando a menudo interpretaciones bastante simbióticas, como tampoco eran raras en Perú.

Aunque los jesuitas, como ya se ha mencionado, no fueron la única orden misionera activa en Japón (Pérez, 1923; Álvarez-Taladriz, 1973; Delgado García, 1985; Zamora, 1997) durante el "periodo cristiano (*kirishitan*)" (Amaro-Bebio, 2016, 3), como se denomina a los años comprendidos entre 1549 y 1640, fueron

Los casos

sin duda los más influyentes y visibles. En particular, porque las "instalaciones cristianas", término que Amaro-Bebio utiliza "no sólo [para] iglesias, sino otras estructuras construidas y no construidas, como capillas, colegios, residencias, hospitales, cementerios, grandes cruces y altares en espacios abiertos" (2016, 3; véase también Pacheco, 1977; Arimura, 2014)- eran a menudo dirigidas por los jesuitas, su existencia se mostraba de forma bastante abierta, ante todo en Nagasaki, que entre 1569 y 1620 fue probablemente el lugar más abiertamente cristiano de todo Japón (Toyama, 2011; Hesselink, 2015). Sin embargo, los lazos entre la cultura japonesa y la occidental no solo se forjaron en los espacios públicos, donde se mezclaban elementos de distintas religiones, por ejemplo en estructuras arquitectónicas como "la arquitectura del Colegio Jesuita de San Pablo en Nagasaki después de 1600, en la que la organización espacial del edificio principal es un compromiso entre la arquitectura japonesa y los requisitos de los colegios jesuitas europeos" (Amaro-Bebio, 2016, 4), sino también en otras "prácticas culturales" (Rogge, 2013), por ejemplo, el arte o la música (Redondo Bonet, 2011; Fukahori, 2016).

Teniendo en cuenta la meticulosidad de los jesuitas y el hecho de que produjeron innumerables cartas (Tōkyō Daigaku Shiryō Hensanjo, 1990-1996) e informes -a menudo múltiples copias del mismo-, el investigador dispone de un material rico y valioso, aunque ya se ha destacado anteriormente la falta de fuentes desde la perspectiva de los conversos, especialmente de los cristianos japoneses corrientes (Higashibaba, 2001). Independientemente de los problemas relacionados con estas fuentes unilaterales (Ferro, 1993, 139), cuya nomenclatura de traducción no siempre es clara (Amaro-Bebio, 2016, 25), y los "problemas hermenéuticos bastante complejos" (Loureiro, 2000, 158) que causan, ofrecen importantes perspectivas sobre la labor de los jesuitas en Japón, así como sobre las luchas internas que existieron, a pesar de la estructura jerárquica de la orden (Amaro-Bebio, 2016, 23). Las fuentes permiten reconstruir las actividades de los jesuitas, especialmente las relacionadas con los principales jesuitas en Japón, que son (Ibid., 19; Sarmento de Matos, 1989):

1. los superiores Francisco Javier (1548-1551), Cosme de Torres (1551-1570), Francisco Cabral (1570-1581) y Gaspar Coelho (1581-1582),

2. los viceprovinciales -Japón se había convertido en viceprovincia en 1582- Gaspar Coelho (1582-1589), Pedro Gómez (1589-1599) y Francisco Pasio (1599-1610),

3. el provincial, en 1610, el estatuto de Japón pasó a ser una provincia- Valentim de Carvalho (1610-1617), y

4. el jesuita más importante para Japón, el Padre Visitador Alessandro Valignano (1574-1606).

Estos hombres fueron muy importantes para el desarrollo de la Orden de los Jesuitas y su labor en Japón durante los diferentes periodos de su trabajo misionero allí, que ahora se examinarán más detenidamente para explicar cómo una misión relativamente exitosa se enfrentó finalmente a la expulsión y a la muerte de muchos de sus representantes.

Período de inscripción

Cuando Francisco Javier llegó a Japón por primera vez en 1549, no lo hizo solo, sino acompañado, entre otros, por Anjirō, un japonés al que había conocido en Goa y que fue sumamente importante para el contacto inicial, que debe considerarse "un episodio fascinante en la historia de la interacción cultural" (Tronu Montane, 2012b, 9). Desde Kagoshima, adonde llegaron, difundirían el cristianismo sobre todo en Kyūshū y el oeste de Honshū, siendo la primera región y Nagasaki más tarde los baluartes de los conversos cristianos en Japón, incluso después de la expulsión de los jesuitas, las comunidades cristianas permanecerían activas allí, aunque ocultas (Ogawa, 2010; Nofuji & Uchijima, 2017). Aunque Xavier estaba "muy impresionado por la inteligencia de los japoneses y afirma repetidamente en sus cartas que los japoneses son bastante racionales y que no creen en nada a menos que estén convencidos de la racionalidad de las doctrinas que se les presentan" (Yamamoto, 2012, 250), se desconoce hasta qué punto esta era la realidad o únicamente su impresión. Teniendo en cuenta que no podía comunicarse con los japoneses sin Anjirō, no está claro si la esperanza era el origen de la impresión de Xavier o si las experiencias reales le hicieron llegar a esa conclusión.

Fue Anjirō quien también tradujo textos importantes para Xavier, que éste encontraría bastante útiles durante su viaje a Japón. Junto con Cosme de Torres y Juan Hernández, que habían acompañado a Xavier y Anjirō, se establecieron con éxito los primeros contactos con los gobernantes locales, cuyas respuestas y reacciones ante los recién llegados misioneros cristianos parecen haber sido relativamente positivas. Shimazu Takahisa (1514-1571) fue el primer daimyō importante (Niina, 2017) con el que Xavier habló, mientras que Anjirō traducía para el jesuita (Amaro-Bebio, 2016, 30). El encuentro muestra la importancia que tuvo la cultura material durante las primeras actividades misioneras (Debergh, 1980; 1984), ya que Xavier necesitaba despertar un interés positivo por el cristianismo sin tener la posibilidad de contar en tal caso con un corpus bien conocido de textos o escrituras:

> Los jesuitas les mostraron un retablo con una imagen de María sosteniendo al niño Jesús, que causó una fuerte impresión en Takahisa. Se arrodilló en reverencia ante la imagen y ordenó a todos sus vasallos que hicieran lo mismo. ... Los jesuitas mostraron a Takahisa una Biblia manuscrita bellamente iluminada, que también le impresionó. Como resultado, Takahisa permitió que sus vasallos se hicieran cristianos, y algunos fueron bautizados. (Amaro-Bebio, 2016, 30)

De este primer encuentro se desprende que el margen de interpretación por ambas partes era bastante amplio, y además no es de extrañar que "[la] Iglesia japonesa moderna temprana desarrollara prácticas sincretistas en las que el catolicismo romano llegó a funcionar de forma similar al budismo y al Shintō" (Fujitani, 2016). Junto a los daimyō, Xavier también pudo conocer a uno de los principales monjes budistas, concretamente el que dirigía el templo de Fukushouji, es decir, un importante representante religioso, con el que tuvo la oportunidad de discutir cuestiones religiosas (Amaro-Bebio, 2016, 30), especialmente las relacionadas con el budismo, que Xavier había estudiado antes de llegar a Japón (App, 1997a; 1997b). Dado que Anjirō era el único medio para comunicarse, hay que tener en cuenta que tenía el conocimiento y la posibilidad de añadir su propia interpretación a la traducción real, por lo que hay que tener cuidado de no sobreestimar los informes de estas primeras conversaciones. En general, la primera misión a Japón fue un éxito, sobre todo porque las autoridades locales estaban a favor de los jesuitas que habían llegado a las costas japonesas.

En los años siguientes, y especialmente durante el periodo de entrada (Morris, 2018, 93-99), el éxito del enfoque misionero estuvo en realidad muy relacionado con la actitud positiva de los gobernantes locales hacia los jesuitas. Daimyōs influyentes como Ōtomo Sorin (1530-1587), también conocido como Ōtomo Yoshihige, en Chikugo apoyaron a los jesuitas y no solo hicieron posible las primeras conversiones, sino que a menudo exigieron a sus subordinados que abrazaran la nueva religión (Laures, 1959/60, 380-381). Cuando Belchior de Moura bautizó a japoneses en Chikugo a finales de la década de 1570, pudo hacerlo porque Ōtomo Sorin había apoyado tales conversiones, y otros casos apuntan a la misma condición previa para el éxito del proselitismo (Kigama, 2014). Sin embargo, el hecho de que los jesuitas dependieran de la buena voluntad de los daimyō también hacía vulnerable su labor misionera. Cuando un gobernante local expandía su territorio, las actividades de los jesuitas podían expandirse también, mientras que corrían peligro si un daimyō perdía su influencia o territorio a manos de otros que no estaban a favor del cristianismo en general y de los jesuitas en particular (Laures, 1959/60, 382-384). La actitud de las élites feudales hacia la orden jesuita era, en consecuencia, muy importante, razón por la cual muchos trabajos se han centrado en esta relación particular (Gonoi, 1983; 1990; 2002; Takase, 1993; 1994; 2013; Murai 1998; 1999; 2000).

Estas relaciones fueron esenciales para comenzar la labor misionera en primer lugar, y cuando Ōtomo Sorin donó tierras a los jesuitas en 1556, solo entonces pudieron comenzar a construir una iglesia en el norte de Kyūshū (Tronu Montane, 2012b, 28). Cuando los jesuitas comenzaron su labor en Nagasaki, las autoridades les habían proporcionado un antiguo edificio de un templo como lugar desde el que trabajar antes de que el edificio fuera reconstruido paso a paso y convertido en iglesia (Compañía de Jesús, 1575, 284). Además, los jesuitas tardarían un par de años en mejorar sus capacidades lingüísticas, pero seguía sin ser fácil traducir los términos cristianos al japonés correcto sin causar confusión a los conversos familiarizados con una terminología más budista (Amaro-Bebio, 2016, 33). Aunque los señores feudales protegían a los jesuitas en algunas regiones, no estaban a salvo del resentimiento antiextranjero de la población japonesa: "En general, [estaban] constantemente expuestos a agresiones, y en sus cartas, podemos encontrar muchos casos en los que los japoneses les escupían en la cara mientras predicaban, grupos de niños les tiraban piedras, la gente lanzaba flechas o disparaba arcabuces contra sus dormitorios por la noche, o intentaban quemar sus casas" (Amaro-Bebio, 2016, 33). Que la falta de una traducción exacta de las prácticas cristianas era un obstáculo para el éxito de las conversiones queda claro cuando se echa un vistazo a los hospitales jesuitas, donde los jesuitas trataban de cuidar a los enfermos. Se consideraba que este tipo de trabajo sólo lo realizaban personas de bajo rango social o degradadas, por lo que sólo unos pocos pobres reaccionaban positivamente ante este elemento esencial del trabajo jesuita. Por lo tanto, al principio fue necesaria una gran labor explicativa para que los japoneses comprendieran el significado de este acto de cuidado de los demás, especialmente en lo que se refiere a su papel dentro de la religión cristiana (Ibid., 34). Los primeros años del periodo de entrada se dedicaron a establecer las instalaciones básicas necesarias para el trabajo jesuita en Japón, y no se conseguiría un mayor número de conversos (daimyōs como Ōtomo Sorin apoyaban a los jesuitas, aunque inicialmente no se convirtieron ellos mismos) antes del periodo de consolidación, cuando la Orden Jesuita, bajo la influencia de Valignano, intensificó sus actividades y adquirió mayor importancia.

El periodo de consolidación y la influencia de Alessandro Valignano

La estrategia misionera de los jesuitas de Japón fue a veces poco cuidadosa, como demuestran las acciones de Gaspar Vilela (1526-1572). En 1569, Vilela "fue invitado por uno de los vasallos cristianos de Ōmura Sumitada a visitarle en un pueblo pesquero situado en la costa de Hizen. Tras convertir a los vasallos del señor y quemar el templo budista, Vilela construyó una iglesia cristiana bajo la advocación de 'Todos os Santos'" (Curvelo, 2001, 23). Esto demuestra que no había demasiada conciencia de las diferencias culturales y, en algunos casos, algunos jesuitas aplicaron una política de conversión bastante agresiva. Un mayor número de conversos era, no obstante, la excepción, no la regla, y solía estar relacionado con el bautismo de un daimyō o señor feudal inferior. Cuando Ōtomo Sorin fue bautizado en 1578, algunos de sus vasallos pronto seguirían su ejemplo y apoyarían la labor de los jesuitas en los años siguientes (Cieslik, 1959, 39; 1962). En 1579, sin embargo, la llegada del

Los casos

visitador Alessandro Valignano en un barco procedente de Macao cambiaría la situación (Frois 1976, 3, 128). En su posición de visitador, Valignano tenía en sus manos una gran autoridad y poder y sólo tenía que rendir cuentas al general de la orden en Roma (Moran, 1993, 3; sobre el papel del visitador, véase Danieluk, 2019). Everard Mercurian (1514-1580) fue el cuarto General, después de Ignacio de Loyola, Diego Laynez (1512-1565) (Oberholzer, 2015) y Francisco de Borja (1510-1572), y nombró a Valignano en 1573 "'visitador de las Indias Orientales', con autoridad sobre todas las misiones jesuitas y todos los jesuitas desde el Cabo de Buena Esperanza hasta Japón" (Ibid.). Claudio Aquaviva (1543-1615) se convirtió en General una vez que Mercurian murió en 1580, pero sería el único al que Valignano tendría que temer, y teniendo en cuenta el largo tiempo que tardaban las cartas en aquellos días, el nuevo Visitador tuvo todo el tiempo y el poder necesarios para cambiar la estrategia misionera en Asia Oriental en general y en Japón en particular.

Valignano permaneció en Japón hasta 1582, año en que se marchó, acompañado de cuatro estudiantes japoneses, que fueron enviados a Roma para presentar el éxito de los jesuitas en el país del este asiático. Esta misión, de la que se hablará más adelante con más detalle, actuó también como misión diplomática, ya que los "cuatro muchachos cristianos japoneses de familias nobles de Kyushu", que representaban el resultado de los esfuerzos educativos de Valignano y sus compañeros jesuitas, "llevaron cartas al Papa del señor de Bungo y de otros dos señores cristianos" (Ibid.). Volvieron a Japón, junto con Valignano, que entretanto había estado en la India, vía Macao, en 1590, y el Visitador permaneció otros dos años. Regresó a Japón por última vez en 1598 y abandonó el país insular el 15 de enero de 1603.

El napolitano Valignano fue nombrado en primer lugar con la esperanza, de Mercurian y otros, "de que bajo su mando la misión de la India dependería menos de Portugal y estaría más directamente en contacto con la sede de los jesuitas en Roma, y su insistencia en llevar consigo jesuitas españoles e italianos, además de portugueses, cuando zarpó para las Indias en 1574 no le granjeó la simpatía de los jesuitas portugueses más veteranos" (Ibid., 49). Valignano tuvo una mentalidad global desde el principio de su misión (Nejime, 2014) y consideraba que la Orden de los Jesuitas no era un instrumento expansivo de un reino ibérico, sino una comunidad de hombres deseosos de difundir el cristianismo en nombre del Señor y del Papa. En su *Sumario de las cosas de Japón* (1583), Valignano explicó por qué consideraba que Japón era especialmente importante para este objetivo en el contexto de Asia Oriental:

1. Es un país muy grande, y la gente es blanca, culta, prudente y sujeta a la razón.

2. Japón es el único país oriental en el que la gente se ha hecho cristiana por las razones correctas.
3. En Japón, y sólo en Japón, entre los cristianos conversos figuran algunos de los más altos del país.
4. Los japoneses tienen una inclinación natural hacia la religión, y tienen en alta estima a sus sacerdotes budistas. Nosotros, que enseñamos la verdad y contamos con la ayuda de la gracia además de la razón, podemos esperar un mayor grado de respeto y obediencia.
5. La misión japonesa, a diferencia de todas las demás misiones, acabará siendo autosuficiente tanto en mano de obra como en ingresos, al igual que los budistas. ...
6. Ahora estamos muy bien establecidos en Japón, y hemos superado las peores dificultades. Tenemos aquí muchos que conocen las costumbres y la lengua, y muchos hermanos [jesuitas] japoneses. ...
7. Por último, parece que Nuestro Señor ha reservado esta gran empresa en Japón sólo para la Compañía, ya que otras órdenes religiosas no deben y probablemente no podrán ir allí. Y con la Compañía a cargo de la cristiandad, con el tiempo se salvarán más personas en Japón que en ningún otro lugar, y mi conclusión es que la Compañía debe dedicar toda la atención posible a esta gran obra. (Valignano, 1954; traducción citada en Moran, 1993, 51-52)

Lo importante es que Valignano, por primera vez, elaboró un programa claro para los jesuitas activos en Japón, y "reformó la misión de forma que rompía fundamental y decisivamente con el enfoque de la propagación de la fe cristiana por parte de los misioneros bajo la autoridad de las coronas española y portuguesa" (Ross, 1994: xi).

A diferencia de sus colegas de Perú, podía hacerlo, ya que ni la corona española ni la portuguesa tenían autoridad alguna en Japón, y el espacio en el que se desarrollaban las actividades misioneras no estaba controlado por ninguna otra autoridad. Valignano era también "categórico en que Japón y China no eran tierras para conquistar, e insistía en que cualquier intento de tal aventura iría en detrimento de la proyección misionera de la Iglesia" (Ibid.). En consecuencia, en sus cartas e informes, "insiste en que Japón no era como México o Perú" (Ibid.), aunque se planteaban problemas similares, especialmente en lo referente a las capacidades lingüísticas y a la necesidad de una mentalidad global, como demostrarían posteriores luchas internas. No obstante, Valignano quería asegurar el éxito de la misión, primero en Japón, y más tarde también en China (Liu, 2011), y por tanto, "[la] creación de una Iglesia verdaderamente japonesa y china era su objetivo, y veía las pretensiones imperiales tanto de

Portugal como de España como una amenaza para ese fin, no como una ayuda" (Ibid., xiii). Cada vez que el Visitador estaba en Japón, intentaba mejorar el trabajo de la Orden Jesuita allí, e incluso si pasaba algún tiempo en Goa o Macao, Valignano siempre estaba informado de los acontecimientos en Japón. En cuanto a sus objetivos regionales generales, Japón parecía ocupar una posición clave en la perspectiva de Valignano, que consideraba la conversión de la población del país al cristianismo como un elemento esencial para el éxito de los jesuitas en la región (Amaro-Bebio, 2016, 20).

Valignano quería inicialmente educar a los jóvenes japoneses para prepararlos para un papel posterior dentro de la Orden de los Jesuitas y como sacerdotes en Japón, "pero había recomendado que ninguno fuera ordenado hasta que el cristianismo hubiera echado raíces más firmes en Japón y hubiera reinos totalmente cristianos, con jurisdicción de la Iglesia sobre los clérigos" (Moran, 1993, 52). Sin embargo, el Visitador no estaba tan seguro del acceso a la orden de los japoneses, que eran "inteligentes, honorables y nobles, y la Compañía necesitaba su dominio de la lengua japonesa", pero que, por otro lado, percibía como "engañosos, reservados, falsos e inclinados al vicio" (Ibid.). Tal vez fue debido a alguna experiencia real posterior que finalmente decidió que "el amor y la concordia entre los jesuitas japoneses y europeos" era una condición previa esencial para el éxito de la labor misionera, razón por la cual expuso el argumento, en parte también estimulado por una lucha dogmática con el provincial Cabral, que los estudiantes y novicios japoneses debían ser tratados "con gentileza, mostrando un alto aprecio por sus talentos, simpatizando con ellos en sus dificultades, y de ninguna manera menospreciándolos, llamándolos negros, o usando con ellos otras palabras ofensivas o airadas" (Ibid.). Cabral, que estuvo a cargo como líder provincial de los jesuitas hasta 1581, cuando Valignano le hizo abandonar la isla, estaba en contra de un sacerdocio japonés y se dice que trataba a los japoneses con bastante dureza y sin ninguna comprensión por las diferencias culturales existentes. La lucha entre él y el Visitador representa, por tanto, una pugna entre la inflexibilidad dogmática y la apertura, entre una mentalidad estrecha y otra global. El conflicto entre los dos hombres no se resolvería en 1581, pero para Japón, la victoria de Valignano supuso un nuevo rumbo, uno que aceptaba plenamente las diferencias culturales tal y como existían en el país insular y a las que tenía que enfrentarse cualquier misionero jesuita que quisiera lograr conversiones con éxito allí.

El Visitador se había dado cuenta de que no se podía obligar a los japoneses a la conversión (una diferencia importante con respecto al caso peruano) y Valignano era simplemente lo suficientemente flexible como para darse cuenta de que los jesuitas no contaban con el respaldo de una potencia colonial en Japón. En consecuencia, "puesto que los japoneses eran demasiado orgullosos y demasiado listos para dejarse gobernar por extranjeros, la única forma de establecer la Iglesia en Japón era educar a los japoneses nativos y luego dejar que ellos mismos dirigieran las cosas a su manera" (Ibid., 54). Sin embargo, para conseguirlo, los jesuitas tenían que aceptar su propia extranjería en el contexto japonés y, por tanto, tenían que aprender y preparar mejor a los misioneros para sus interacciones con los posibles conversos. Nada debía conseguirse en Japón por la fuerza. La fe cristiana tenía que ser atractiva, y los jesuitas necesitaban ser admirados, no sólo como hombres bien educados, sino también como hombres bien educados que predicaban un mensaje digno de ser escuchado. No es de extrañar, por tanto, que Valignano participara en muchas discusiones sobre el nivel de "adaptación cultural" (Ibid.) que se suponía debían alcanzar los jesuitas, y sólo un ejemplo relativo a la comida pondrá de manifiesto las dimensiones del problema. El Visitador "prohibió la cría de cerdos y cabras, el sacrificio de vacas, el secado y la venta de pieles en todos los establecimientos jesuitas de Japón. Se podían tener gallinas y patos, pero sólo si estaban encerrados y nunca se les permitía entrar en la casa. Los misioneros debían normalmente comer comida japonesa, con cocina, servicio y modales en la mesa japoneses", especialmente porque "los platos grasientos, las cocinas sucias, los modales en la mesa toscos o torpes para los estándares japoneses... eran obstáculos para el trabajo misionero" (Ibid., 54-55).

Fue Ōtomo Sorin quien indicó al Visitante la dirección correcta, ya que señaló que los padres cristianos rara vez seguían las necesidades de la etiqueta japonesa y, por lo tanto, eran considerados inferiores porque "si el comportamiento absurdo, grosero o repugnante era una vergüenza para los aliados, era una munición bienvenida para los observadores hostiles, como los que difundían los persistentes rumores de que los carnívoros también eran caníbales" (Ibid., 55). Valignano reaccionó ante tales problemas con un manual que había compilado a principios de la década de 1580 para los misioneros jesuitas en Japón (Valignano, 1946; sobre esta obra, véase Radulet, 1994). Además, Valignano prestó gran atención a los aspectos relacionados con la lengua:

> [El Visitador observó que el habla japonesa correcta o educada tenía que tener en cuenta la posición social del orador, la persona a la que se hablaba y las personas o cosas de las que se hablaba. Las distinciones de rango que tenían los jesuitas no se correspondían con las distinciones japonesas, por lo que era difícil determinar cuál sería la forma correcta de hablar o de comportarse en el caso de los misioneros. Su solución, característicamente audaz, fue asignar rangos al estilo japonés a sus hombres, cada uno de los cuales debía conocer su lugar y su papel, y hablar y actuar como le correspondía. (Moran, 1993, 56)

Estas reacciones ponen de relieve que Valignano fue probablemente uno de los jesuitas culturalmente más sensibles, cuya mentalidad global le permitió prestar

Los casos

mucha atención a la diversidad cultural existente y también le hizo abordar aspectos relevantes para lograr una mejor gestión intercultural. En consecuencia, el Visitador desarrolló lo que a menudo se denomina en la bibliografía pertinente "método acomodativo" o "adaptación cultural" (Elison, 1973, 54-84; Tronu Montane, 2012c, 1617). En consecuencia, Valignano "reformó la misión japonesa y diseñó una política misionera muy innovadora para evangelizar a los japoneses con mayor eficacia" (Tronu Montane, 2012c, 1617), y esta política tendría un tremendo impacto en muchos aspectos, por ejemplo en los ritos funerarios aplicados (Ibid.), en un intento de reproducir las órdenes jerárquicas presentadas por y dentro del sistema budista de Japón, que, sin embargo, no tuvo éxito (Moran, 1993, 56-57), y en una preparación más orientada culturalmente para los misioneros que debían trabajar en Japón (Loureiro, 2000, 161). El idioma también desempeñó un papel importante, ya que los jesuitas que hablaban japonés se consideraban mucho más eficaces que los que no lo hablaban (DI, 10, 246-247).

De hecho, Valignano era "un hombre con visión" y, por lo tanto, "reorganizó completamente la misión jesuita en Japón y fue allí donde introdujo por primera vez sus ideas innovadoras y principios misioneros" (Tronu Montane, 2012b, 23) que más tarde serían retomados por Matteo Ricci (1552-1610) en China (Collani, 2010; Hsia, 2010; Hosne, 2014; Wong, 2017; Mignini, 2019). Estos principios "tenían como objetivo mejorar la política misionera y resolver los problemas económicos, organizativos y sociales de la misión japonesa de los jesuitas" (Tronu Montane, 2012b, 23), y el número de miembros y conversos de hecho creció sustancialmente, en comparación con el período de entrada, mientras Valignano estaba activamente involucrado en los negocios japoneses de los jesuitas. Su importante obra *Il cerimoniale per i missionari del Giappone: Advertimentos e avisos acerca dos costumes e catangues de Jappão: importante documento circa i metodi di adattamento nella missione giapponese del secolo XVI* (Valignano, 1946), habitualmente referido simplemente como *Advertimentos*, documenta los intentos del Visitador de establecer sus ideas, es decir, el "método acomodativo" (Tronu Montane, 2012b, 23) como principio fundamental para las futuras actividades de los jesuitas en Japón.

Valignano exigió a los padres e irmãos (hermanos) jesuitas en Japón que siguieran su ejemplo con respecto a esta nueva actitud hacia los planteamientos misioneros y, como subraya Amaro-Bebio,

> La idea que subyacía tras la noción de "adaptación cultural" era que los jesuitas querían que la religión cristiana fuera vista como "respetable", "digna" o "prestigiosa" a los ojos de los japoneses. En opinión de Valignano y otros jesuitas, la población japonesa a menudo estaba convencida de que las ideas que subyacían en la religión cristiana eran "más lógicas" que las del budismo y el sintoísmo; sin embargo, se

negaban a convertirse, porque los extranjeros eran vistos como personas de baja condición con comportamientos incivilizados o incultos. (2016, 18)

Para los japoneses, ser identificados como cercanos a los jesuitas y, con ello, al cristianismo podría haber causado un grave daño social a su propia posición, por lo que los misioneros, según la perspectiva de Valignano, necesitaban hacerse lo más japoneses posible para no ser considerados "extranjeros", sino una alternativa real al budismo o al Shintō. Para él, la situación parecía estar clara, ya que "es bastante unilateral y ridículo que los sacerdotes europeos, que quieren que los japoneses cambien su forma tradicional de pensar y actuar según el modo cristiano, no cambien sus propias costumbres y sigan actuando de la forma que parece vulgar y bárbara a los japoneses" (Yamamoto, 2012, 253). En consecuencia, el Visitador pretendía implicar mucho más a la población local en el trabajo de los jesuitas, y también quería producir libros que les informaran sobre el cristianismo en japonés, razón por la que más tarde se importó una imprenta en la que se produjeron tales libros (Ebisawa, 1991, 200-202).

Se establecieron dos seminarios para los hijos de la aristocracia japonesa, y más tarde dos colegios continuarían su educación para prepararlos para trabajar como jesuitas, pero este último plan no pudo cumplirse debido a los cambios políticos de finales de la década de 1580. El seminario de Arima, sin embargo, siguió teniendo bastante éxito, a pesar de la centralización política bajo Toyotomi Hideyoshi y Tokugawa Ieyasu, y durante sus más de 30 años de existencia educó a un gran número de jóvenes estudiantes (Cieslik, 1959, 41-42). En 1603, el colegio de Nagasaki presentó un diccionario japonés-portugués, el *Vocabulario de Lingoa de Iapam* (Rodrigues, 1976), que contenía, con un suplemento publicado un año después, más de 30.000 palabras (Yamamoto, 2012, 254). Esta obra, al igual que muchas otras publicaciones, como el *Arte de Lingoa de Iapam* (Rodrigues, 1604-1608), documenta los esfuerzos que se habían invertido desde la década de 1580 para acercar lo más posible la Orden de los Jesuitas y sus misioneros a los japoneses (Cooper, 1973; 2001; Ehalt, 2009). Sin embargo, esto no pudo lograrse sin problemas, sobre todo porque el enfoque muy flexible de Valignano hacia los medios para alcanzar los objetivos de la Orden Jesuita no era compartido por todos los jesuitas. La lucha con Cabral, por ejemplo, causaría problemas, y las disputas internas también debilitaron la percepción positiva de los misioneros activos en Japón.

Valignano estaba familiarizado con los informes sobre Japón enviados por Xavier y otros jesuitas que habían relatado sus experiencias durante el periodo de entrada antes de que él mismo se convirtiera en Visitador y responsable de los asuntos japoneses de la orden. Cuando llegó en 1579, sin embargo, Valignano quedó bastante sorprendido por las realidades que se le presentaban. Aunque algunos daimyōs se habían convertido al cristianismo, la situación general en el país insular distaba mucho de ser favorable para los jesuitas: "La diferencia entre lo que he encontrado por experiencia en Japón y lo que aprendí sobre ello en la India y China por la información que me dieron... es como la diferencia entre el blanco y el negro" (carta de Valignano, Kuchinotsu, 5 de diciembre de 1579, Archivo Romano de la Compañía de Jesús, Japonica-Sinica, 8, I, fl. 242, citada en Moran, 1993, 34). Valignano estaba, en cierto modo, escandalizado de que la situación real no se hubiera descrito claramente en los informes y argumentó que un estilo tan engañoso no debería repetirse en el futuro (Moran, 1993, 35). Las críticas iban dirigidas al provincial, Cabral, que había sido el principal jesuita en Japón desde 1570. Cabral obviamente no poseía una mentalidad global, ya que también había impedido que los misioneros aprendieran adecuadamente el japonés (DI, 17, 272-275).

Cabral, que mantenía una actitud severa hacia los estudiantes y novicios japoneses, no comprendió lo que Valignano pretendía conseguir cuando éste planeó establecer en 1580 en Arima y Azuchi tres seminarios que atendieran en primer lugar a estudiantes japoneses (dos para muchachos de 10 a 18 años y uno para mayores que debían convertirse más tarde en novicios). El Visitador comprendió el papel esencial que habían desempeñado los japoneses como predicadores, al poder comunicarse realmente con sus compatriotas y traducir el mensaje cristiano para oídos japoneses con mayor precisión. A los estudiantes se les enseñaba latín, literatura, incluidos textos clásicos japoneses, y música (Moran, 1993, 12; Yamamoto, 2012, 252). Al igual que en otros contextos culturalmente diferentes, se suponía que la educación allanaría el camino hacia los corazones y las mentes de las personas que tarde o temprano deberían convertirse al cristianismo. Los graduados continuaban su camino en Usuki o Funai, donde pronto se establecieron un noviciado y un colegio, respectivamente.

Cabral, por su parte, debió de enfurecerse ante tales cambios, ya que los provinciales solían "discriminar [a] los japoneses", sobre todo porque "[él] pensaba que la única forma de difundir el cristianismo en Japón era ganarse el favor de los 'daimyos'... mediante el beneficio del comercio con los países europeos y utilizar la influencia de los daimyos para convertir al pueblo llano" (Yamamoto, 2012, 252). Cabral, en cambio, creía en el proselitismo desde arriba y no quería buscar el contacto con el pueblo llano. Por lo tanto, tampoco era partidario de la idea de sacerdotes japoneses que pasaran a formar parte de la Orden de los Jesuitas. La lucha entre las dos mentalidades, es decir, la mentalidad global de Valignano, abierta al cambio, y los puntos de vista limitados y la inflexibilidad dogmática de Cabral, sólo se resolvió finalmente cuando el Visitador destituyó al provincial. En 1583, Cabral fue nombrado superior en Macao, una decisión que también pudo haber sido posible por las quejas sobre él de otros jesuitas. A pesar de su oposición a Valignano, Cabral pudo ascender en el escalafón y se convirtió en provincial de Goa en 1592. A pesar de su nuevo nombramiento, Cabral continuó lo que se había convertido en una "cruzada personal" contra el trabajo misionero en Japón, y Valignano le acusó más tarde de "una extraordinaria hostilidad hacia Japón, de exagerar y criticar los ingresos de la viceprovincia japonesa, de disuadir a los jesuitas de la India de ir a Japón, y de mantener que el esfuerzo misionero y la mano de obra gastada en Japón es esfuerzo y mano de obra desperdiciada" (Moran, 1993, 15). Para el Visitador, la posición de Cabral era insoportable y saboteaba el éxito de los jesuitas en Japón, ya que los "métodos de éste eran erróneos, y antagonizaba tanto a jesuitas como a no jesuitas" (Ibid., 21).

Hay que tener cuidado de no fiarse de todas las declaraciones de Valignano sobre la situación, ya que su personalidad también podría haber desempeñado un papel en el desarrollo de la disputa. Valignano era una persona formidable, y cuando se reunió con Oda Nobunaga en Kioto en 1581, dejó una gran impresión, ya que el Visitador, que no hablaba japonés pero podía contar con el padre jesuita Luís Fróis (1532-1597) como traductor capaz, fue capaz de estimular la labor misionera de la orden en Japón. Al mismo tiempo, Valignano intentó controlar la difusión de información sobre los acontecimientos japoneses a Europa cuando impidió que su traductor enviara a Roma un manuscrito, a saber, su obra magna, la *História de Japam* (Fróis, 1976-1984). El Visitador también criticó al viceprovincial Gaspar Coelho, a quien describió como "viejo y débil, no conoce la lengua del país, tiene poca o ninguna teología, y carece de autoridad y estatura" (Moran, 1993, 21). Valignano probablemente luchó con el hecho de que un cambio en las estructuras existentes, a pesar de su poderosa posición, no era posible sin jesuitas que compartieran su visión del país. Teniendo en cuenta el hecho de que Valignano era un "adicto al trabajo" de principios de la Edad Moderna, cuya producción de textos era prolífica, su obsesión por Japón también podría haber dado lugar a una escasa tolerancia hacia la situación real del país insular.

En el pasado, una "[ha]bilidad en lenguas extranjeras, así como el servicio dentro de la orden, y, por supuesto, la virtud, eran cuestiones que se tenían en cuenta a la hora de juzgar la idoneidad para la profesión, pero las cualificaciones en humanidades y otras disciplinas académicas reconocidas, en filosofía y, especialmente, en teología, tenían una importancia primordial" (Ibid., 22). Un cambio doctrinal en este sentido habría exigido tiempo, pero Valignano parecía bastante impaciente, aunque, como ya se ha mencionado, él mismo no hablaba japonés, ni podía tomar confesiones en ese idioma. Por lo tanto, su agenda y sus objetivos podrían haber sobrestimado las posibilidades reales en el contexto japonés, y las ilusiones se vieron confrontadas con las realidades del trabajo misionero en un entorno que se volvería hostil durante la última visita del Visitador. Sin embargo, siguió por el camino elegido, e incluso anuló

Los casos

las órdenes de Mercurian o Aquaviva si las consideraba poco razonables, especialmente en lo referente al comercio de la seda entre Japón y Macao. Sin embargo, el nuevo rumbo de la estrategia de los jesuitas en Japón debía tener más en cuenta los problemas y acontecimientos locales, ya que los misioneros no actuaban en el vacío.

La relación entre los jesuitas y los comerciantes portugueses en la década de 1580 fue importante para fortalecer las capacidades financieras de la orden en Japón (Gonoi, 2002, 344-357; Sousa, 2010, 23-30). Uno de esos influyentes donantes, el capitán Bartolomeu Vaz Landeiro, gastó bastante dinero en la construcción de iglesias en Japón. Sin embargo, junto a ese apoyo de grupos de interés externos, Valignano tuvo que prestar mucha atención a la situación local, es decir, a las demandas y necesidades de los señores feudales locales. En 1580, intentó persuadir a Arima Harunobo (1567-1612) para que se convirtiera al cristianismo, pero existía el peligro de que Ryūzōji Takanobu (1530-1584) invadiera Arima. En esta situación, al daimyō de Arima podría haberle gustado la idea de bautizarse, ya que lo consideraba un acto para asegurarse el apoyo militar de los portugueses, sobre todo porque algunas de sus fortalezas ya habían caído en manos del enemigo (Sousa, 2010, 23-24). Fróis señala que "Como el daimyō de Arima se encontraba en tal aprieto y como le parecía que no tenía más remedio que unirse a la Iglesia y al daimyō de Omura, que era hermano de su padre, deseó hacerse cristiano muy pronto, y pidió al Padre que lo bautizara urgentemente" (Fróis, 1976-1984, 3, 136, citado en ibíd., 24).

Fróis supuso que había sido uno de los monjes budistas quien había instado a Arima a buscar una alianza con los cristianos, pero con fines militares y no religiosos, "ya que era la única posibilidad que tenía de poder mantener sus dominios" (Sousa, 2010, 25). Toda esta situación puso a Valignano en un dilema, ya que el bautismo de Arima podría haber perjudicado los índices de conversión de los japoneses si era derrotado tras su bautismo como señor cristiano. Una derrota militar habría hecho suponer que el converso de alto rango había sido castigado por su decisión, aunque si la invasión se resistía con éxito, su acto también podría interpretarse positivamente. Citando una vez más a Fróis:

> [Al] estar las cosas revueltas e inestables en Arima, y al rebelarse cada día más fortalezas, le pareció al padre visitador Alessandro Valignano que no sería conveniente bautizar al daimyō de Arima, no fuera a ser que, en caso de ser derrotado, como probablemente sucedería, los paganos pudieran decir que tal cosa había sucedido porque se había hecho cristiano, como suelen decir cuando suceden casos parecidos con daimyōs cristianos en Japón, en guerras y cambios, que en Japón

son siempre no sólo continuos sino también inesperados. (1976-1984, 3, 136-137, citado en ibídem).

En consecuencia, los acontecimientos locales siempre influyeron en el índice de éxito de las actividades de los jesuitas en Japón, como podría poner de relieve otro ejemplo.

El daimyō Ōmura Sumitada (1533-1587) otorgó a los jesuitas una concesión de tierras en Nagasaki, lo que podría haber expresado su interés en el comercio con los portugueses más que su amor por los misioneros cristianos y su dios (Sousa, 2010, 27; sobre la fundación de Nagasaki, véase también Pacheco, 1989). El puerto, que fue económicamente importante a partir de la década de 1560 debido a esta concesión de tierras, vinculó aún más a los jesuitas con el comercio de Macao, así como a los daimy con las respectivas rutas comerciales que eran bastante valiosas, sobre todo porque las guerras de la época a menudo necesitaban ser financiadas también por los ingresos que tal vínculo podría proporcionar. La ciudad había crecido, y en 1579 contaba con 400 casas, mientras que algunos portugueses se habían establecido allí y se habían casado también con mujeres japonesas (Curvelo, 2001, 23). En consecuencia, la comunidad necesitaba servicios cristianos para sus habitantes portugueses. Fue en 1580 cuando la ciudad fue entregada oficialmente a los jesuitas, aunque la soberanía del territorio recibido permaneció en manos de Ōmura Sumitada. Se acordó que "los portugueses le pagarían una cantidad anual, parte de la cual se destinaría a la manutención de los sacerdotes, y la otra a la fortificación militar de la ciudad y a los señores feudales cristianos" (Curvelo, 2001, 24). Este acuerdo, sin embargo, no duró mucho, ya que la ciudad fue finalmente entregada a Shimazu Yoshihisa (1533-1611), que había invadido el territorio de Ōmura en 1586, y se convirtió en ciudad imperial al año siguiente bajo Toyotomi Hideyoshi. Por tanto, los acuerdos o tratados existentes a menudo tenían un valor limitado para los jesuitas, que tenían que asegurar su estatus e incluso su existencia con los nuevos poderes gobernantes. En consecuencia, el *sengoku jidai* y los acontecimientos políticos de su final crearon problemas a los jesuitas, independientemente de sus nuevas y más acomodaticias estrategias para su enfoque misionero hacia los posibles conversos japoneses. Estos cambios políticos, sin embargo, inicialmente no interfirieron demasiado en el desarrollo de la ciudad de Nagasaki, que continuó creciendo y contaba con 5.000 habitantes en 1590 y alrededor de 15.000 en 1600 (Oliveira e Costa, 1993, 39-43).

Al mismo tiempo, los esfuerzos de los jesuitas no se basaron únicamente en las actividades de Valignano, ya que jesuitas como Luís Fróis también invirtieron gran parte de su energía en acercarse culturalmente a los japoneses con el objetivo de hacerlos más receptivos al cristianismo. El gobierno de Cabral no había disminuido su entusiasmo por aprender la lengua japonesa y familiarizarse con las costumbres y reglas de etiqueta locales (Loureiro, 2000, 161). A principios de la década de 1580, Fróis terminó su breve *Tratado das contradições e diferenças de costumes entre a Europa e o Japão* (Tratado *de las contradicciones y diferencias de costumbres entre Europa y* Japón) (Fróis, 2004; véase también Jorissen, 1988). El *Tratado* deja claro que Valignano no era el único que había reflexionado sobre la cultura japonesa, y "Luís Fróis, en estos escritos, aparece como un observador atento e inquisitivo, registrando información detallada sobre política, sociedad, cultura y religión" (Loureiro, 2000, 159). A diferencia de Valignano, Fróis había vivido en Japón ininterrumpidamente durante mucho tiempo y también hablaba japonés bastante bien. Se suponía que sus escritos ayudarían también a los jesuitas recién llegados, ya que el "folleto les prepararía para la confrontación diaria con un mundo tan diferente del suyo" y los "jesuitas recién llegados podrían mantenerse alejados de ciertos hábitos tan comunes en Europa, pero considerados poco sociales en Japón, como escupir en el suelo, estornudar en público, abrazar a otro hombre o llevar zapatos dentro de las casas" (Ibid., 162).

La posterior obra magna de Fróis, la ya mencionada *Historia de Japam*, en la que empezó a trabajar en 1585 a petición del historiador jesuita Giovanni Pietro Maffei (1536-1603), debía proporcionar todo lo conocido sobre el país isleño en una sola obra, y el padre jesuita era considerado el hombre adecuado para esta tarea porque había vivido allí durante mucho tiempo e incluso había conseguido aprender bastante bien la lengua japonesa. Valignano, que había reclamado la autoría de todos los escritos sobre Japón que se habían enviado a Europa con anterioridad, se vio en cierto modo desafiado por la nueva tarea de Fróis, pero éste serviría como secretario de Valignano en Macao entre 1592 y 1595 antes de que se le permitiera regresar a Japón, donde murió en Nagasaki en 1597. Aunque la obra sobre Japón estaba terminada antes de su muerte, Valignano no la envió a Europa y, en cierto modo, impidió su publicación (Ibid., 165). Cualesquiera que fuesen las razones -quizá Valignano quería evitar que entre los jesuitas circulasen opiniones diferentes a las suyas sobre Japón-, Fróis había sido criticado por su adaptación a las costumbres japonesas, quizás incluso yendo demasiado lejos, ya que disfrutaba debatiendo temas religiosos con japoneses no conversos (Feldmann, 1993; Sioris, 1997). En consecuencia, su mentalidad abierta fue probablemente demasiado abierta para algunos, aunque las tensiones con Valignano difícilmente pueden haber sido consecuencia de esta apertura hacia Japón y sus gentes. No obstante, la vida de Fróis sigue siendo emblemática de las experiencias de los jesuitas en Japón y "ejemplifica la paradoja existencial vivida por algunos de los jesuitas de la misión de Japón. Los padres europeos, mientras intentaban sumergirse profundamente en la vida japonesa, debían permanecer totalmente fieles a sus raíces cristianas y occidentales" (Loureiro, 2000, 166).

Que también tenían que ser conscientes de estas raíces europeas se hace evidente cuando se examina más de cerca la misión diplomática a Roma, que llevó a cuatro jóvenes japoneses al centro del poder cristiano. Diogo de Mesquita (1551-1614), que más tarde sería el decano responsable de los colegios de Amakusa y Nagasaki y que también intentó cultivar plantas occidentales en Japón (Correia, 2003), viajó con los cuatro japoneses (Ito Mancio, Chijiwa Miguel, Hara Martinho y Nakaura Julião) que salieron de Japón en 1582 y regresarían con el Visitador en 1590. Valignano describió así a los japoneses en una carta enviada desde Goa el 20 de noviembre de 1587:

> Ya son hombres hechos y derechos, muy satisfechos de su experiencia, muy llenos de las cualidades y de la grandeza de Su Santidad y de los demás príncipes cristianos, y *muy* entusiasmados con nuestras cosas [*muy afficionados a nuestras cosas*]. Y han hecho tantos progresos en la virtud y están tan deseosos de explicar nuestras cosas a los japoneses y de ayudar a la conversión del Japón, que aseguro a Vuestra Paternidad que no hay palabras para expresar el consuelo que me han proporcionado, y no dudo de que cuando lleguen al Japón causarán allí una impresión tan grande como la que causaron en Europa. (Archivo Romano de la Compañía de Jesús, Japonica-Sinica, 10 II, fl. 291, citado en Moran, 1993, 7-8)

Valignano no sólo quería probar el éxito de la misión en Japón, sino también impresionar a estos cuatro hijos de nobles japoneses con los grandes logros del cristianismo en Europa. En sus instrucciones para la misión diplomática, el Visitador describió el propósito de la misión con detalles muy concretos, como muestra la siguiente reflexión:

> Al enviar a los chicos a Portugal y Roma, nuestra intención es doble. En primer lugar, buscar la ayuda, tanto temporal como espiritual, que necesitamos en Japón. En segundo lugar, dar a conocer a los japoneses la gloria y la grandeza del cristianismo, la majestad de los príncipes y señores que lo profesan, la grandeza y la riqueza de nuestros reinos y ciudades, el honor de nuestra religión y el poder que ejerce en ellos. Estos muchachos japoneses serán testigos que habrán visto estas cosas, y siendo personas de tal calidad podrán volver a Japón y decir lo que han visto. Como los japoneses nunca han visto nuestras cosas, no pueden creernos cuando se las contamos, pero estos testigos nos conferirán el crédito y la autoridad adecuados, y así llegarán a comprender la razón por la que los padres vienen a Japón. Actualmente muchos de ellos no lo comprenden; piensan que somos gente pobre, de poca importancia en nuestros propios países, y que venimos a Japón a buscar fortuna, con

la predicación de las cosas celestiales como mero pretexto. (Valignano, 1943, 395-398, citado en Moran, 1993, 8-9)

Los cuatro muchachos habían estudiado en el colegio de Arima, y cuando los jóvenes regresaron al país insular en 1590, proporcionarían una nueva esperanza para el cristianismo en Japón, donde la situación se había vuelto más peligrosa para los conversos japoneses y los misioneros europeos desde 1587. Los cuatro embajadores japoneses se habían convertido en una parte esencial de la labor misionera, ya que también habían ingresado en la Orden de los Jesuitas (Pacheco, 1971, 437-438). Además de ellos, Mesquita había traído de Europa una imprenta y la "*letra rodonda*" necesaria para la lengua japonesa, que, en el futuro, se utilizarían para imprimir libros en Japón que se suponía ayudarían a los misioneros en su trabajo, especialmente en lo que respecta a la provisión de libros de texto que podrían ayudar a mejorar las capacidades lingüísticas de los jesuitas (Schilling, 1940, 648; véase también Schurhammer, 1928). El equipo, sin embargo, podría haber llegado demasiado tarde, ya que la Orden Jesuita se enfrentaba ahora a graves problemas en Japón.

Persecuciones anticristianas y decadencia

Toyotomi Hideyoshi fue capaz de expandir su dominio sobre la mayor parte de Japón antes de intentar también invadir Corea e incluso China (Jacob, 2017). Una vez hecho esto, inició medidas anticristianas (Elison, 1973, 109-141), que Tokugawa Ieyasu continuaría más tarde, y el cristianismo sería totalmente prohibido y todos los misioneros oficialmente expulsados en 1614 (Friedrich-Stegmann, 2018). Sin embargo, no se trataba únicamente de una cuestión religiosa; los decretos anticristianos, como han destacado varios investigadores, estaban relacionados con aspectos políticos y con la prevención de la resistencia y de los cambios sociales que podrían haber amenazado el recién establecido shogunato de la familia Tokugawa (Ōhashi, 1996; Murai, 2002). El decreto de 1587, según el cual se cerrarían las iglesias y se ejecutaría a los "misioneros mendicantes recién llegados a Nagasaki", dio comienzo a una "década de inestabilidad" (Tronu Montane, 2012b, 3). Aunque, tras la conquista de Kyūshū por Toyotomi Hideyoshi, la mitad del territorio estaba en manos de daimyōs cristianos (Laures, 1959/60, 384-385), el nuevo gobernante de Japón ordenó una política de persecución, que hizo que los jesuitas renunciaran a algunas de sus instituciones, por ejemplo, el colegio de Bungo (Cieslik, 1959, 40). Los gobernantes cristianos tuvieron que actuar con cuidado para no oponerse demasiado abiertamente a los nuevos edictos, y el número de nuevas conversiones descendió, sobre todo porque muchos daimyōs temían las repercusiones de tal medida. Cuando los misioneros visitaban a las familias dirigentes que seguían siendo fieles cristianos, estaban, en consecuencia, bastante ocupados cuidando de estas comunidades, sobre todo porque todas las acciones relacionadas con los servicios religiosos debían llevarse a cabo de la forma más secreta posible para evitar cualquier sospecha por parte de las fuerzas que habrían utilizado el conocimiento de estos actos cristianos para montar un caso contra los gobernantes locales (Laures, 1959/60, 386-387).

La nueva situación no era fácil de afrontar, ya que los jesuitas apenas podían establecer presencias permanentes, ni siquiera en las partes cristianas de Kyūshū, y en consecuencia se vieron obligados a retroceder a bastiones como Nagasaki, aunque intentaron mantener vivo su servicio a las respectivas comunidades de Japón. Cuando Valignano regresó al país insular en 1590, pudo entrevistarse en audiencia con Toyotomi Hideyoshi en Kioto. De camino a la capital, Valignano visitó a la nobleza cristiana en Kurume y bautizó allí a unas 150 personas. La situación aún era flexible, al parecer, sobre todo porque "[l]a obediencia a estos edictos no había sido impuesta hasta el momento", por lo que Valignano consideraba que aún había lugar para el debate y la negociación, aunque para muchos misioneros y conversos "la incertidumbre y la ansiedad permanecían" (Moran, 1993, 16). El Visitador fue recibido como embajador, y le acompañaron los cuatro japoneses que habían sido enviados a Europa, así como João Rodrigues, que tradujo para Valignano cuando conoció en persona al nuevo gobernante de Japón. El Visitador jesuita estaba bastante molesto por los cambios políticos que se habían producido desde que había abandonado el país, porque los esfuerzos que se habían realizado para impulsar la obra misionera parecían haber sido en vano: "Tan pronto como empezamos a predicar o a hacer conversiones en cualquier lugar, se producen acontecimientos tan extraños que realmente parece como si Nuestro Señor deshiciera lo que hacemos, de modo que no sólo no ganamos nada, sino que perdemos lo que antes se había ganado con tanto esfuerzo" (Moran, 1993, 57).

A pesar de tales sentimientos, Valignano, cuyo talento como negociador era obvio, persuadió con éxito a Toyotomi para que suavizara su decreto y obtuvo permiso para que los jesuitas permanecieran en el país siempre que su trabajo se llevara a cabo con bastante discreción. Aunque la labor misionera de la orden se había complicado, al menos podía continuar. Independientemente de este éxito, los jesuitas ya no podían esperar continuar con su estrategia anterior, relacionada con el principio de *Cuius regio eius religio*, que se refería a cómo habían convertido habitualmente a los daimyōs, por ejemplo, Arima Harunobu, a quien Valignano había bautizado en 1580, cuyos súbditos (70.000 en Arima) habrían seguido automáticamente esta conversión que se percibía como una orden (Ibid., 64). Ahora, con los decretos de Hideyoshi, aunque suavizados, la anterior estrategia misionera, "convierte al gobernante, y sus súbditos vendrán en tropel a la Iglesia" (Ibid.), ya no podía llevarse a cabo.

Debido a esta estrategia, muchos cristianos japoneses no podían considerarse creyentes devotos, sino que a menudo sólo aceptaban la religión extranjera como consecuencia de la conversión de su señor feudal. Estos últimos, además, podrían haberse convertido sólo por consideraciones políticas o económicas, ya que la proximidad a los jesuitas podría haberles generado acceso al comercio o al apoyo militar. Durante el *sengoku jidai*, el éxito de la orden en Japón fue, por tanto, al menos hasta cierto punto, consecuencia de las necesidades políticas de los daimyōs, y la situación supuso un serio revés para los misioneros, ya que aquellos cristianos que sólo se habían convertido a medias ahora darían marcha atrás en su decisión debido a las exigencias de un Japón más centralizado bajo el gobierno de Hideyoshi. El número relativamente grande de conversos a principios de la década de 1580 era también demasiado para el número relativamente pequeño de misioneros jesuitas y, como describió Valignano, "la gran mayoría de los conversos japoneses no tienen la disposición adecuada para el bautismo, son instruidos y probados inadecuadamente, y son poco impresionantes o poco edificantes cuando se convierten en cristianos" (Ibid., 65). Por razones prácticas, los jesuitas se habían centrado en convertir a los gobernantes en primer lugar, lo que ahora, debido a las nuevas circunstancias, causaría tremendos problemas, especialmente en los casos en los que los daimyōs renunciaban a su fe cristiana para no causar conflictos con las nuevas autoridades gobernantes. En este punto, también podría haber sido bastante desafortunado que ninguno de los cuatro embajadores japoneses que habían regresado de Europa estuviera dispuesto a establecer un vínculo con Hideyoshi, que había solicitado sus servicios, y, en cambio, que todos ellos decidieran continuar su camino hacia el noviciado jesuita. En la situación que se les presentaba en 1590, con los decretos anticristianos en vigor, habría sido más prudente establecer lazos estrechos con Hideyoshi y persuadirle de las ventajas que el cristianismo podía ofrecerle para su gobierno (Ibid., 17-18). Sin embargo, esta oportunidad no se aprovechó, y los acontecimientos históricos posteriores causarían más problemas a los jesuitas.

Aunque los decretos se habían suavizado, no era posible que los jesuitas visitaran comunidades cristianas que ahora estaban gobernadas por daimyōs anticristianos, como era el caso de Hakata, donde gobernaba Kobayakawa Hideaki (1577-1602), sobrino de Hideyoshi (Laures, 1959/60, 392). Este caso pone de relieve el dilema de los jesuitas, que ya no sólo no eran más que huéspedes tolerados en Japón, sino que tenían que permanecer en silencio y sin ser vistos. Independientemente de este hecho, hubo un breve resurgimiento a finales de siglo, cuando murió Toyotomi Hideyoshi y Tokugawa Ieyasu aún no había asumido plenamente el poder del primero. Los jesuitas experimentaron un breve descanso de la persecución en esta época, y su capaz liderazgo trató ahora de aprovechar esta situación para fortalecer de nuevo el cristianismo en Japón. Los daimyōs cristianos de Kyūshū, que habían acompañado al ejército japonés a Corea, donde Hideyoshi había intentado crear un imperio basado en la expansión (Lewis, 2015; Swope, 2016), regresaban ahora y ofrecían a los jesuitas otra oportunidad de reforzar su influencia en el suroeste de Japón. Mōri Hidekane (1567-1601), que había regresado de Corea, permitió a los jesuitas volver a su dominio, Kurume, donde un padre y un hermano jesuitas pronto podrían reanudar sus actividades y también prepararían el bautismo de los vasallos del daimyō (Laures, 1959/60, 393). Los acontecimientos de 1587, por tanto, ponen claramente de relieve que los jesuitas tuvieron que prestar especial atención a la política local en Japón para asegurar su posición e incluso su existencia como tales. El renacimiento de las actividades cristianas fue pronto destruido de nuevo durante la guerra que Tokugawa dirigió contra sus enemigos, ya que éste quería ocupar la posición de Hideyoshi y, por tanto, necesitaba hacer la guerra contra los que apoyaban al hijo del antiguo gobernante. En consecuencia, la posición de los misioneros jesuitas volvió a depender del resultado de una lucha local por el poder (Ibid., 395).

Luis Cerqueira (1551/52-1614), el segundo obispo de Japón, convertiría Nagasaki en un centro del cristianismo en Japón a principios de 1600, e independientemente de los cambios políticos, en el periodo inicial del siglo XVII, parece haber sido capaz de continuar la exitosa labor del Visitador. Sin embargo, Valignano, que en general tenía una opinión positiva de Cerqueira, volvió a insistir en los problemas a los que se enfrentaba en Japón en un informe de 1601:

> Las propiedades y cualidades de este país son tan extrañas, el modo de gobierno del Estado tan diferente, y las costumbres y formas de vida tan extraordinarias y tan alejadas de las nuestras que son difíciles de comprender incluso para aquellos de nosotros que hemos vivido aquí y tratado con la gente durante muchos años. Cuánto más difícil, entonces, hacerlas inteligibles para la gente de Europa. (Valignano, 1601, Dedicatoria, citado en Moran, 1993, 29)

En consecuencia, los informes no siempre eran precisos y ofrecían imágenes engañosas, que el propio Valignano pretendía corregir: "En algunos casos, el escritor acababa de llegar a Japón, y puso por escrito lo que había oído de otros, sin saber nada del idioma, ni tener ningún conocimiento o experiencia del país...... La consecuencia es que aún no se dispone en Europa de información completa y exhaustiva sobre esta nación de Japón" (Ibid., 30). En cierto modo, Valignano, que se consideraba el "experto en Japón" dentro de la Orden de los Jesuitas, expresaba así una crítica indirecta a Cerqueira, que, sin embargo, reavivaría la vida cristiana, aunque con un claro enfoque en Nagasaki (Kataoka, 1985; Oliveira e Costa, 1998).

Los casos

Las limitaciones relativas a la visibilidad de los misioneros habían planteado obviamente un problema desde 1587:

> Para introducir el cristianismo en la sociedad japonesa, los misioneros construyeron residencias, iglesias, hospitales y escuelas en pueblos y ciudades, interactuando con los japoneses. La prohibición del cristianismo por parte de las autoridades japonesas implicó no solo la desacralización, el desmantelamiento y la apropiación de todos los espacios cristianos, sino también la producción de templos budistas y edificios de las autoridades civiles en su lugar. (Tronu Montane, 2012b, 10)

En Nagasaki, este problema no fue tan grave, y el cristianismo siguió desempeñando allí un papel importante y visible, sobre todo porque la ciudad acogía también a portugueses y otros residentes europeos. En otras partes del país, sin embargo, se cerraron más de 200 iglesias cristianas, por lo que la atención religiosa de los jesuitas quedó restringida a los espacios privados de los conversos. Mientras que otras órdenes, como los franciscanos, siguieron construyendo nuevas iglesias u hospitales, por ejemplo, en Kioto y Osaka, los jesuitas de Kyūshū tenían opciones bastante limitadas para contrarrestar las medidas de prohibición vigentes desde 1587 (Tronu Montane, 2012b, 11).

El éxito del obispo Cerqueira a finales del siglo XVI y principios del XVII fue, en consecuencia, localmente limitado, y como señaló Tronu Montane:

> Nagasaki presenta tres características distintivas que la hacen muy adecuada para un análisis espacial de este tipo. En primer lugar, su fundación y rápido crecimiento como ciudad estuvieron íntimamente ligados a la estrecha colaboración entre los misioneros jesuitas y los comerciantes portugueses. En segundo lugar, la mayor parte de su población fue cristiana desde su fundación: la comunidad cristiana de Nagasaki incluía no sólo a misioneros y cristianos japoneses, sino también a los comerciantes portugueses y españoles que residían en Japón de forma temporal o permanente. Por último, cuando el obispo de Japón estableció su sede en Nagasaki, ésta se convirtió en el centro del cristianismo japonés. (Ibid.)

Cuando informó de sus éxitos, lo hizo en el contexto de "una comunidad cristiana bastante atípica, poco representativa de la mayoría de las comunidades cristianas japonesas de principios de la Edad Moderna" (Ibid.). No obstante, la "ciudad cristiana" siguió floreciendo hasta 1614, cuando Tokugawa Ieyasu decidió finalmente prohibir por completo la religión extranjera y sus representantes en el país, hasta que se reintrodujo en él tras la apertura forzosa de Japón en 1873.

Debido al edicto de Tokugawa Ieyasu, la mayoría de los jesuitas tuvieron que marcharse a Macao o Manila, y sólo en la clandestinidad algunas comunidades pudieron mantener su fe cristiana, mientras que los misioneros que continuaron su labor en el país fueron perseguidos por las autoridades (Hagemann, 1942). Era posible seguir siendo cristiano, aunque los contactos con elementos extranjeros estaban totalmente cortados, por lo que fue una sorpresa cuando "en 1865 una comunidad de cristianos clandestinos reveló su fe a los misioneros franceses de la Société des Missions Étrangères de Paris en Nagasaki" (Tronu Montane, 2012b, 9). El ya mencionado Diogo de Mesquita tenía la esperanza de que Tokugawa Ieyasu revirtiera el severo castigo para los cristianos como antes Toyotomi Hideyoshi había relajado sus propios edictos, pero esto no sucedió, ni los jesuitas y los conversos de los que querían ocuparse pudieron ser asegurados por los daimyōs que hasta entonces habían apoyado las actividades de la orden en Japón. En una carta del 6 de octubre de 1514, Mesquita describe sus esfuerzos diplomáticos en este sentido:

> Me enviaron a la Corte porque conozco y soy amigo del gobernador que nos persigue. Fui a ver si esta persecución podía detenerse demostrando nuestra inocencia, porque la razón principal, entre muchas otras, por la que nos persiguen es que nos consideran a todos conquistadores de reinos extranjeros en nombre de nuestro rey bajo el pretexto de propagar el cristianismo. Pero a mi llegada a una ciudad llamada Osaka, próxima a Miyako, su gobernador me impidió continuar hasta el reino de Suruga, donde residen el rey y su Corte. Esto se debió probablemente a que los sacerdotes expulsados de Osaka y Miyako estaban allí en ese momento, sus iglesias habían sido derribadas y quemadas, y la persecución estaba en su apogeo. (Archivo Romano de la Compañía de Jesús, Japonica-Sinica, 36, fl. 37-37v, citado en Pacheco, 1971, 435)

A pesar de sus intentos de encontrar una solución diplomática, Mesquita finalmente tuvo que rendirse, y un mes antes de morir en Nagasaki el 4 de noviembre de 1614, escribió en una carta fechada el 6 de octubre,

> Creo que Dios nos expulsa de Japón en castigo de nuestros defectos y pecados. Quiera Su Divina Majestad que nos enmendemos por ellos para que podamos volver de nuevo a la obra de conversión y a la predicación entre tan buenos cristianos. Puedo asegurarles, por mi larga experiencia con ellos durante muchos años y particularmente durante esta persecución (como verán en la Carta Anual que se está enviando), que no parece haber ninguna iglesia en toda la cristiandad que los supere. De hecho, las considero las mejores del mundo. (Archivo Romano de la Compañía de Jesús, Japonica-Sinica, 36, fl. 37, citado en ibid., 436).

Tres días después de la muerte de Mesquita, los misioneros jesuitas que abandonaban el país zarparon hacia Macao y Manila. Los hospitales dirigidos por la Orden de los Jesuitas pudieron continuar su labor unos años más, pero en 1620, según un informe a Roma, "las pocas iglesias que habían quedado en pie habían sido derribadas, los cementerios profanados y los hospitales incendiados" (Ibid., 437).

Los jesuitas que se quedaron acabarían siendo mártires de la fe cristiana (Trigault, 1623; Imago, 1640; Omata Rappo, 2020a; 2023). En 1597, Toyotomi Hideyoshi ya había ordenado crucificar a 26 cristianos en Nagasaki, seis franciscanos, tres jesuitas (dos de ellos acababan de ser ordenados el día anterior), y 17 cristianos japoneses (Moran, 1993, 2; Omata Rappo, 2020b), y el martirio se convertiría en el destino general de los jesuitas en Japón después de 1614 (Vitelleschi, 1632; Cieslik, 1959, 35-36; Kataoka, 1970; 1979), una experiencia a menudo descrita como "Resuelta. Gloriosa. Triunfante" (Heuts, 2015, 79).[2] Después, las cartas de los jesuitas restantes tenían un tono más acusador, y "los japoneses son descritos en fuertes contrastes entre los conversos y los asesinos, con poco o ningún término medio [y] los japoneses eran retratados o bien positivamente, puramente sobre la base de sus hábitos cristianos, o negativamente sobre la base de su agresión hacia el cristianismo" (Ibid., 98). Hacia 1600, los jesuitas habían logrado convertir a la fe cristiana a unos 300.000-500.000 japoneses, pero la batalla de Sekigahara, que cimentó el ascenso y el gobierno de Tokugawa Ieyasu, fue un punto de inflexión y abrió el siglo que pronto vería el fin de las actividades jesuitas en Japón (Ibid., 102; véase también Yamamoto, 2012, 250). Independientemente de las reformas de la década de 1580 y de los intentos jesuitas por dominar la lengua japonesa para hacer más eficaz su labor misionera, el caso japonés se convirtió en un desastre, aunque finalmente no serían las malas traducciones las que jugarían el papel decisivo. Al igual que en Perú, las incontrolables circunstancias políticas fueron las responsables del fin de la misión, aunque, a diferencia de América Latina, la labor misionera en Japón no pudo continuar. Así pues, los esfuerzos de los misioneros por aumentar el entendimiento intercultural mediante una educación eficaz con respecto a la lengua japonesa resultaron finalmente infructuosos, ya que los misioneros no pudieron evitar que las autoridades locales quemaran sus iglesias y mataran a los jesuitas que se resistían al orden anticristiano recién establecido.

---

[2] Cristóvão Ferreira (ca. 1580-1650) es el único caso conocido en el que un jesuita, tras ser capturado por los japoneses, cometió apostasía (Cieslik, 1973). Sobre el papel del destino jesuita en Japón y su presentación dentro de la cultura popular europea, véase Watanabe (2023).

Los jesuitas y la lengua japonesa

Boscariol divide la metodología de adaptación con respecto a la educación lingüística jesuita en japonés en tres períodos, a saber, uno experimental durante el período de entrada (2013, 56-85), un período de consolidación bajo Valignano (Ibid., 85-124), y "uno de [la] sistematización y comprensión de la lengua en gramáticas y diccionarios, que ayudaría a la enseñanza y el aprendizaje del japonés", que estaba relacionado con las actividades de João Rodrigues (Tçuzu) (Ibid., 125-150). Al igual que Fróis, Rodrigues había conseguido aprender bastante bien el japonés y proporcionaba instrucciones esenciales sobre el uso y la gramática de la lengua con las que los futuros jesuitas necesitaban familiarizarse. En consecuencia, "[la] misión jesuita en Japón, a principios de la Edad Moderna y patrocinada por Portugal, dejó tras de sí un corpus de literatura cristiana en japonés cuyos textos alfabéticos han sido un tesoro para los lingüistas, su existencia un motivo de orgullo para los sectarios cristianos y su contenido un rico material para los historiadores" (Schwemmer, 2014, 466; véase también Doi, 1939; Farge, 2002). Manoel Barreto (ca. 1564-1620), por ejemplo, proporcionó a sus compañeros jesuitas un "manuscrito de 382 folios ... que contiene una variedad de textos católicos básicos, lecturas del Evangelio para todo el año eclesiástico, historias de milagros, meditaciones devocionales y vidas de santos" (Ibid.).[3] El texto es significativo, ya que proporciona una impresión de las cosas que los japoneses habrían oído a los misioneros. Además de estas colecciones de textos, los diccionarios que prepararon los jesuitas demuestran que dedicaron tiempo y esfuerzo a familiarizarse con la lengua japonesa (Rojo-Mejuto, 2018).

A diferencia de los jesuitas en Perú, el conocimiento y el uso de la lengua japonesa eran mucho más importantes, ya que en Japón no había autoridades coloniales que utilizaran el idioma de los misioneros. En consecuencia, el japonés no sólo era una herramienta de evangelización como en Perú, sino también un medio esencial para sobrevivir. Sin hablarlo, los jesuitas en Japón habrían estado perdidos y no habrían podido acercarse en absoluto a posibles conversos. No contaban con el respaldo de una estructura colonial existente sino que, para utilizar una expresión más orientada a los negocios, tenían que ser capaces de penetrar primero en su mercado potencial. Por consiguiente, la enseñanza de idiomas no era un tema discutible, y la resistencia de personas como Cabral demuestra que la falta de una mentalidad global y la resistencia a la acomodación causarían problemas tanto para la labor de los misioneros como con respecto al objetivo general de los jesuitas en Japón, es decir, el éxito del proselitismo.

---

[3] El manuscrito se conserva en la Biblioteca Vaticana: *Reg. lat.* 459, ff. 78-82v.

Los casos

Destacando la necesidad de formar a los jesuitas en Japón particularmente bien en lo que se refiere a la lengua, en 1601, Valignano argumentó que

> Hay que entender que la lengua y el gobierno de Japón son muy diferentes de los que tenemos en Europa, después de todo, nunca ha habido contacto entre ellos, y también tienen nombres diferentes para las cosas. Ahora bien, algunos de estos nombres pueden considerarse en cierto sentido como correspondientes a nuestras palabras, pero en realidad no coinciden muy bien con ellas, por lo que no puede decirse con propiedad que signifiquen lo mismo. Nosotros usamos los títulos de emperador, rey, duque, marqués, conde, para ciertos rangos. En Japón no utilizan estos títulos, y los títulos que utilizan no se corresponden muy bien con el significado que estas palabras transmiten en Europa. Pero como en Europa no se entienden los títulos japoneses, los portugueses y los nuestros, para que se les entienda, usan nuestras palabras para estas cosas cuando hablan o escriben a los europeos. Al transferir los títulos de esta manera se cometen errores con frecuencia, especialmente por parte de aquellos que no conocen realmente el significado de las palabras, por lo que es esencial proporcionar alguna explicación de este imperio, y de los nombres y rangos de los señores japoneses. (Valignano, 1601, cap. 5, citado en Moran, 1993, 31)

En consecuencia, la lengua debió de entenderse como algo más que una forma de comunicación, sino también como algo así como un "código cultural" que debía aprenderse primero a través de la lengua para que los jesuitas pudieran instrumentalizarla como herramienta para el éxito del proselitismo en Japón. Valignano prosigue así su evaluación:

> El único tipo de aprendizaje conocido y respetado en Japón era el aprendizaje de la lengua y los escritos japoneses, pero el seminario tenía como objetivo formar sacerdotes, y esto era imposible sin el latín. En Japón, el conocimiento del latín y de las "ciencias verdaderas" no confería ni estatus ni estima, y esto en una sociedad donde el estatus y la estima lo eran todo. Aquellos que saben latín, se convierten en sacerdotes y también dominan la lengua y las letras japonesas se ganarán el respeto, pero esta es una perspectiva muy lejana, y mientras tanto los chicos se aplican con entusiasmo al estudio de su propia lengua y literatura, pero muy a regañadientes al latín y "nuestras otras ciencias." Pero es esencial que estudien latín primero y japonés sólo cuando hayan completado el curso de latín, porque el latín es muy nuevo y muy extraño para ellos, y los que no lo aprenden jóvenes no lo aprenden del todo. Y deben estar separados de los que estudian japonés,

porque cuando están juntos los estudiantes de latín, hundidos en la melancolía, "mudos y privados de lengua", ven avanzar a los otros, capaces de predicar y escribir, y se consumen en el anhelo de estudiar su propia lengua. (Valignano, 1601, cap. 5, citado en Moran, 1993, 165-166)

Por ello, aunque al principio los jesuitas tuvieron que recurrir en gran medida a traductores y predicadores japoneses, en años posteriores también formaron con éxito a misioneros occidentales, aunque no todos dominaban el idioma a un nivel similar.

A diferencia de los jesuitas que intentaron aprender japonés y tuvieron problemas con el idioma (Moran, 1993, 178-188), muchos japoneses tuvieron problemas con el latín, lo que supuso un obstáculo para las posibles aspiraciones de convertirse en jesuitas y sacerdotes-, cuando se convirtieron en novicios de la Orden de los Jesuitas. Valignano recomendó separar estos grupos de estudiantes y, de hecho, los problemas de ambos grupos con respecto al estudio de las respectivas lenguas podrían así disminuir. Sin embargo, la escasez de sacerdotes para atender a las comunidades numéricamente crecientes de cristianos japoneses hizo que la orden dependiera del trabajo de los *djuku*, líderes laicos japoneses que apoyaban a los misioneros en su labor (Fujita, 1991, 74-76; Moran, 1993, 167; Fujitani, 2016, 307). Independientemente de estas cuestiones, los jesuitas no tuvieron más remedio que asegurarse de que los misioneros fueran educados en ambas lenguas, ya que eran necesarios para atender las demandas de Valignano de una política de acomodación cultural que se consideraba necesaria para asegurar el éxito del proselitismo. En el *Sumario de las cosas de Japón* (1583), el Visitador hizo especial hincapié en esta necesidad al subrayar que

> Por mucho que aprendamos de la lengua, y por mucho que nos esforcemos, seguimos pareciendo niños comparados con ellos, y nunca llegamos a la etapa de conocer toda su escritura y ser capaces de escribir libros nosotros mismos, y sin embargo esto es algo absolutamente esencial en Japón, pues sin ello nunca ganaremos la reputación ni seremos tenidos en la estima que necesitamos, ni podremos traducir ni escribir los libros necesarios para el fomento y el gobierno del cristianismo. Y esto está perfectamente claro por nuestra experiencia hasta el presente, pues todo lo que se ha hecho lo han hecho algunos hermanos japoneses que tenemos en la Sociedad. (Valignano, 1954, cap. 13, citado en Moran, 1993, 179)

Al mismo tiempo, el visitante destacó

la gran dificultad de aprender su lengua, que es tan elegante y tan copiosa, como hemos dicho antes, que hablan de una manera, escriben de otra y predican de una tercera, y hay un conjunto de palabras que se emplean para dirigirse a la alta burguesía y otro para dirigirse a las clases inferiores, y existe el mismo tipo de diferencia, en muchos casos, entre las palabras que usan los niños y las mujeres y las que usan los hombres. Y en su escritura tienen infinidad de caracteres, de modo que ninguno de los nuestros puede aprender a escribir ni componer libros que puedan mostrarse a cualquiera. Algunos de ellos llegan al punto de poder predicar a los cristianos, pero cuando lo hacen es tan diferente de lo que puede hacer cualquier hermano japonés, incluso un ignorante, que cuando hay un hermano presente los padres se reducen al silencio. (Valignano, 1954, cap. 16, citado en Moran, 1993, 179)

Es, en cierto modo, trágico que los jesuitas siguieran el ejemplo de Valignano e invirtieran tantos esfuerzos para tener éxito en su educación lingüística pero, al final, no pudieran utilizarla para resistir las órdenes anunciadas por los nuevos dirigentes políticos de Japón. Mientras que el estado japonés había sido unificado de nuevo y puesto bajo el fuerte control central de la familia Tokugawa, la Orden Jesuita se había convertido en un obstáculo para esa unidad que no dejaba otra alternativa a los nuevos gobernantes de Japón que deshacerse de esos elementos extranjeros dentro de su territorio gobernado: "En cualquier caso, Hideyoshi Toyotomi e Ieyasu Tokugawa, que pusieron fin al periodo de los Estados Combatientes, se negaron a coexistir con los cristianos, y esta política se mantuvo hasta mediados del siglo XIX, cuando se derrumbó el shogunato de Edo" (Ōhashi, 2016, 126).

Misioneros jesuitas en Japón

El número documentado de jesuitas en Japón creció constantemente entre 1553 y 1614, alcanzando su punto culminante en 1606/7, cuando se documentan 136 jesuitas, 60 padres y 76 hermanos. El número de padres alcanzó su punto culminante en 1614, con 62 sirviendo en Japón al mismo tiempo, mientras que el número de irmãos alcanzó su máximo histórico en 1592/93 con 85, disminuyendo a 53 en 1614. También se puede argumentar que el crecimiento real de los números, y por lo tanto la capacidad de la organización para hacer frente a un mayor número de conversos de manera eficiente, no aumentó sustancialmente antes de la década de 1570, cuando se establecieron instalaciones educativas para formar a los nuevos novicios.

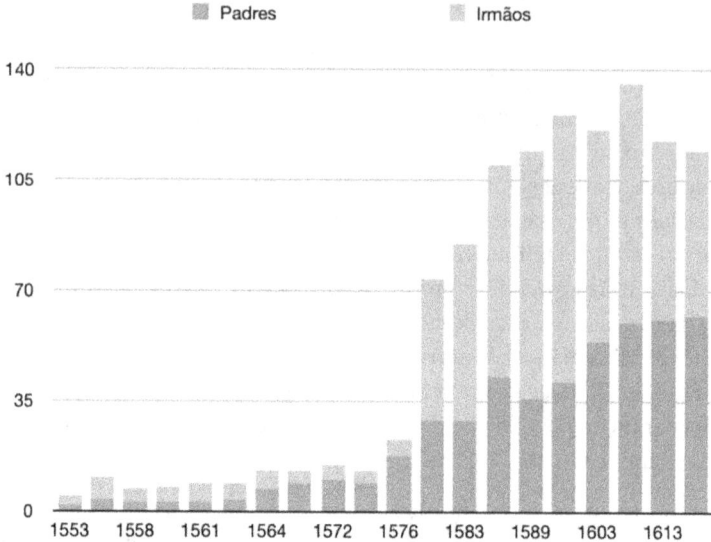

Fig. 4.3: Número de jesuitas en Japón entre 1553 y 1614.

También cabe señalar aquí que el número de irmãos japoneses pasó de uno en 1576 a 60 en 1589, mientras que en el mismo periodo ningún japonés fue promovido al rango de padre. Los primeros padres japoneses están documentados en 1606/7, pero sólo son dos de un total de 60. Aunque su número se elevó a cinco en 1689, el número de irmãos japoneses pasó de uno en 1576 a 60 en 1589. Aunque su número aumentó a cinco en 1614, hay que argumentar que la misión jesuita japonesa no aprovechó plenamente y de forma equitativa el potencial local de las estructuras de gestión existentes. Esto podría haber sido responsable de la impresión de que los jesuitas eran una organización puramente extranjera que sólo explotaba a los irmãos nativos, de los que a menudo se decía que actuaban como predicadores. En las unidades jesuitas más pequeñas, cuyos miembros eran responsables de regiones más periféricas, no habría sido sorprendente que un padre europeo trabajara con un irmão nativo para garantizar que la población nativa pudiera ser atendida por alguien que hablara japonés como lengua materna.

Tabla 4.3: Número de padres e irmãos que sirvieron en Japón entre 1553 y 1614 (incluyendo los datos disponibles de padres e irmãos japoneses).

Año	Padres	Irmãos	Padres japoneses	Irmãos japoneses
1553	2	3		
1555	4	7		
1558	3	4		
1559	3	5		
1561	3	6		
1562/3	4	5		
1564	7	6		
1571	9	4		
1572	10	5		
1575	9	4		
1576	18	5		1
1581	29	45		20
1583	29	56		26
1587	43	67		35
1589	36	79		60
1592/3	41	85	/	/
1603	54	67	/	/
1606/7	60	76	2	55
1613	61	57	5	44
1614	62	53	5	/

Período de entrada (1549-1563)

El periodo de entrada está demarcado por la primera visita de Francisco Xavier a Japón en 1549, por un lado, y la conversión del primer daimyō Ōmura

Sumitada (1533-1587) al cristianismo en 1563, por otro. Los siguientes 18 jesuitas[4] sirvieron durante este periodo de tiempo en Japón (Tabla 4.4).

Tabla 4.4: Jesuitas que sirvieron en Japón entre 1549 y 1563.

Padres (Pater/Padre) = Dirección	Hermanos (Frater/Irmão)
Luis de Almeida	Pero de Alcáceva
Joannes Baptisla	António Díaz
Nunes Barreto	Melchor Díaz
Balthasar Gago	João Fernández
Cosme de Torres	Luís Fróis
Gaspar Vilella	Estávan de Góis
	Guilherme
	Juan Hernandes
	Lourenço
	Fernán Méndez
	Ruy Pereyra
	Duarte da Silva

Durante el periodo de entrada, sólo en una ocasión, concretamente en 1555, se tiene constancia de que más de 10 jesuitas sirvieran en Japón. Mientras que unos cientos de jesuitas se habían formado en Macao al mismo tiempo, Japón siguió siendo una provincia bastante periférica de la orden en los primeros 15 años de su existencia. Sin embargo, los principales jesuitas eran bastante activos y pudieron informar de la primera conversión importante de un señor feudal local en 1563.

Período de consolidación (1564-1587)

Durante el periodo de consolidación entre 1564 y 1587, cuando Toyotomi Hideyoshi, uno de los tres unificadores de Japón, promulgó un decreto contra los jesuitas, el número de sus miembros en Japón aumentó a más de 100, entre ellos 43 padres (Tabla 4.5).

---

[4] En el Apéndice 1 (10.1) figura una lista detallada de todos los años notificados.

Los casos

Tabla 4.5: Padres jesuitas que sirvieron en Japón en 1587.

Antonino	Marco Ferrarius	Alfonsus de Lucen	Gonçalus Rebellus
Joanes Baptista	Antonio Fernández	Manteles de Teodoro	Franciscus Rodríguez
Francisco Calderón	José Fornalelo	Damián Marino	Joanes Rodríguez [Giram]
Franciscus Carrionus	Aloicius Fróis	Gil de Mata	Aries Sanches
Georgius Carvalhal	Petrus Gómez	Melchor de Mora	Joannes Franciscus Stephanonius
Gregorius de Céspedes	Sebastianus Gonçales	Cristophorus de Morera	
Antonius Franciscus Chritana	Alfonsus González	Organtinus	
Gaspar Coelius	Fulvio Gregorio	Franciscus Passius	
Celsus Confalonerus	Franciscus Laguna	Petrus Paulus [Navarro]	
Petrus Crassus	Christophorus de Leone [de León]	Franciscus Pérez	
Joanes de Crasto	Antonio López	Julius Pianus	
Alvarus Díaz	Baltasar López	Petrus Ramonus	

Los jesuitas continuaron con éxito su expansión misionera tras el periodo de entrada, establecieron centros educativos (*collegios*) y comenzaron a educar a novicios japoneses. Sin embargo, el liderazgo de la orden en Japón siguió en manos europeas. En cuanto a la mentalidad global, un conflicto interno entre los principales jesuitas había debilitado bastante los esfuerzos de los misioneros, aunque el declive final de la orden se vio estimulado por acontecimientos externos. El constante proceso de unificación inició un proceso de centralización que también conduciría a medidas gubernamentales hostiles contra los jesuitas. El decreto de Toyotomi de 1587 marca, por tanto, la cesura entre el periodo de consolidación y el de declive.

Período de decadencia (1588-1614)

Independientemente del cambio de clima político, el informe oficial de 1589 nombra 116 jesuitas en Japón: 37 padres, 19 irmãos europeos y 60 irmãos japoneses. El número de padres había aumentado a 62 en 1614 (Tabla 4.6), aunque el número total de jesuitas reportados disminuyó en uno a 115, y sólo cuatro de los padres eran japoneses. El nivel directivo de la Orden de los Jesuitas en su contexto japonés seguía siendo, por tanto, predominantemente europeo, aunque un gran número de irmãos habían sido reclutados dentro del país, y desempeñaban un papel importante en la labor misionera, ya que solían ser los que permitían un mayor nivel de comunicación con los conversos japoneses.

Tabla 4.6: Padres jesuitas que sirvieron en Japón en 1614.

João Mateus Adami	Camillo Constanço	João Rodriguez Girão	Francisco Pacheco
António Álvarez	João da Costa	Ruy Gómez	Francisco Pírez
Jerónimo de Ángeles	Nicolao da Costa	Manuel Gonçalvez	João Pomério
João Vicente Antolhete	Mateus de Couros	António Ixida	João Bautista Porro
Jácome António	Gaspar de Crasto	Francisco Lobo	Sebastião Quimura (japonés)
Nicolai de Ávila	António Francisco Critano	Afonso de Lucena	Vicente Ribeiro
Ambrosio de Barros	Álvaro Dias	Francisco Luis	Jerónimo Rodríguez
João Bautista	Carlo Espínola	Luiz (japonés)	Manuel Rodríguez
João Bautista Bayeça	Francisco Eugenio	Pero Márquez	Bertholameu de Siqueira
Manuel Borges	Marcos Ferraro	Gabriel de Matos	Bertolameu Soares
Manuel Borralho	Christóvão Ferreira	Pero Martins	Thomé Tçuji (japonés)
Francisco Calderón	António Fernández	Pero Morejón	Baltasar de Torres
Martinho Campo	Bento Fernández	Belchior de Moura	Sebastião Vieira
Diogo Carvalho	Máncio Firabayaxi (japonés)	Julião Nacaura (japonés)	Joãp Bautista Zola
Valentim Carvalho	João de Fonseca	Pero (Pietro) Paulo Navarro	
Celso Confalonero	García Garcéz	João Nicolao	

En consecuencia, el número de padres aumentó constantemente, mientras que el número de novicios e irmãos parece haber sufrido un impacto negativo desde mediados de la década de 1580, cuando las autoridades japonesas comenzaron a actuar contra los jesuitas. Con Tokugawa Ieyasu como nuevo shōgun (máximo líder militar de Japón) y sus políticas que supuestamente asegurarían el poder de la familia Tokugawa para el futuro (Jacob, 2014), el declive de los jesuitas, que había sido iniciado por Toyotomi Hideyoshi, el segundo de los tres unificadores de Japón a finales de la década de 1580, finalmente ya no pudo ser contrarrestado. Ieyasu actuó contra todos los representantes del cristianismo en Japón porque consideraba que las ideas cristianas difundidas por los misioneros jesuitas eran un peligro para la seguridad interna del país recién unificado. Los jesuitas habían fracasado en darse cuenta de estos cambios desde el principio y en persuadir a Ieyasu de los valores que las actividades misioneras de los jesuitas podían tener para la unificación espiritual de Japón. Sin embargo, cabe añadir aquí que incluso un vínculo más estrecho con las élites gobernantes podría no haber garantizado un mayor éxito, ya que el cristianismo como tal desafiaba el nuevo orden social que Tokugawa Ieyasu quería ver aplicado para separar la sociedad japonesa en cuatro clases sociales, a saber, guerreros, artesanos, campesinos y comerciantes. Una creencia religiosa que exigía la igualdad de todas las personas difícilmente habría ayudado a Ieyasu a asegurar el protagonismo de la clase guerrera.

Directivos jesuitas en Japón: Algunos ejemplos

La siguiente sección proporcionará algunas breves "carteras de directivos" para los líderes jesuitas durante los tres períodos de la labor misionera de la orden en Japón. Proporcionará más detalles sobre los individuos dirigentes en la medida en que se hayan podido recopilar suficientes datos sobre ellos y sus casos individuales permitan cierta evaluación de las cuestiones generales en sus respectivos periodos de tiempo.

Francisco Xavier

Francisco Xavier es probablemente el jesuita más importante en lo que respecta a la historia de la misión jesuita en Japón (Bartoli, 1858; Venn, 1862; Bodkin, 1952; Rodrick, 1952; Pacheko, 1974; Takahashi, 2001; Ellis, 2003; Rubiés, 2012), ya que fue el primero de la orden en visitar el país insular en 1549 (Katorikku Bunka Kyōkai, 1949). En una carta posterior, Xavier (1552) describió el desembarco en Kagoshima de la siguiente manera:

> Por el favor de Dios, todos llegamos a Japón en perfecto estado de salud el 15 de agosto de 1549. Desembarcamos en Cagoxima, lugar de origen de nuestros compañeros. Fuimos recibidos de la manera más amistosa por toda la gente de la ciudad, especialmente los parientes de Pablo, el

converso japonés, todos los cuales tuvieron la bendición de recibir la luz de la verdad del cielo, y por la persuasión de Pablo se hicieron cristianos.

En realidad, los jesuitas tuvieron la suerte de que Japón no estaba unido en aquel momento, y los gobernantes feudales locales, los daimyōs, estaban interesados en los vínculos con extranjeros, que podían actuar no solo como representantes de una nueva religión, sino también como enlace con las redes de comercio exterior. Además, no era la primera vez que se importaba una religión alternativa del extranjero, ya que Shōtoku Taishi (574-622) había declarado el budismo como religión del Estado y, por tanto, había iniciado una transición desde el shintōismo, la religión panteísta seminal de Japón, hacia un budismo orientado al Estado, cuyos representantes seguirían siendo bastante privilegiados hasta el final del periodo Tokugawa en la década de 1860, cuando en su lugar se revitalizó un Shintō estatal (Como, 2008; Ketelaar, 1990). Con respecto al contacto inicial de Javier, la "entrada en el mercado" de los jesuitas en Japón reunió condiciones ventajosas, a saber, la falta de un gobierno central y el interés de los gobernantes locales del suroeste de Japón por combinar una misión religiosa con aspectos relacionados con el comercio. En consecuencia, se consideró que los jesuitas actuaban no sólo como misioneros, sino también, a través de su "movilidad religiosa" (Coello de la Rosa, 2022, 174-175), como agentes de la globalización moderna temprana, de la que pretendían beneficiarse los daimyōs de algunas provincias japonesas.

Xavier había salido de Lisboa en 1541 y, antes de llegar a Japón ocho años más tarde, sirvió inicialmente en Goa (India) tras pasar algunos meses en Mozambique. Entre 1545 y 1547, pasaría algún tiempo en el sudeste asiático, especialmente en las islas Maluku, por ejemplo, en la isla de Ambon (Bouhours, 1743, 130-159). Por consiguiente, antes de desembarcar en Japón, Xavier ya tenía cierta experiencia en el trabajo misionero en contextos culturalmente diferentes y pudo evaluar también allí las posibilidades de una futura labor misionera. En una carta a sus colegas europeos, subrayaba

> Japón es un imperio muy extenso compuesto en su totalidad por islas. Se habla un solo idioma, *no muy difícil de aprender*. Este país fue descubierto por los portugueses hace ocho o nueve años. Los japoneses son muy ambiciosos en cuanto a honores y distinciones, y se creen superiores a todas las naciones en gloria militar y valor. Aprecian y honran todo lo que tiene que ver con la guerra, y todas esas cosas, y no hay nada de lo que se sientan tan orgullosos como de las armas adornadas con oro y plata. Siempre llevan espadas y dagas dentro y fuera de casa, y cuando se van a dormir las cuelgan en la cabecera de la cama. En resumen, valoran las armas más que ningún otro pueblo que yo haya visto. Son excelentes arqueros y suelen luchar a pie, aunque en

el país no faltan los caballos. Son muy educados entre ellos, pero no con los extranjeros, a los que desprecian por completo. Gastan sus medios en armas, adornos corporales y en una serie de asistentes, y no se preocupan lo más mínimo por ahorrar dinero. Son, en resumen, un pueblo muy belicoso, y se enzarzan en continuas guerras entre ellos; los más poderosos en armas ostentan el dominio más extenso. Todos tienen un soberano, *aunque desde hace ciento cincuenta años los príncipes han dejado de obedecerle,* y ésta es la causa de sus perpetuas enemistades. (Xavier, 1552; el subrayado es mío)

La "evaluación de mercado" de Xavier era, por consiguiente, bastante realista, y se dio cuenta de que, aunque Japón estaba oficialmente bajo el gobierno de un emperador, el tennō, se gobernaba de forma bastante descentralizada. El hecho de que sólo existiera una lengua supuestamente fácil también se consideraba una ventaja para una posible aventura misionera en el país insular. Además, Xavier destacó la falta de una creencia religiosa similar (App, 1997; véase también Rubiés, 2012), por lo que hizo hincapié en el nicho que probablemente podrían abordar los misioneros cristianos en los años venideros:

Las doctrinas japonesas no enseñan absolutamente nada acerca de la creación del mundo, del sol, la luna, las estrellas, los cielos, la tierra, el mar y lo demás, y no creen que tengan otro origen que ellos mismos. La gente se asombró mucho al oír decir que hay un único Autor y Padre común de las almas, por quien fueron creadas. Este asombro fue causado por el hecho de que en sus tradiciones religiosas no se menciona en ninguna parte a un Creador del universo. (Xavier, 1552)

Al igual que los gestores de hoy en día, Xavier había proporcionado un "análisis de mercado" y algunas ideas (Ellis, 2003), que deberían haberse tenido en cuenta durante la posterior "entrada en el mercado", cuando los jesuitas comenzaron su labor misionera en Japón. Los misioneros jesuitas que siguieron su ejemplo se beneficiarían de este análisis, ya que disponían al menos de cierta información relevante para su trabajo en un contexto culturalmente muy diferente. El propio Xavier no hablaba japonés, lo que complicó la predicación durante su visita (App, 1997a), pero le acompañaba un japonés llamado Anjirō, que había informado de antemano al jesuita sobre las circunstancias en su país de origen. De este modo, Xavier no "volaba a ciegas", sino que ya podía contar con información que utilizó con bastante éxito en su primer viaje a la nueva región para una posible labor misionera. Xavier finalmente emprendió el viaje con Anjir y otros tres jesuitas, y fueron recibidos bastante amistosamente por el daimyō Shimazu Takahisa (1514-1571) (Niina, 2017), que gobernaba la provincia de Satsuma en Kyūshū. Xavier viajó también a otras partes del país y recibió permiso para que los jesuitas predicaran en algunas provincias. En consecuencia, la "entrada en el mercado" fue un éxito bajo el liderazgo de Xavier, aunque este no tenía conocimientos lingüísticos relevantes. No obstante, había utilizado los recursos que tenía a mano, especialmente los conocimientos de su mediador intercultural Anjirō, y fue lo suficientemente dogmáticamente flexible como para buscar un nicho inicial para la labor misionera en lugar de seguir una política agresiva de sustitución, aunque no se pudieron evitar del todo los conflictos con los líderes budistas durante los primeros años de la labor de los jesuitas en Japón (Tōkyō Daigaku Shiryō Hensanjo, 1990).

Cosme de Torres

Cosme de Torres fue un jesuita español, nacido en Valencia, que sería esencial para la historia temprana, es decir, la "entrada en el mercado" de los jesuitas en Japón. Ingresó en la orden en 1535 y posteriormente ejerció como profesor de gramática en la Universidad Mons Rrendinus de Mallorca, lo que le proporcionó valiosos conocimientos lingüísticos que pudo utilizar durante sus posteriores misiones. Tras regresar a España, sirvió en Santo Domingo y México (Schurhammer, 1929, 11-12). Finalmente, acompañó a Francisco Xavier en su primer viaje a Japón, donde Torres, como superior de la misión entre 1551 y 1570, sería la principal autoridad jesuita en Japón hasta su muerte en 1570 en la isla de Amakusa, actualmente en la prefectura de Kumamoto. Mientras Xavier intentaba conseguir una audiencia con el emperador japonés durante su viaje, Torres permaneció en Yamaguchi, donde los jesuitas habían recibido permiso para comenzar su labor misionera. A pesar de los conflictos con los monjes budistas (Fujita, 1991, 39), con los que Torres también mantuvo algunos diálogos intelectuales (Schurhammer, 1929, 29-36), Torres pudo aumentar el número de conversos de forma constante, e informó a los jesuitas de Valencia en 1551 de que "[los] japoneses están más preparados que ningún otro país del mundo para que nuestra creencia sea plantada en su país. Están maduros para ello más allá de toda medida. Se guían por la razón, tanto o más que el pueblo español. Están más ávidos de conocimiento que ningún otro pueblo que yo haya conocido antes" (citado en Schurhammer, 1929, 47).

Torres permaneció en Yamaguchi hasta mediados de la década de 1550, cuando el clan Mori comenzó a actuar de forma hostil contra los misioneros. Pudo recibir protección del daimyō de la provincia de Bungo (noreste de Kyūshū), Ōtomo Sorin, que fue un famoso converso al cristianismo en el Japón del siglo XVI (Matsuda, 1947). Sin embargo, Sorin solo estaba interesado en los jesuitas como herramienta política para conseguir sus objetivos con respecto a su propia posición durante el periodo de los estados en guerra (*sengoku jidai*, 1467-1615). Los jesuitas habían llegado en un momento en el que varios señores feudales intentaban ampliar sus posiciones debido al declive del gobierno central del shōgun, a saber, el shogunato Ashikaga (1336-5173), que no terminó oficialmente antes de 1573, pero que era débil y abría espacio para que los ambiciosos daimyōs impugnaran el gobierno centralizado del máximo líder militar de Japón.

A principios de la década de 1560, Torres se trasladó a la ciudad portuaria de Yokoseura, donde el daimyō local Ōmura Sumitada (1533-1587), el primero de los señores feudales japoneses que realmente se había convertido al cristianismo en 1563 y fue bautizado como Bartolomeu, había abierto el puerto para el comercio con los portugueses. En años posteriores, también concedería a los jesuitas y a los portugueses acceso al puerto de Nagasaki en 1580 (Pacheco, 1973). Torres tuvo éxito en su labor misionera no sólo porque fue capaz de asegurarse su apoyo, que a menudo sólo estaba relacionado con consideraciones políticas, sino también porque supo ganarse la confianza de los conversos locales, a los que se dirigía como miembros valiosos de la comunidad cristiana (Fujita, 1991, 49). Además, aseguró la educación de la comunidad, que incluía latín para los conversos y japonés para los jesuitas. Este doble enfoque educativo aseguró el crecimiento de la provincia de la orden en Japón. En consecuencia, Torres continuó con éxito la difusión del cristianismo durante el periodo de "entrada en el mercado" de los jesuitas en Japón.

Balthasar Gago

Balthasar Gago fue un jesuita portugués que sirvió inicialmente en Goa y fue uno de los jesuitas que establecieron una rama de la orden también en Cochin (Cieslik, 1954; Dehergne, 1973). En 1552, acompañó a Francisco Xavier a Malaca y más tarde se uniría a la misión en Japón, donde llegó en 1555 para servir bajo el liderazgo de Cosme de Torres. En consecuencia, Gago formó parte del grupo que trabajó en el entorno directo del daimyō Ōtomo Sorin y logró establecer una comunidad de unos 500 conversos en Hirado. Además de su labor misionera, proporcionó el primer relato occidental de la religión Shintō japonesa. Gago también proporcionó un catecismo para los conversos japoneses que fue bastante popular y, por lo tanto, su trabajo fue importante para el desarrollo de la primera nomenclatura católica en lengua japonesa (Zavala & Tamiyo, 2012). Esto hizo posible, en primer lugar, un acercamiento misionero más activo a las mujeres y hombres japoneses, por lo que el papel de Gago en el éxito temprano de la misión jesuita durante su primera existencia debe considerarse bastante importante. A principios de la década de 1560, Gago abandonó Japón para dirigirse a Macao, donde ayudó a preparar a más misioneros. Su conocimiento de Japón y de la lengua japonesa se utilizó como baza para los futuros misioneros que debían ser formados y enviados al país insular en los años venideros.

Gaspar Vilella

Gaspar Vilella (1526-1572) llegó a Bungo en 1556 tras haberse hecho jesuita en Goa unos años antes. Estudió japonés y consiguió convertir a varios centenares de personas a la fe cristiana, especialmente en la isla de Tokushima. Independientemente de su voluntad de adaptarse a las circunstancias locales en Japón, especialmente durante el periodo de entrada, su presencia y sus actos, arrojó artefactos budistas al mar e hizo que los conversos destruyeran templos budistas para sustituirlos por iglesias cristianas, crearon conflictos con las autoridades budistas locales. La conversión de Ōmura Sumitada en 1563 acabó estimulando la violencia anticristiana liderada por monjes budistas, que también se dirigió contra Vilella como destacado jesuita. Antes de que Vilella regresara a la India a principios de la década de 1570, donde más tarde moriría, introdujo a Luís Fróis, entre otros, en la misión japonesa. Su caso demuestra que las actividades misioneras de la Orden de los Jesuitas en Japón durante el periodo de entrada encontraron una feroz resistencia por parte de los competidores existentes, es decir, los budistas.

Alessandro Valignano

Como se ha descrito anteriormente, probablemente el jesuita más importante en Japón fue Alessandro Valignano, que definió el método de acomodación de los misioneros de la orden en Japón. Aunque no hablaba japonés y aunque, como Visitador, se ocupaba de acontecimientos y desarrollos más amplios en el país insular, su mentalidad global permitió a Valignano no sólo convertir a importantes daimy s durante el periodo de consolidación, sino también suavizar los edictos anticristianos de Toyotomi Hideyoshi para permitir que los jesuitas permanecieran en Japón después de 1587.

Valignano, tras ser acusado de herir a un hombre en Venecia y enviado a la cárcel, se unió a los jesuitas en Roma a finales de 1566 (Moran, 1993, 1) y después estudió filosofía y física en el Collegio Romano. A través de Lisboa, llegó a Goa y más tarde a Macao. Como Visitador, visitó más tarde Japón en tres ocasiones y siempre tuvo un impacto decisivo en la labor misionera allí. Valignano exigió a los jesuitas que aplicaran e incluso ampliaran su mentalidad global y que estudiaran la lengua japonesa, aunque no sólo para dotarse de medios comunicativos, sino también para lograr una mejor comprensión de la alteridad cultural que existía en Japón. Aunque Valignano era un visionario, su personalidad también pudo ser responsable de conflictos, ya que sus órdenes no siempre eran bien recibidas, y el jesuita Visitador se encontró con la resistencia de aquellos a quienes daba órdenes.

Francisco Cabral

Las ideas de Valignano fueron rebatidas por Francisco Cabral. Este último era una de las principales figuras como provincial en Japón, pero no hablaba japonés, ni era flexible con respecto a la dogmática, y a menudo menospreciaba a los japoneses, a los que no aceptaba como miembros iguales de la Orden jesuita. No obstante, Cabral había tenido éxito a principios del periodo de consolidación en la conversión de algunos daimyōs importantes del suroeste de Japón. Cabral actuó según las ideas y experiencias europeas, en las que la conversión de las élites gobernantes era el principal objetivo. Por tanto, al provincial de Japón no le importaban demasiado los creyentes de a pie y los posibles conversos de Japón. No le interesaba realmente ninguna forma de acomodación cultural. En consecuencia, el caso de Cabral demuestra que el éxito misionero a corto plazo era posible sin conocimientos lingüísticos y una mentalidad global, pero como persona, no era muy querido, especialmente en lo que respecta a los japoneses de a pie. Su actitud antijaponesa acabó por enemistarle con Valignano, que finalmente le liberó de sus funciones en Japón.

Luís Fróis

Luís Fróis pasó la mayor parte de su vida en Japón (Rocha, 2014, 41-56) y puede ser considerado uno de los testigos más importantes de la misión jesuita allí (Fróis, 1976-1984). Criado en los círculos de la corte portuguesa (Loureiro, 2000, 155), Fróis era un contable y administrador experimentado, cuyos talentos no pasarían desapercibidos durante sus primeros años en la Compañía de Jesús (DI 4, 1948, 403, 458). El joven portugués ingresó en la orden a los 16 años, en 1548, y ese mismo año viajó a la India, donde comenzaría su servicio (Loureiro, 2000, 156). En Asia, Fróis conocería diferentes lugares antes de llegar a su destino final.

> [Primero sirvió en Bassein, una fortaleza y ciudad portuguesa en la costa noroeste de la India. Después, tras un breve periodo en Goa, se estableció en Malaca entre 1555 y 1557, donde los portugueses tenían una fortaleza muy estratégica. De regreso a la India, Fróis completó su educación y formación religiosa en Goa, donde en 1561 pronunció sus votos e ingresó en el sacerdocio. Al año siguiente, a la edad de treinta años, se embarcó rumbo al país del Sol Naciente, donde, salvo una breve estancia en Macao, viviría el resto de sus días. La primera parte de su vida la había pasado en Portugal, la segunda, en diversos territorios asiáticos, pero siempre dentro de un marco institucional y cultural portugués, no especialmente favorable a prácticas interculturales profundas. En Japón las cosas serían diferentes. (Ibid., 156)

Llegó al país del este asiático en 1562 y más tarde sólo lo abandonaría por poco tiempo con Valignano para servir como secretario del Visitador. Fróis no sólo fue un importante cronista de la misión japonesa (Schauwecker, 2015, 4), sino también un importante misionero que sirvió en diferentes partes de Japón "a veces por necesidades o estrategias específicas de los jesuitas, otras veces porque las circunstancias locales o regionales eran favorables o adversas para los misioneros" (Loureiro, 2000, 158). Debido al hecho de que a menudo sirvió en regiones donde no vivían portugueses, tuvo que estudiar japonés para poder comunicarse con las comunidades locales y con los japoneses convertidos. En definitiva, su caso se asemeja al de jesuitas bastante desconocidos que, debido a su trabajo misionero en las regiones periféricas, similar al de los jesuitas peruanos de los que se hablará más adelante, se vieron obligados a familiarizarse con la lengua y las costumbres de las regiones en las que actuaban. Cuando más tarde Fróis desempeñó funciones más destacadas, fue criticado por estar a veces demasiado cerca de los japoneses, ya que sus experiencias no siempre eran compartidas por los jesuitas que habían servido en otras partes de Japón, por ejemplo, en una ciudad más "portuguesa" como Nagasaki.

Diogo de Mesquita

Diogo de Mesquita era un portugués que se hizo miembro de la Compañía de Jesús en 1574 y llegó a las costas de Japón tres años más tarde. Más tarde acompañaría a los cuatro embajadores japoneses a Roma y regresaría a Japón en 1590 (Pacheco, 1971, 431-432). Posteriormente, Mesquita sirvió en el colegio de Nagasaki, que dirigió como rector hasta 1614, cuando los jesuitas fueron expulsados del país debido a los decretos anticristianos de Tokugawa Ieyasu. Mesquita fue un jesuita de mentalidad abierta que no sólo apoyó proyectos de publicación que ayudaran a fortalecer la comprensión japonesa de la religión cristiana, sino que también estaba interesado en un auténtico intercambio de ideas entre los misioneros jesuitas y los conversos japoneses, debido a su mentalidad global. Murió en 1614, sabiendo que sus esfuerzos no habían sido suficientes para asegurar la existencia del cristianismo en Japón, lo que debió ser un momento bastante trágico en la vida de este jesuita relativamente progresista.

Capital humano, mentalidad global y proselitismo

El caso japonés demuestra lo importante que es una combinación de conocimientos lingüísticos y mentalidad global para gestionar con éxito la interculturalidad en un contexto culturalmente diferente. Los jesuitas que llegaron durante el periodo de entrada entraron en conflicto con los monjes budistas, pero consiguieron convertir a los primeros señores feudales. Dichos conflictos, además, no fueron realmente graves, ya que no amenazaron la existencia de la misión japonesa.

Alessandro Valignano, durante el periodo de consolidación, hizo hincapié en la importancia de la educación lingüística para los jesuitas y demostró que una mentalidad global era esencial, aunque no pudiera estar respaldada por el dominio del idioma. Valignano había negociado con éxito con daimyōs japoneses e incluso con Toyotomi Hideyoshi después de 1587, aunque no hablaba el idioma y necesitaba recurrir a traductores. Sin embargo, durante el periodo de consolidación, además de un conflicto entre Valignano y Francisco Cabral sobre la estrategia a largo plazo de la misión, cada vez más jesuitas aprenderían la lengua y, por tanto, se asegurarían un número creciente de conversos.

En consecuencia, el proselitismo jesuita tuvo éxito porque se basó en las habilidades lingüísticas como importante capital humano, así como en una mentalidad global entre los jesuitas, quienes, según las experiencias de Valignano y Fróis, tuvieron que acomodar su yo europeo a un otro japonés extranjero. El éxito de la gestión intercultural en el caso japonés dependía en gran medida de ambos aspectos, aunque los años posteriores a 1587 demuestran que la existencia de ambos factores no aseguraría la labor misionera de los jesuitas en Japón frente a un cambio rápido y brusco del contexto político del país.

El factor externo

Cuando Toyotomi Hideyoshi decidió firmar un decreto anticristiano en 1587, marcó el principio del fin para los jesuitas en Japón. Aunque Valignano pudo negociar con el gobernante del país para que se permitiera a la orden y a sus misioneros continuar su labor, aunque preferiblemente sin ser vistos ni oídos, sólo pudo aplazar el choque final entre lo que representaban los jesuitas, es decir, el cristianismo, y los nuevos gobernantes de Japón. Tokugawa Ieyasu continuaría la política anticristiana de Toyotomi Hideyoshi, sobre todo porque quería establecer un orden, más tarde denominado la Pax Tokugawa, que asegurara su dominio contra cualquier resistencia popular. El cristianismo se consideraba un factor que alimentaba especialmente esta última, por lo que todos los elementos cristianos, incluidos los misioneros jesuitas, debían desaparecer para siempre. A pesar de sus conocimientos lingüísticos y su mentalidad global, los jesuitas se vieron obligados a abandonar el país y no pudieron evitar este conflicto final después de todo.

4.3. Perú

El siglo XVI no sólo fue una "era de descubrimientos" para los imperios seculares, sino también para la Iglesia, cuyos representantes actuaron a menudo como agentes de esta expansión. Colón no sólo había descubierto nuevas tierras de un "tamaño hasta entonces insospechado", sino también "cantidades de personas que necesitaban urgentemente la conversión", una razón de ser para las actividades clericales en el llamado "Nuevo Mundo" (Fraser, 1992, 19). Las órdenes religiosas, y no sólo los jesuitas, aprovecharon esta oportunidad y siguieron a los conquistadores a las Américas, apoyando la expansión española en esta región con sus palabras sobre un nuevo dios y una vida después de la muerte que prometían la salvación tras la miseria y el dolor experimentados bajo el nuevo dominio colonial. En este contexto, los jesuitas "constituían una nueva categoría intermedia entre el sacerdocio secular y las órdenes religiosas más antiguas, sobre todo sujetos al Papa y no a la Corona española. Se percibían a sí mismos como la milicia de Cristo, soldados en una cruzada educativa" (Ibid.). A medida que la orden jesuita creció durante el siglo XVI (O'Malley, 1994, 18), se convirtió "claramente en una fuerza importante en la iglesia" (Forrestal & Smith, 2016, 6). Los jesuitas siguieron a menudo la expansión colonial[5] y no solo estuvieron activos en Sudamérica, sino también en Norteamérica (Ekberg, 2000; Li, 2001) y dentro de las redes transpacíficas (Buschmann et al. 2014, 64; Coello de la Rosa, 2022, 175). Así, en cierto modo, combinaron la salvación cristiana, a menudo de forma adaptada o con una narrativa localmente adecuada (Forrestal & Smith, 2016, 9), y la globalización temprana (Clossey, 2008).

    La conquista del Perú y la labor misionera de las distintas órdenes cristianas representan, en consecuencia, una historia violenta, y el Perú, como señaló Basadre, "nació de sangre y lágrimas en un abismo de la historia, con un estruendo que estremeció al mundo" (1947, 105, citado en Thurner, 2009, 44). El propio nombre "Perú" "vino a marcar el abismo de la conquista [que] era en parte una 'proyección' del deseo colonial" (Thurner, 2009, 47), un deseo que también compartían los padres y hermanos jesuitas que actuarían en este ámbito colonial concreto. Independientemente de la naturaleza ambivalente del proselitismo cristiano, los jesuitas tendrían "un profundo efecto en la vida cultural e intelectual de América Latina" (Newson, 2020, 1) que aún hoy se puede sentir en varios aspectos. El proceso misionero en esta región, dentro del cual la Orden Jesuita ocupó una posición prominente e influyente, condujo a "la cristalización de un proceso que definiría un 'cristianismo andino' por el cual se desarrollaría un lenguaje estandarizado al mismo tiempo que se asimilaban las creencias cristianas. Esta lengua fue apropiada y muchas veces adoptada por los indígenas en su afán de acceder al poder colonial" (Dejo, 2023, 239). Hasta que la orden fue expulsada de los territorios españoles en América en 1767 (Friederich-Stegmann, 2018), sus miembros habían administrado más de un cuarto de millón de conversiones indígenas (Newson, 2020, 1) y

---

[5] Para un análisis más amplio del papel colonial de la iglesia en Perú en los siglos XVI y XVII, véase Acosta Rodríguez (2014).

adquirido grandes cantidades de dinero y valor en bienes raíces (Brown, 1987, 27). Por lo tanto, los jesuitas habían sido gestores de éxito en un doble sentido, en primer lugar como misioneros cristianos activos y en segundo lugar, como resultado, al ser capaces de generar un importante superávit económico.

Que los jesuitas hayan atraído el interés de muchos historiadores no es nada sorprendente. La orden no era la única cristiana en el contexto latinoamericano, pero el sistema de informes detallados y la comunicación con los centros europeos de la orden permitieron conocer mejor las estructuras y actividades de la organización (Depuy, 1921, 62). La cantidad de fuentes, algo a lo que Gehl se refirió como un "imperio editorial" (2003, 436), proporciona un enorme corpus de conocimiento en todo tipo de campos, ya que los jesuitas no sólo informaron sobre sus propias actividades, sino que también escribieron crónicas sobre acontecimientos de actualidad y descripciones de la flora, la fauna y la geografía de las regiones recién conquistadas bajo dominio español (More, 2020). Además, "[como] hombres altamente educados que consideraban la ciencia y la educación como una parte importante de su programa misionero, algunos jesuitas se convirtieron en importantes investigadores en varios campos" (Anagnostou, 2005, 3). También proporcionaron importantes mapas de los territorios recién explorados que tendrían una enorme repercusión en futuras exploraciones y explotaciones (Saladin, 2020). Además,

> los misioneros informaron sobre los trascendentales acontecimientos políticos y militares de sus tierras, ofreciendo los primeros relatos históricos de Asia y África a los lectores de Europa. Estos escritos, en muchas lenguas europeas, son textos subjetivos que reflejan cómo los misioneros católicos veían el mundo no cristiano, incluso mientras registraban los actos y pensamientos de esos mismos misioneros. (Hsia, 2015, 224)

Aunque se observaron formas similares de sincretismo religioso que se asemejaban en cierto modo al caso japonés (Marzal, 1985; Millones, 2007; Gutiérrez Estévez, 2013; Mujica, 2016), las fuentes presentadas son a menudo problemáticas, ya que sólo ofrecen la perspectiva de los misioneros, para la que también podemos remitirnos a otras fuentes existentes, mientras que las historias de los conversos a menudo permanecen en la oscuridad. Como muchas otras historiografías coloniales, la relacionada con los jesuitas en América Latina deja muchas preguntas sin respuesta. Por consiguiente, una evaluación que vaya más allá de una lectura de las fuentes orientada a los datos debe ser cautelosa para no reproducir los sesgos y estereotipos eurocéntricos que pueden encontrarse en los informes jesuíticos.

Los primeros cronistas de las colonias españolas recién adquiridas, como Pedro de Cieza de León (ca. 1520-1554), Cristóbal de Molina el Chileno (1494-

1580), Pedro Sarmiento de Gamboa (ca. 1532-1592) y Juan Díez de Betanzos (1510-1576), escribieron las primeras obras importantes sobre la historia de la conquista del "Nuevo Mundo" y con ello establecieron también una tradición de narraciones a las que se referirían las obras jesuitas también en años posteriores (de Cieza de Léon, 1554; Fernández Duro, 1896; Romero, 1943; Landin Carrasco, 1946; de Bezanzos, 1996). Cuando los jesuitas comenzaron su viaje para servir en el mundo colonial y en regiones remotas del mundo que las autoridades coloniales habían comenzado a integrar en imperios transnacionales más grandes, ya podían confiar en los informes que habían llegado a Europa y, por lo tanto, probablemente estaban influidos por los estereotipos existentes mucho antes de que comenzara su misión real (Huiyi, 2017, 54). Independientemente de este condicionamiento previo, los jesuitas desempeñaron un papel esencial en la recopilación de nuevos conocimientos y percepciones sobre los pueblos indígenas que pretendían convertir al cristianismo. En consecuencia, los misioneros jesuitas en la América española

> fueron pioneros en el interés por las lenguas y culturas indígenas, recopilando diccionarios y escribiendo algunas de las primeras etnografías de la región. También exploraron la historia natural de la región e hicieron importantes contribuciones al desarrollo de la ciencia y la medicina. En sus fincas y misiones, los jesuitas introdujeron nuevas plantas, ganado y técnicas agrícolas, y dejaron un legado perdurable en la arquitectura, el arte y la música de la región. (Newson, 2020, 1)

Los misioneros jesuitas se interesaban por muchas cosas más allá de cumplir su tarea principal, es decir, el proselitismo. También eran "lingüistas, etnólogos, ... historiadores, ... geógrafos, naturalistas, farmacéuticos y médicos", a veces todo ello al mismo tiempo, y por tanto su impacto en América Latina y en la historia de sus futuras naciones fue bastante intenso (Anagnostou, 2005, 3). En particular, sus "vocabularios y gramáticas [por ejemplo, de Anchieta, 1595; Ruiz de Montoya, 1640] de las lenguas nativas... no son meros estudios lingüísticos, sino que también demuestran los esfuerzos de los jesuitas por salvar las lenguas de los nativos como un elemento importante de su identidad cultural" (Anagnostou, 2005, 3; véase también Segovia Gordillo, 2020, 454-455). Los jesuitas, debido a sus encuentros personales con las poblaciones nativas dentro de sus respectivos contextos coloniales, también ayudaron, al menos en parte y a veces de forma menos sesgada que los informes oficiales de los gobiernos coloniales, a preservar algo de la historia nativa de la América española (Acosta, 1590; de Acuña, 1641; Porras Barrenechea, 1962; Pérez Tudela y Bueso, 1998; Coello de la Rosa, 2005). Lo que hace particularmente interesantes a tales obras y fuentes es el hecho de que no siguen una categorización específica de literatura colonial o cristiana, sino que ofrecen una variedad de perspectivas tan diversas como el contexto y el ámbito en el que actuaron (Dürr, 2017, 487-488). Por lo tanto, una historia global en auge que exprese un interés bastante vivo por tal diversidad tendrá que incluir casi naturalmente el amplio corpus de fuentes que han dejado los jesuitas (Ibid., 488).

Dürr señaló que el método de acomodación de los jesuitas, es decir, su estrategia para ajustar su trabajo misionero a las condiciones locales existentes, es de particular interés, ya que muestra hasta qué punto los jesuitas tuvieron éxito en la aplicación de nuevas estrategias de cristianización y, al mismo tiempo, de qué manera estas fueron limitadas por el contexto existente e incluso impugnadas por los jesuitas que no compartían una mentalidad global tan fuerte (2017, 489; sobre el método de acomodación, véase Sievernich, 2002; 2005). Independientemente de esto último, "los jesuitas estaban divididos entre su intención de ver la presencia de Dios en la naturaleza y su preocupación de que la población indígena pudiera utilizar esta presencia como base para sus 'idolatrías'" (Dejo, 2023, 241; véase también Dejo, 2021).

Los conocimientos de los jesuitas, sin embargo, no sólo se utilizaron en el ámbito colonial, sino que también tuvieron un fuerte impacto en Europa, donde se aplicarían los nuevos conocimientos, por ejemplo, en lo que respecta a la medicina, y se introducirían cultivos comerciales y nuevos bienes de consumo para la población europea (Anagnostou, 2005, 4; Kaller & Jacob, 2019). En los trabajos históricos sobre el periodo colonial de América Latina, se ha destacado que la Iglesia Católica en general y la Orden Jesuita en particular eran grandes terratenientes (Chevalier, 1970, 239; Brown, 1987, 23). Aunque sus "amplias posesiones económicas" también dieron a los jesuitas cierto peso económico, éste no fue suficiente para dominar la región (Brown, 1987, 25). Sin embargo, los jesuitas sí ayudaron a crear y determinar el mundo colonial español en su conjunto y el Perú como una zona específica, donde los representantes de la orden conectaron en gran medida las perspectivas globales con las locales y viceversa (Hosne, 2013, 7). Modificaron el espacio en el que actuaban, moldeándolo para que formara parte de un mundo colonial "moderno" (Mignolo 2000, 13-50; Mignolo & Ennis, 2001).

Cuando los primeros jesuitas llegaron a Perú en 1568, sus compromisos misioneros abarcaban la mayor parte del globo, pues la orden ya había estado activa en África (Angola, Congo, Mozambique), Asia (China, India, Japón) y en otras partes de la América portuguesa y española (Brasil, México, Perú) (Ambrogio & Newson, 2020, 149). Al igual que la conquista española en estas últimas regiones estuvo limitada por factores geográficos, también lo estuvieron los intentos misioneros de la misión jesuita, que "se vio sometida a una dura prueba por el encuentro con las poblaciones semisedentarias y no sedentarias del sur de Chile, el Chaco y el noroeste de México, donde los grupos dispersos por valles escarpados, ríos caudalosos y desiertos áridos se resistieron enérgicamente a la conquista española" (Ibíd.). La misión de proselitismo de los pueblos indígenas descentralizados y no asentados causó obviamente graves problemas a los jesuitas, que no se habían enfrentado antes a cuestiones similares. Esto hizo que los misioneros fueran lo más flexibles posible y ajustaran la liturgia católica y otras prácticas religiosas, como el bautismo, al contexto local, en el que había que introducir cuidadosamente a la gente en la nueva creencia religiosa que se había traído de Europa a las regiones periféricas de América Latina (Ambrogio & Newson, 2020, 150; Catto, 2010).

En contraste con estas regiones periféricas, los espacios metropolitanos políticamente centralizados del Perú colonial también estaban hispanizados, y el esfuerzo jesuita por difundir y fortalecer el cristianismo allí fue promovido por el Estado colonial (Hosne, 2013, 9; véase también Cushner, 1980). En general, había dos esferas diferentes dentro del contexto peruano, y esta división tarde o temprano causaría problemas, sobre todo porque también dividió a los jesuitas en diferentes tipos de misioneros. Por supuesto, uno de los votos esenciales de los jesuitas, hecho al propio Papa, les permitiría ser enviados a cualquier lugar, pero ser enviado a un contexto colonial como tal no significaba todavía que el jesuita en cuestión estuviera dotado de una mentalidad global. En el contexto peruano, algunos podrían haber estado interesados en replicar las estructuras europeas de la orden dentro de las ciudades coloniales, mientras que otros estaban más orientados a difundir la palabra del Señor entre los indígenas. Como se verá más adelante, esta división general causaría problemas, especialmente cuando ambos grupos no estaban dispuestos a aceptar la diversidad de las tareas jesuitas y los enfoques hacia ellas en la colonia peruana.

Sin embargo, junto a las cuestiones teológicas, los jesuitas también tuvieron que actuar como gestores de una forma más orientada a los negocios. Teniendo en cuenta las enormes propiedades rurales que la orden acabaría poseyendo en Perú, no es erróneo afirmar que los jesuitas fueron bastante buenos gestores en esta colonia española. Con todo, sin embargo, la historia no es tan fácil, como subrayó Clarence-Smith:

> Al principio, muchos padres se opusieron a las actividades lucrativas, pero la orden necesitaba fondos urgentemente para financiar sus colegios urbanos, cuya matrícula era gratuita. También se necesitaba dinero para otras actividades caritativas, los puestos de misión y la administración general. Además, la orden fue acumulando grandes propiedades, bien mediante donaciones directas de tierras, bien mediante donaciones de dinero y objetos de valor que podían invertirse en propiedades. (2020, 209)

En sus propiedades, los jesuitas solían tener éxito como agricultores y mejoraban los suelos y los cultivos existentes (Colmenares, 1969, 99-100). En consecuencia, los misioneros representaban todo tipo de ventajas, y no era de extrañar que los jesuitas fueran pronto convocados por los gobernantes europeos para apoyar sus ambiciones coloniales en las nuevas esferas coloniales. España y Portugal se habían repartido el mundo tanto por sus conquistas como por sus intentos misioneros, expresados por la "responsabilidad por el trabajo misionero, que se llamaba derecho de patronato real, es decir, el Patronato español y el Padroado portugués" (Hosne, 2013, 2). Como los misioneros jesuitas seguirían estas precondiciones oficiales, "desde el principio, los jesuitas dependieron de los caprichos de las autoridades seculares y se vieron obligados a contar con el apoyo y la protección de los gobernantes de las tierras en las que su Orden servía y a someterse a las limitaciones que imponían" (Ibid.). En consecuencia, el significado de su misión también se vio cuestionado y modificado por decisiones y experiencias compartidas o impugnadas por todas las fuerzas implicadas en el proceso caracterizado por la expansión y el proselitismo.

Después de su largo viaje que marcaría la primera fase de la misión jesuita (Brockey, 2000, 64-70; Hosne, 2013, 2), fueron sus eventuales experiencias en su nuevo entorno y su impacto en su trabajo misionero lo que determinó la interpretación final y a menudo flexible, así como muy individual, que los jesuitas tenían sobre sí mismos y su objetivo final. Aunque, idealmente, el "dónde" no debería determinar demasiado la labor de los jesuitas - "Jerónimo Nadal, uno de los primeros jesuitas, no dejaba lugar a dudas: *totus mundus nostra fit habitatio* (nuestro lugar es el mundo)" (Hosne, 2013, 3)-, la actuación de los "gestores" jesuitas en sus respectivas provincias de la orden difícilmente puede separarse por completo de estos factores externos. No obstante, Ignacio de Loyola, fundador de la orden, no dejó lugar a dudas sobre la misión y disponibilidad global de su orden cuando sostuvo que los jesuitas "debemos ser indiferentes y hacer lo que se nos mande, sin inclinarnos más a una parte que a otra. Y si yo estuviese, como vosotros, más inclinado a ir a las Indias, procuraría inclinarme a la parte contraria, para alcanzar aquella perfecta indiferencia, que es necesaria para alcanzar la perfección de la obediencia" (Loyola, 1553, citado en Hosne, 2013, 3-4). Procedentes inicialmente de Portugal (Telles, 1645) y más tarde de España, los jesuitas llegarían así a todas las partes del mundo, y en 1568, los primeros jesuitas llegaron a Perú, aunque otras órdenes religiosas habían estado activas allí antes. Los jesuitas entraron así en un espacio ya colonizado, un mercado, por así decirlo, en el que otros contendientes ya habían tenido su primera oportunidad.

Fue el famoso conquistador Francisco Pizarro quien asestó el golpe definitivo al Imperio inca y el primer europeo que puso sus ojos en las regiones costeras y asentamientos del norte de Perú en 1528 (Scott, 2009, 1). Su conquista sería la base para el establecimiento del posterior orden colonial español allí, y el primer informe, la "Relación Samano-Xerez, un breve informe de autoría incierta" (Ibid.), haría soñar a otros europeos con esta nueva tierra:

> [Hay muchas ovejas y cerdos y gatos y perros y otros animales y gansos, y allí [en las ciudades costeras] se hacen las mantas de algodón y lana que he mencionado antes, y [también] la costura y los abalorios y objetos de plata y oro, y la gente es muy racional; parece que tienen muchas herramientas hechas de cobre y otros metales con las que trabajan sus campos, y extraen oro y practican todo tipo de agricultura; las calles de sus asentamientos están muy bien trazadas; tienen muchos tipos de fortalezas y viven en un estado de orden y justicia; las mujeres son blancas y bien vestidas y casi todas son bordadoras; hay una isla en el mar cerca de los asentamientos donde tienen un templo construido en el estilo de un refugio rústico, colgado con telas bordadas muy finas, y donde tienen una imagen de una mujer con un niño en sus brazos y que se llama María Mexía. (Citado en Ibid., 1-2)

Aunque el texto debe entenderse "como una fantasía excepcionalmente vívida de familiaridad y, por extensión, de posesión" (Ibid., 2), no tardarían en llegar los primeros aventureros y misioneros de todo tipo a las costas de esta región del mundo recién explorada y conquistada.

Por lo tanto, "los europeos modernos tempranos que se aventuraron a Perú y otras partes del Nuevo Mundo no ocuparon espacios meramente lingüísticos y culturales, compartidos exclusivamente con sus compañeros y compatriotas de la lejana Europa. Por el contrario, también viajaron a través de espacios geográficos reales, atravesaron terrenos físicos e interactuaron de diversas maneras con los pueblos indígenas" (Scott, 2009, 2). Para los jesuitas, que no pretendían simplemente gobernar sino llegar espiritualmente a la gente en este contexto culturalmente diferente, la transición del cristianismo europeo a una misión cristiana en un espacio colonial no europeo causó serios problemas (Nebgen, 2007). Además, este nuevo escenario no sólo estaba determinado por la extranjería del lugar, sino que también estaba relacionado con las identidades que los propios recién llegados tenían, desde conquistador a viajero, pasando por misionero jesuita (Ibid., 3). Las imágenes de Perú también eran diferentes, y cada uno de los recién llegados había iniciado su viaje con una concepción distinta de lo que sería realmente su meta. Algunos podrían haber empezado buscando El Dorado en los Andes, otros esperaban un avance social, y otros enriquecerse en la economía colonial para volver a Europa con la capacidad financiera para el avance social (Thurner, 2011, 8).

Independientemente de los diferentes motivos, el espacio que estos recién llegados pronto ocuparían, controlarían y transformarían no estaba vacío, sino habitado por un gran número de indígenas, que fueron explotados tempranamente como mano de obra en las minas, en los latifundios, las *haciendas* (Mörner, 1973), o en otras instalaciones productivas de la sociedad colonial (Arrelucea-Barrantes, 2012, 274). En las ciudades más grandes, como Lima, la población indígena fue explotada como esclavos, que "fueron utilizados en la producción, el comercio y los servicios." Posteriormente, "[la] posesión esclavista se extendió tanto en la clase elitista como en los sectores medios y bajos, incluyendo a indígenas y libertos" (Ibíd., 275). La evangelización o proselitización de un gran número de indígenas había comenzado con la eventual conquista del Perú a principios de la década de 1530 y, tempranamente, fue "apoyada por una floreciente, aún frágil, jurisdicción pastoral y eclesiástica" (Hosne, 2013, 4). En estos primeros años de labor misionera entre los nativos, agustinos, dominicos, franciscanos y mercedarios desempeñaron su papel. "En general, eran receptivos a las religiones prehispánicas locales y creían que los indios tenían que abrazar el cristianismo gradualmente, guardando los dogmas complejos como los misterios de la fe para más adelante" (Ibíd.), por lo que el contacto temprano de los nativos con el cristianismo se determinó como relativamente pragmático. Los dominicos, como Domingo de Santo Tomás, también habían comenzado a utilizar textos doctrinales en lenguas locales, como el quechua, para llegar a la población nativa y proporcionarles algunas lecturas esenciales (Ibid.). En consecuencia, los primeros misioneros no desafiarían las creencias religiosas indígenas, sino que más bien las mezclarían, especialmente porque las similitudes entre la diosa nativa Viracocha y Jesucristo casi predeterminaban su uso en un intento misionero relativamente abierto durante esta fase temprana (Hoyt, 2015).

Sin embargo, esto no debe ocultar que "las culturas proselitistas creían que era su derecho y su deber cambiar el tejido existente de las sociedades" (Cushner, 2006: 3). Naturalmente, esto provocó conflictos en algunas regiones donde los misioneros pretendían convertir a la gente al cristianismo, aunque los habitantes de ciertas regiones (México, Paraguay y Julí) parecían más fáciles de convertir. El carácter de la relación entre los jesuitas y los conversos, lo que Cushner llamó el "conector asociación-lealtad" (2006, 4), decidió el éxito o el fracaso de las conversiones. Cuando se formaba esa "nueva relación [de los jesuitas con la población nativa], la lealtad se hacía más profunda y su religión más aceptable" (Ibid.), y las conversiones acabarían siendo "más verdaderas" que las que se imponían a la población indígena en el mundo colonial. Los primeros jesuitas habían comenzado su labor misionera en Brasil en 1559, experimentando y llevando a cabo los contactos iniciales entre el poder cristiano portugués en expansión y los nativos de Sudamérica que pronto se convertirían, tendiendo así un puente entre los dos mundos de Europa y

América Latina (Ibid., 4-5). No obstante, el enfoque de la Iglesia hacia el proselitismo fue de la mano de formas seculares de gobierno, y cuando se instalaron nuevos mecanismos de control político y legal, las órdenes cristianas desempeñaron un papel importante cuando hubo que asegurar dicha transformación.

Esta transformación, sin embargo, no siempre fue tan fácil como preveían los intrusos europeos, y más allá del establecimiento del dominio colonial, los "grupos nativos americanos fueron capaces de blindar, proteger e interponer aspectos clave de sus sistemas culturales en la nueva cultura que se les presentaba. La abrumadora preponderancia de símbolos europeos que proclamaban la destrucción de lo antiguo afectó a segmentos de la población nativa de diversas maneras" (Ibid., 8). Inicialmente, "la conquista y el establecimiento de este dominio extranjero crearon un efecto casi catatónico en las poblaciones nativas" (Ibid., 9), ya que la gente lo consideraba una señal de que sus dioses les habían abandonado y, en cierto modo, habían sido derrotados por el cristiano. Por otro lado, los misioneros europeos afirmaban que era el diablo quien hacía que los nativos se resistieran a los planteamientos misioneros de los primeros. Sin embargo, en años posteriores, los misioneros se dieron cuenta de que el éxito del proselitismo dependía de otros aspectos y

> en general [estaban] convencidos de que la estabilidad social y la vida en las aldeas eran esenciales para una evangelización eficaz. El control y el adoctrinamiento eran las claves del éxito. Además de las reducciones de Paraguay, el pueblo de Julí, cerca del lago Titicaca, y las reservas cercanas a Montreal se consideraban lugares ideales para el adoctrinamiento religioso. La separación de las masas paganas y de las influencias corruptoras de comerciantes y mercaderes se consideraba esencial para producir nativos americanos parecidos a los europeos. (Ibid., 12)

Al mismo tiempo, muchos misioneros se dieron cuenta de que las creencias religiosas de los nativos eran a menudo muy diferentes de sus propios valores o interpretaciones relacionadas con la religión, aunque tales comprensiones también llevaban tiempo y se basaban en la experiencia. Cuando los jesuitas comenzaron su labor en Florida en 1560, no desperdiciaron ni un pensamiento sobre las posibles diferencias y "pensaron que estaban suficientemente equipados tanto intelectual como espiritualmente para la tarea que tenían por delante" (Ibid., 15). Este tipo de arrogancia cultural conduciría más tarde al fracaso y estimularía un cambio de pensamiento con respecto al enfoque misionero jesuita hacia los indígenas, especialmente en las regiones periféricas del Perú.

El éxito de la evangelización fue, en consecuencia, el resultado de un largo proceso de aprendizaje y adaptación, y los jesuitas en particular parecen haber poseído una mentalidad global, es decir, una especie de flexibilidad dogmática, para ajustar sus estrategias a las necesidades locales, de modo que la "redacción de textos gramaticales, tratados históricos y el registro y la crítica de la religión nativa pasaron a formar parte del modus operandi de los jesuitas en América" (Ibid., 16). Esto también estaba relacionado con el Concilio de Trento (1545-1563) y el "espíritu casi nuevo del catolicismo" (Ibid., 17) que había logrado mediante una discusión de la doctrina cristiana e ideas relacionadas (Mullet, 1999, 29-68). Los cambios determinados por el Concilio de Trento finalmente también permitirían a los jesuitas estar de acuerdo en que había buenos nativos que simplemente necesitaban ser bautizados para alcanzar la verdadera salvación, ya que "[aún] estando alejado del favor divino, el hombre conservaba una naturaleza, que lo convertía en una criatura de dignidad, valor y virtud potencial" (Cushner, 2006, 17). Por tanto, el Concilio de Trento estimuló una visión más bien positivista del ser humano y de su naturaleza seminal, que permitió a los jesuitas adaptar con éxito sus planteamientos misioneros a un gran número de indígenas que aún no habían estado en contacto con Dios, pero que tampoco necesitaban ser condenados.

El sistema semiótico de signos (Barthes, 1977, 2; Eco, 1979, 3-7) necesitaba ser trasplantado de su contexto europeo a su contexto latinoamericano y, en consecuencia, fue remodelado integrando partes de los sistemas de signos que existían en el mundo religioso indígena. Por lo tanto, los jesuitas tuvieron que gestionar una "traducción" de su propio sistema para que fuera entendido por los nativos que querían convertir (Bauer & Marroquín Arredondo, 2019). Esto condujo casi naturalmente a una síntesis de elementos de ambos sistemas de signos semióticos y creó una interpretación específica de las creencias cristianas que coincidía con las de las personas a las que debían dirigirse y animar estas nuevas explicaciones religiosas del mundo (Mills, 2007). Los ritos y símbolos religiosos eran, por tanto, importantes, pero sólo funcionales si iban a ser comprendidos por los nativos conversos, lo que hacía necesario que los jesuitas los explicaran en un lenguaje que fuera mejor comprendido también por los destinatarios. El bautismo era particularmente importante dentro de este proceso de traducción cultural, ya que sería el acto religioso más importante para el indígena, que de este modo podría convertirse en cristiano y asegurar su salvación, al menos según la creencia cristiana enseñada por los jesuitas y otros misioneros.

Debido a la existencia de múltiples factores relevantes durante el proceso misionero, los propios jesuitas tuvieron que experimentar una transformación intelectual y espiritual:

> El misionero europeo trajo consigo a América una compleja configuración de valores e ideas sobre lo que era y lo que debía ser el mundo. Estos valores e ideas habían sido moldeados y refinados por su familia, la sociedad y la orden religiosa a la que pertenecía. Lo que absorbió en su formación en el seminario y en su vida de jesuita estuvo la mayoría de las veces rodeado de los valores que operaban en el mundo occidental que le rodeaba. Antes de la aceptación final de un núcleo de valores jesuitas, muchos valores habían sido rechazados, algunos sustituidos y otros revisados por el futuro misionero para acompañar el nuevo orden de valores que la Compañía de Jesús esperaba que operara en el individuo. (Cushner, 2006, 20)

Teniendo esto en cuenta, no es de extrañar que los jesuitas no predicaran una versión puramente europeo-católica del cristianismo, sino que a menudo mezclaran el mensaje con elementos locales para llegar a un público más amplio, cuyos miembros podían identificar partes de su sistema semiótico religioso en el mensaje del misionero jesuita. El "objetivo inmediato", en contraste con el cielo como "objetivo último" (Ibid.), era establecer un sentido de comunidad que incluyera los valores cristianos predicados por los padres y hermanos jesuitas.

Como ya se ha dicho, los jesuitas eran lo bastante flexibles dogmáticamente para hacerlo, en particular porque consideraban a los indígenas espiritualmente capaces de tal acto transformador: "Por su parte, los indios tenían que estar dispuestos a escuchar, aceptar y llevar a cabo lo que oían. Estos tres elementos, objetivo, dados y métodos para alcanzar el objetivo, estaban encerrados en suposiciones y actitudes culturales que el jesuita había aprendido a lo largo de su propia vida de su cultura. Los indios, por su parte, estaban atrapados entre rituales rivales y competidores, uno que habían practicado desde la infancia, el otro traído por los invasores" (Ibid.). En el caso de muchos jesuitas, la flexibilidad y la experiencia necesarias también estaban al alcance de la mano, independientemente del hecho de que todos se hubieran formado en ciudades más grandes cuando visitaron los colegios jesuitas de Europa y las metrópolis del nuevo mundo colonial, porque muchos de ellos habían crecido en regiones más bien periféricas y rurales de Europa o de otras partes del mundo y, por lo tanto, estaban bastante familiarizados con todo tipo de rituales y creencias populares que más tarde volverían a encontrar en su papel de misioneros. En contraste con las riquezas del "Nuevo Mundo", al principio los misioneros no tuvieron demasiados problemas a la hora de convertir a los indígenas, ya que otros individuos que viajaron al otro lado del Atlántico (Heid et al., 1997) buscaban en cambio riqueza material, progreso social o pura aventura. Sin embargo, poco después del periodo de exploración, el Estado empezaría a interferir en la labor de los misioneros, por lo que sus actividades se vieron limitadas por "los parámetros establecidos por las relaciones Iglesia-Estado del siglo XVI" (Ibid., 28).

La Iglesia formaba parte, casi naturalmente, del proceso de establecimiento de la dominación imperial en el territorio recién ocupado y pretendía asegurar el control extranjero sobre los indígenas, a los que se suponía explotados para el mayor bien del Imperio español:

> El misionero desempeñó así un papel clave en el plan español de conquista y colonización. La exploración y la conquista eran tarea del conquistador. La evangelización se consideraba un esfuerzo conjunto que obligaba tanto a la autoridad civil como a la religiosa. Ambas salían ganando. La corona podía contar con nuevos recursos en forma de oro y plata, extraídos o recolectados de los habitantes de sus nuevos reinos, y la iglesia podía satisfacer su celo por enrolar a nuevos miembros. (Ibid., 29)

Los misioneros jesuitas no sólo actuaban en nombre de Dios, sino también en el de las autoridades coloniales, y aunque no siempre estaban de acuerdo con la política de éstas, los servidores de la orden apoyaban la dominación colonial, al tiempo que actuaban directa o indirectamente como agentes coloniales.

Los jesuitas como agentes coloniales

Cuando los jesuitas llegaron a Perú, lo hicieron a una región del mundo que estaba en disputa, por decir lo menos, ya que "[la] Iberoamérica moderna temprana era un conjunto bastante único de nuevas sociedades, con gente que venía, ya sea libremente o bajo coacción, al menos de tres continentes, pasando por experiencias de desarraigo y colapso demográfico, interactuando juntos dentro de nuevos tipos de patrones jerárquicos y formas coloniales de dominación y presión laboral" (Maldavsky, 2018, 41). Como agentes coloniales, los jesuitas desempeñaron un papel tan importante como los demás grupos que contribuyeron a extender la influencia de la Corona española en las regiones recién conquistadas de América Central y del Sur. En consecuencia, la conversión de los indígenas también debe entenderse como un acto colonial, realizado por los jesuitas y otras órdenes religiosas, aunque estos hombres podrían haber tenido la intención de que su trabajo sirviera a un propósito más espiritual (Armas Medina, 1953; Vargas Urgate, 1963-65; Balandier, 2001). Este impacto más bien negativo de la historia misionera cristiana en América Latina a menudo permaneció indiscutible en las historias más antiguas o a veces hagiográficas sobre los jesuitas en el Perú colonial, ya que los autores tendían a destacar la labor de la orden jesuita como una cristianización exitosa y a los propios hombres como defensores de los indígenas frente al nuevo orden político que se había establecido con la conquista del Perú por el Estado español (Lopetegui, 1942; Marzal, 1988; Pérez Fernández, 1988).

De hecho, la historia religiosa del Perú es mucho más complicada y controvertida, con los jesuitas como uno de los actores que, por un lado, deben ser entendidos como agentes políticos de la dominación española y, por otro, como mediadores religiosos, presentando una historia de proselitismo mucho más compleja y ambivalente (MacCormack, 1991; Griffiths, 1996; Mills, 1997; Ramada Curto, 2005; Maldavsky, 2012). Esto también debería causar algunas dudas al leer las fuentes relevantes, ya que no solo eran, como se mencionó anteriormente, parciales y unilaterales, sino que también estaban dirigidas a un público europeo (Maldavsky, 2018, 43). Dado que los procesos de evangelización y proselitización habían comenzado inmediatamente después de la conquista española, también hubo otras influencias cristianas en funcionamiento antes de la llegada de los jesuitas, lo que en cierto modo también creó una especie de situación competitiva durante el período de entrada del trabajo de la Orden Jesuita en el contexto peruano (Estenssoro Fuchs, 2003).

El sistema colonial español en América Latina en general, y en Perú en particular, era un sistema explotador, en el que los indígenas eran explotados como mano de obra en las minas o como jornaleros dentro del sistema de *encomienda*, que permitía a los terratenientes el derecho a extraer una forma de tributo de los nativos que vivían en sus propiedades (Hampe, 1982; Cole, 1985). Este derecho no se concedía libre de cualquier intercambio, por lo que "los encomenderos eran responsables de la evangelización de su pueblo y estaban obligados a proporcionarles un sacerdote. Al delegar el derecho de extraer bienes y trabajo de los indígenas, el rey delegaba parte de su deber de evangelización" (Maldavsky, 2018, 45). Fue por tanto en el sistema de *encomiendas* donde la interrelación entre dominio colonial y evangelización se hizo bastante visible. El virrey Francisco de Toledo (1515-1582) utilizó este sistema en Perú durante la década de 1570 como una forma de recompensa que, en consecuencia, establecería la base del sistema social colonial (ídem). Las órdenes religiosas que llegaron antes que los jesuitas ya habían encontrado tales estructuras y se habían establecido dentro de ellas, lo que hizo que el período de entrada de los jesuitas fuera particularmente desafiante, ya que algunos de sus competidores habían estado activos en la región desde la década de 1530. La orden dominica había fundado una provincia en Perú en 1540 bajo el liderazgo de Vicente Valverde, que había llegado a Perú con Pizarro en 1532 y más tarde fue el primer obispo de Cuzco (Torres, 1932; Hehrlein, 1992). A los dominicos les siguieron los agustinos en 1551, los franciscanos en 1552 y los mercedarios en 1560. Los jesuitas, en consecuencia, llegaron relativamente tarde cuando entraron en la colonia de Perú en 1568 (Maldavsky, 2018, 46).

Todas las órdenes habían comenzado a convertir a los andinos, pero aunque éstos consideraran que sus dioses habían sido derrotados por los intrusos europeos, ello no significaba que se convirtieran plenamente al cristianismo de forma inmediata, aunque hubieran sido bautizados por los diferentes misioneros que intentaban activamente que creyeran en el Dios cristiano y en Jesucristo. La "conversión debe [más bien] interpretarse como un proceso negociado emprendido por una diversidad de agentes religiosos europeos, que no transmitieron un mensaje unificado en las primeras décadas. Los andinos absorbieron y seleccionaron lo que pudieron de la nueva fe" (Ibid., 47).

Además, los esfuerzos de los misioneros no tenían lugar en un vacío político, ya que la Corona española también intentaba instrumentalizar el proselitismo y, por tanto, necesitaba dar cierta conformidad a todos los intentos de conversión emprendidos dentro del territorio que controlaba. En 1551, 1567, 1574 y 1582/83, la Corona formuló y "publicó las Ordenanzas de Patronato para aclarar sus propias prerrogativas en asuntos religiosos" (Ibid., 47). Estas regularían el trabajo de los misioneros según las necesidades del poder central, ya que "[fueron] en escena nuestros actores europeos, con motivaciones contradictorias pero obligados a un cierto grado de compromiso. Los frailes, la Corona, los encomenderos y el clero secular, manejando argumentaciones tanto espirituales como políticas, competían hasta cierto punto por el control de las almas y los cuerpos indígenas" (Ibid.). Esto ya pone de relieve que las estrategias misioneras en el Perú colonial no eran uniformes y que los jesuitas se encontrarían allí con diferentes intereses, que debían tenerse muy en cuenta para no suscitar problemas con las estructuras existentes y los "actores misioneros" o competidores.

Que el papel de los indígenas y su conversión no era puramente espiritual o religioso también se hace evidente en el intento de reunirlos, para un mejor control fiscal, en poblados de nueva creación, que se asemejaban a las ciudades españolas, pero que 1) destruían los modos de vida naturales de la región y 2) exigían que los misioneros, y en particular los jesuitas, se establecieran también en estos poblados (Echanove, 1955). Una forma de trabajo misionero a menudo móvil se vio obligada, en consecuencia, a ubicarse en un único asentamiento, donde solo podía llevarse a cabo un número limitado de conversiones antes de que el trabajo de los jesuitas allí se convirtiera en un servicio o supervisión espiritual permanente (Málaga Medina, 1974; Saito et al., 2014; Saito & Rosas Lauro, 2017). Junto a los diferentes problemas con respecto a la organización práctica del trabajo misionero, hubo problemas con el caos dogmático en Perú, ya que se aplicaron muchos puntos de vista diferentes sobre cómo se suponía que debía funcionar la evangelización. En 1551,

Jerónimo de Loaysa, arzobispo de Lima, "inició el esfuerzo de unificación de la doctrina a partir de la década de 1540, produciendo instrucciones para el clero sobre la enseñanza a la población indígena y el combate a las antiguas creencias andinas", por lo que convocó al primer Concilio Provincial que debía "poner fin a lo que se entendía como un desorden doctrinal, que ciertamente existió hasta fines de siglo" (Maldavsky, 2018, 50). Los problemas, sin embargo, no pudieron resolverse por completo, por lo que tuvieron que celebrarse nuevos concilios en 1567 y 1582/83, y en la década de 1580, en particular, los jesuitas también serían activos debatientes allí (Hyland, 2003). Sin embargo, estos debates no sólo representaban luchas religiosas, sino que también expresaban la necesidad de las autoridades coloniales de centralizar los esfuerzos misioneros dentro de su propio territorio. Los concilios también documentaban la lucha entre las autoridades religiosas y civiles, que, en cierto modo, también competían por el acceso a la población indígena de la región. El trabajo de los jesuitas en Perú después de 1568 estuvo, desde su inicio, influenciado por luchas que ya estaban teniendo lugar antes de que los representantes de la orden llegaran a este espacio particular del nuevo imperio colonial español en Sudamérica (Stern, 1982). Allí, "[las] sociedades estatales y libres de Estado (con infinitas variaciones) se enfrentaron a los recién llegados europeos que imaginaban 'conquistas' y derechos a gobernar, perseguían ganancias en tributos y comercio, y creían que podían forzar 'conversiones' al cristianismo. Mientras aprendían que todas estas presuntas imposiciones venían cargadas de desafíos" (Tutino, 2021, 13), y los jesuitas tuvieron que superar estos últimos.

El periodo de entrada de los jesuitas en Perú

Los jesuitas en Perú no empezaron completamente de cero, ya que la orden había actuado antes en Brasil y podía basarse en experiencias anteriores al iniciar su participación en Perú (Ribadeneira, 1592: 144-145; Chakravarti, 2018). De hecho, el rey Juan III de Portugal había solicitado el apoyo de los jesuitas en sus posesiones coloniales, y el Papa Pablo III respondió a esta petición remitiéndola a Ignacio, cuya orden debía ayudar (Roemer, 1946, 2; Kriegbaum, 2006). En el propio Portugal, el jesuita Simón Rodrigues había abierto en junio de 1542 el Colegio de Jesús de la Universidad de Coimbra, donde se formaban los jesuitas que más tarde servirían en América. Contando inicialmente con 17 alumnos, entre ellos dos de Castilla, dos de Francia, tres de Italia y tres de Portugal, su número crecería hasta 70 en 1544 (Roemer, 1946, 2). Nueve años más tarde, ya eran más de 300 los estudiantes que pronto se extenderían por todo el mundo para servir al Todopoderoso y a la Orden de los Jesuitas. Hubo que esperar hasta 1547 para que Felipe II de España permitiera el establecimiento de una provincia de la Orden Jesuita en Castilla, pero ésta sería especialmente importante para su propia consolidación colonial en las

Américas en las décadas siguientes, y no fue hasta 1568 cuando el rey español dio permiso para que los jesuitas actuaran en sus colonias americanas. Sin embargo, como "parte de la empresa colonial" (Ibid., 4), los jesuitas podían ahora al menos desempeñar un papel activo también en Perú. Al igual que las empresas modernas, la orden jesuita se vio obligada a ganar terreno rápidamente para sobrevivir, pues todas las demás órdenes cristianas ya habían podido establecer estructuras organizativas básicas. El periodo de entrada de los jesuitas estuvo marcado por varios problemas. No sólo tuvieron que empezar a convertir a los indígenas, sino que también tuvieron que luchar con una competencia seria y mejor establecida (Hosne, 2013, 15). Por lo tanto, no podían centrarse simplemente en su labor misionera, sino que también tenían que abordar la política local para asegurar la posición de la orden en la sociedad colonial de Perú.

Había diferentes actores implicados. Junto con los indígenas, los jesuitas tuvieron que lidiar con la Inquisición, que también había sido exportada al "Nuevo Mundo", y con las autoridades civiles locales, representadas por el virrey Toledo, que inicialmente apoyó a los misioneros recién llegados pero también intentó mantenerlos cerca bajo su propio control (Ibid.). Los jesuitas empezaron a establecer colegios donde se formaban los hijos de las élites coloniales, incluidos criollos e indígenas, vinculando así a la orden con grupos influyentes de la región (Fraser, 1992, 19). Como los jesuitas no habían participado en el período anterior de descubrimiento y establecimiento del orden colonial, pudieron establecer una red de apoyo sumamente importante que también les ayudaría a afianzar su propia posición dentro de su nuevo entorno. En un principio, Toledo apoyó estos esfuerzos y se llevó consigo a algunos jesuitas, entre ellos a Jerónimo Ruiz de Portillo, provincial de la Orden en aquel momento, cuando recorrió la sierra peruana en 1570. Al año siguiente se permitió a los jesuitas ampliar sus actividades a Cuzco (Ibid., 20), pero un conflicto entre los indígenas y el virrey pronto traería problemas a los misioneros.

En 1572, el Inca Túpac Amaru fue capturado por el capitán Martín García de Loyola, y Toledo lo condenó a muerte. Los jesuitas, que supuestamente habían logrado convertir al cristianismo al gobernante indígena, se opusieron a su ejecución, lo que "les granjeó la confianza de algunas poderosas ramas de la nobleza inca" (Fraser, 1992, 21). Toledo, sin embargo, cambió su actitud hacia la orden, y la situación se complicó. Además, la Inquisición había iniciado un proceso contra Francisco de la Cruz, un misionero dominico que había argumentado que la población nativa podía esperar la salvación de Dios sin creer en la Trinidad y la Encarnación. Fue quemado en la hoguera en 1578, y su muerte marcó una intensificación de la lucha doctrinal y dogmática sobre lo que debía enseñarse acerca del Dios cristiano a los indígenas conversos (Maldavsky, 2018, 52). Cuando los jesuitas intentaron establecerse en La Paz en 1574, otra fundación de la orden fue negada por Toledo. Lo mismo ocurrió en Arequipa en 1578 (Brown, 1987, 26), pero allí "fue prontamente negada por las autoridades civiles por orden de Toledo y los jesuitas fueron 'violentamente' expulsados y sus pertenencias confiscadas". Un patrón casi idéntico de acontecimientos se desarrolla en Potosí, donde en julio de 1577 habían recibido permiso para establecerse del órgano administrativo regional, la Audiencia, pero unos meses más tarde fueron expulsados, de nuevo por orden del Virrey" (Fraser, 1992, 23).

Los jesuitas también adaptaron sus propias estrategias misioneras a las condiciones locales. Mientras que tradicionalmente, remontándonos a las misiones medievales, había que desplazarse para difundir el mensaje cristiano (Kriegbaum, 2006), el contexto colonial latinoamericano exigía estrategias diferentes. En las principales ciudades, como Lima o Cuzco, los jesuitas establecieron una fuerte presencia, que fue especialmente visible a través de los importantes colegios que fundaron (Tutino, 2021, 12), y en el campo, los jesuitas replicaron estructuras misioneras ya existentes, como las *reducciones*. Tanto en las colonias españolas como en las portuguesas, las primeras formas de estas estructuras organizativas posteriores se conocían con los nombres de *aldeas, misiones* o *doctrinas* (Ibid.). El concepto era sencillo: a cambio de protección y seguridad, los indígenas se convertirían al cristianismo. Las *reducciones*, sin embargo, exigían la presencia permanente de los misioneros y, por lo tanto, transformaban la idea tradicional de desplazarse continuamente para difundir la creencia cristiana. La protección que se otorgaba era un opuesto dicotómico a la violencia de los conquistadores, por lo que la población nativa respondió de forma relativamente positiva ante tales posibilidades de asentamiento, sobre todo porque los indios bautizados seguían siendo hostigados por las autoridades coloniales y, por tanto, consideraban la protección de los jesuitas esencial para su propio bienestar. Como ya se ha dicho, esto no significa que la labor de la Orden de los Jesuitas deba considerarse positiva, ya que su trabajo también apoyó la existencia de un orden colonial de explotación, aunque algunos jesuitas se opusieran a dicho orden per se.

La dura realidad era aún más limitante para los jesuitas, que sólo podían actuar según un privilegio que habían recibido del rey español (Kriegbaum, 2006). Tenían que seguir los patronatos (*patronato real* por el rey español) que se habían publicado en Perú antes de que llegaran los representantes de la orden y, por lo tanto, tenían que ajustar sus propios objetivos a las limitaciones del "mercado" con el que tenían que tratar después de 1568. El hecho de que la Corona española hubiera aceptado la orden estaba probablemente relacionado con la necesidad de evangelizar a un gran número de indígenas y de construir nuevas iglesias, colegios y otras instituciones que no sólo ayudaran a fortalecer el cristianismo en el espacio colonial, sino que también apoyaran la centralización y la penetración organizativa de la colonia. En consecuencia, a los misioneros sólo se les invitaba a apoyar a las autoridades, y si este apoyo dejaba de ser necesario o aceptado, las órdenes podían ser expulsadas de nuevo, como finalmente ocurrió con los jesuitas de las colonias españolas en 1767. Por otro lado, la Orden de los Jesuitas también necesitaba la protección de la Corona española y de sus representantes en el Perú colonial, ya que sus miembros no podían contar con ningún poder militar o político para actuar por su cuenta. La relación simbiótica entre los jesuitas y las autoridades civiles era, sin embargo, frágil, por lo que los gestores jesuitas debían ser muy cuidadosos para no destruir lazos que eran importantes. Si bien necesitaban ser dogmáticamente flexibles para convertir a los indígenas de Perú, también tenían que cumplir las exigencias de las autoridades locales para no correr el riesgo de afectar en absoluto a su influencia. En muchos sentidos, este dilema lo siguen encontrando las PYMEs en expansión hoy en día, tanto si han nacido globales como tradicionales.

El periodo de entrada entre 1568 y 1575 se caracterizó, por tanto, por una mayor atención a los colonos europeos, y sólo a partir de 1576 aumentó la labor de los misioneros con respecto a la población nativa peruana. Teniendo en cuenta el número relativamente pequeño de jesuitas durante los años del período de entrada, esto era probablemente lo máximo que los hombres podían hacer, sobre todo porque primero necesitaban construir una fortaleza, que luego podría ser utilizada como base para una mayor expansión. Esto comenzó en la década de 1570 con nuevas fundaciones y esfuerzos de proselitismo más intensos también en las regiones más bien periféricas del Perú colonial. Además, durante estos primeros años, "la Compañía de Jesús fue requerida por Felipe II para imponer el catolicismo tridentino, independientemente de Roma, tarea que implicaba el cumplimiento de las exigencias de las autoridades coloniales, y específicamente las del virrey Toledo" (Hosne, 2013, 8). A diferencia de Japón, donde los jesuitas debían prestar más atención al poder de una autoridad extranjera, es decir, el daimyō, en Perú debían observar las leyes y limitaciones creadas por un gobierno europeo, aunque este actuaba en un espacio culturalmente diferente. No fue sólo este espacio colonial específico el que causó problemas a los jesuitas, quienes, como ya se ha mencionado, habían tenido problemas con la Inquisición en Europa anteriormente y cuyas escuelas también se vieron "obstaculizadas por una plétora de dificultades" (Carlsmith, 2002, 216) en Italia, por nombrar sólo un ejemplo. Puede que los jesuitas fueran a menudo demasiado modernos, innovadores y flexibles para su época, e independientemente de la distancia que les separaba de Roma, las provincias de la orden también eran controladas regularmente por jesuitas superiores. La presión sobre los misioneros debió de ser inmensa. El conflicto entre la misión cristiana y la explotación colonial, por un lado, y los objetivos de la orden y las autoridades civiles, por otro, debió de causar mucha tensión, tanto en el conjunto de la organización como en cada uno de los padres y hermanos.

La independencia era naturalmente importante en tal situación, razón por la cual los jesuitas podrían haber intentado permanecer tan autosuficientes como fuera posible. A diferencia de otras órdenes, que vivían de los intereses financieros que obtenían de los préstamos a terceros, los jesuitas cultivaban sus propias tierras para generar las cosechas necesarias o un excedente financiero necesario para financiar las estructuras educativas de la orden. Sin embargo, se evitaba la dependencia siempre que era posible, lo cual es comprensible, teniendo en cuenta el estatus de la orden en el Perú colonial. El colegio de Arequipa, por ejemplo, también poseía viñedos y haciendas mayores, entre otros tipos de bienes inmuebles (Brown, 1987, 27). En cuanto a sus principales reglas y actividades, la orden también seguía siendo híbrida, ya que "predicaba una piedad personal extrovertida, activista y altamente afectiva para los laicos. También encarnaba ideas militares de disciplina, obediencia y centralización, esta última basada en la obediencia al General de la Orden y, a través de él, al Papa" (Gehl, 2003, 437).

Si nos fijamos en el periodo de entrada, los jesuitas comenzaron a establecer sus primeros colegios en Perú, continuando así con la estrategia de expansión de la orden basada en la educación, tal y como se había seguido desde la fundación de los jesuitas. De esta manera replicaron sus esfuerzos educativos en Europa (Schöndorf & Funiok, 2017), donde ya habían abierto 33 colegios en 1556, número que crecería a 300 a finales del siglo XVI, incluyendo colegios similares en Asia y América Latina (Ibid.). Los colegios permitieron a los jesuitas combinar sus esfuerzos educativos y misioneros y establecerse firmemente como un importante proveedor de posibilidades de promoción social, así como de formación para la siguiente generación de padres jesuitas. Además, estas instalaciones representaban un aspecto que hacía a la orden jesuita particularmente atractiva para los jóvenes novicios, ya que la pertenencia a la orden ofrecía una visión del conocimiento a la que no se podía acceder de forma tan amplia y sistemática en ningún otro lugar en aquella época.

Considerando el enfoque religioso de su tarea misionera, "las experiencias de los jesuitas fueron sin duda las más originales" (Imbruglia, 2014, 21) en lo que se refiere a su interacción real con los indígenas, a los que se acercaron con mucha más flexibilidad dogmática que otras órdenes o clérigos y ofrecieron no sólo la salvación sino una utopía religiosa que atrajo a muchas mujeres y hombres en el mundo colonial de la América española (Rieter, 1995). A diferencia de experiencias violentas de evangelización y misioneros que combinaban literalmente la cruz y la espada, a nivel local, los jesuitas solían "prestar gran atención a las diferentes situaciones sociales y culturales en las que intervenían" (Imbruglia, 2014, 23). La estrategia religiosa del conjunto de los jesuitas en Perú tenía tres dimensiones: "la religiosa, la antropológica y la política, y que fue a través de la construcción de su 'imperio' que estas tres facetas se unieron" (Ibid.). En Japón, estas dimensiones también existían, pero los parámetros que las determinaban eran, especialmente en lo que respecta a la política, bastante diferentes.

La Corona española exigía que los jesuitas ayudaran a convertir a los indígenas en subordinados cristianos que sirvieran a un imperio extranjero (Egido, Burrieza Sánchez, & Revuelta González, 2004), mientras que los propios misioneros, por supuesto, también querían convertir a los nativos, pero también cuidar de sus almas al mismo tiempo. En consecuencia, su ambición inicial de proselitismo, al menos en teoría, no estaba relacionada con una agenda de explotación (Imbruglia, 2014, 25-27). La conquista militar no había dado los resultados esperados, y fueron los jesuitas quienes "se dieron cuenta de que, para cumplir con su nuevo encargo, tendrían que cambiar las estrategias que tan bien les habían servido en otros lugares" (Ibid., 28). También se dieron cuenta de que su idea original de gran movilidad debía abandonarse en el nuevo entorno porque

> Las misiones temporales resultaban útiles en Europa como instrumentos para mejorar la vida cristiana de las comunidades ya familiarizadas con el Evangelio; ayudaban a garantizar que se respetaban las normas tridentinas de vida religiosa, o destapaban la herejía. Pero entre la gente que nunca había oído la palabra de Cristo resultaban inútiles. Por eso, porque se dirigían a condiciones diferentes, los jesuitas pensaron que en sus misiones en América tenían que desarrollar nuevas formas y prácticas adaptadas a los tipos de seres humanos y culturas que eran sus objetivos. Los jesuitas reconocían que la tarea de llevar a esos pueblos al cristianismo y transformar sus sociedades en mundos cristianos requeriría tiempo, así como un control y una dirección continuos de las misiones locales. (Ibid.)

José de Acosta (1539/40-1600), que determinaría la política de la orden en Perú durante su periodo de consolidación, dejó claro en su obra posterior que se necesitaban nuevos métodos para convertir a personas que no se habían encontrado antes - "novo generi hominum novam evangelizandi rationem" (1670, 1, 16, citado en Ibid.). Para que el misionero tuviera éxito, era esencial que

> el evangelio debía predicarse *non evangelice*, de forma no evangelizadora; la "cultura" debía proporcionar los medios a través de los cuales los "hombres de la selva" u "hombres salvajes" ("homines sylvestres") debían transformarse en individuos racionales. Acosta añadió otro

elemento identificablemente "jesuita" a esta estrategia: si las poblaciones indígenas estaban dispuestas a ser civilizadas, debían ser tratadas con dulzura; de lo contrario, para "su propia salvación" ("pro sua salute"), debían ser confiadas "legítimamente" ("non illiberaliter") a hombres sabios que, con violencia si era necesario, las persuadirían a vivir "como seres humanos y no como bestias" ("humane et non bestialiter"). (Imbruglia, 2014, 31)

Aunque la flexibilidad dogmática y una mentalidad global son visibles en tales consideraciones, éstas también muestran que la violencia como ultima ratio no estaba fuera de la mesa para Acosta. Sin embargo, los métodos violentos no debían conducir al éxito de la conversión. En su lugar, parecía necesario utilizar las creencias religiosas locales existentes en combinación con la narrativa cristiana, razón por la cual, por nombrar sólo un ejemplo, los milagros parecen haber sido un aspecto que podría haber sido fácilmente traducido para que coincidiera con el espacio espiritual de la experiencia (*Erfahrungsraum*) y el horizonte de expectativas (*Erwartungshorizont*) de los nativos también (Koselleck, 2010, 349-375). Para poder traducir con éxito los elementos religiosos del cristianismo y hacerlos comprensibles para los indígenas del Perú colonial, así como de otras regiones del mundo, los jesuitas tuvieron que abrazar las tradiciones locales y ganarse la confianza de los futuros conversos (Nobili, 1971, 82, citado en Imbruglia, 2014, 32).

En última instancia, los jesuitas tuvieron tanto éxito porque los miembros de la orden "podían adaptarse [ellos mismos] al mundo al que [eran] enviados a vivir, no porque esperara encontrar allí elementos de continuidad con su mundo cultural original, sino exactamente por la razón contraria: porque se le había enseñado a olvidar sus orígenes". Finalmente, "el misionero jesuita ya no era un sacerdote europeo; no era más que un cristiano" (Imbruglia, 2014, 32) con el objetivo de extender el cristianismo a todos los seres humanos. Para lograr este objetivo, la flexibilidad dogmática era necesaria, un hecho que los jesuitas habían aceptado desde el principio, y comenzaron a incluirlo en su preparación educativa para futuras misiones (Imbruglia, 1992). En consecuencia, los jesuitas tuvieron éxito durante el período de entrada en Perú, aunque existieron algunos conflictos con las autoridades civiles, en primer lugar con el virrey Toledo. Sin embargo, la Orden Jesuita tuvo éxito en adaptarse a la situación local y expandiría su trabajo misionero y su influencia durante el período de consolidación, un éxito que estuvo particularmente relacionado con el papel de Acosta como nuevo provincial.

La consolidación jesuita en el Perú colonial

Ya se ha mencionado que la expansión de los colegios jesuitas y de las estructuras misioneras se vio obstaculizada inicialmente por la actitud hostil del virrey Toledo hacia la orden. Los jesuitas, concretamente el padre Antonio López y el hermano Marco Antonio, fundaron en secreto un colegio en Cuzco en agosto de 1578 (Fraser, 1992, 23), y las autoridades intentaron revertir tales actos basándose en interpretaciones legales. El rey español apoyó finalmente a los jesuitas, por lo que los intentos de sabotear la expansión de la orden en Perú pudieron sortearse sin demasiado calor. En 1576, los jesuitas ya se habían instalado en Julí, "un considerable pueblo indígena situado junto al lago Titicaca, en el camino entre Cuzco al norte y La Paz y Potosí al sur" (Ibid., 24), un traslado que había sido posible bajo el nuevo liderazgo de José de Acosta, quien, como segundo provincial de la orden jesuita en Perú, había contrarrestado inteligentemente la resistencia de Toledo que los jesuitas habían experimentado en 1574 cuando fueron expulsados de La Paz. En los años siguientes, el nuevo provincial y sus compañeros jesuitas consiguieron ampliar aún más la esfera de influencia de los jesuitas en Perú, concretamente a Potosí en 1580, Arequipa en 1581 y La Paz en 1582 (Ibid., 25). En los tres últimos casos, los jesuitas habían intentado establecer sus propios emplazamientos con anterioridad, pero la resistencia de Toledo les había impedido reclamar abiertamente sus derechos allí; sin embargo, las alianzas con personas de alto rango en Perú y con el Imperio español les permitieron finalmente mostrar abiertamente su presencia. En consecuencia, los jesuitas se vincularon a círculos poderosos, que apoyaron sus actividades, especialmente en las ciudades más grandes, donde la existencia de un colegio jesuita, sin duda, también significó un aumento de prestigio. Teniendo en cuenta esta evolución, las actividades de gestión de los jesuitas deben considerarse un éxito, ya que "encontraron benefactores en un amplio espectro de la sociedad, ricos y poderosos, ancianos, enfermos y solitarios, indios y españoles, hombres y (al menos con la misma frecuencia) mujeres. Como era de esperar, estos benefactores no solían tener hijos, pero, tampoco era de extrañar, las donaciones eran a menudo disputadas por personas que afirmaban ser los herederos legítimos" (Ibid., 26).

En este sentido, los jesuitas también se beneficiaron de los deseos de muchas personas adineradas del espacio colonial que tenían interés en actuar como sostén de una fundación que llevaría su nombre. Se podría argumentar que

> los jesuitas probablemente explotaron las inseguridades de los nuevos ricos, de aquellos cuyas familias aún no habían sido nombradas fundadoras de nada, cuyos padres o abuelos habían desempeñado papeles secundarios en los acontecimientos de la Conquista o, peor aún, de aquellos que no podían reclamar descendencia de uno de los conquistadores originales en absoluto, pero aunque ciertamente atrajeron a tales personas como donantes, hay pocas pruebas de que buscaran un grupo social específico. (Ibid., 27)

Sin embargo, esas personas sólo representaban uno de los grupos de interés a los que los jesuitas debían prestar atención. En general, no debían gastar sus energías únicamente en los grupos que ya eran cristianos antes de la llegada de los jesuitas, sino en convertir a los indígenas. Sin embargo, como condición previa para la autosuficiencia económica, la orden y su personal directivo tenían que encontrar formas que proporcionaran los medios pecuniarios para el trabajo misionero en la periferia. La aproximación al espacio colonial y, por tanto, el papel de los propios jesuitas fue, desde el principio, dual y ambivalente. La columna vertebral financiera de la orden era la metrópoli colonial, como Lima o Cuzco, mientras que el campo de operaciones misioneras se situaba en la periferia de Perú. En el oriente, los jesuitas habían iniciado su misión en el lago Titicaca, donde las experiencias con la población nativa les ayudarían a perfilar sus estrategias de evangelización de los indígenas en los años y décadas siguientes (Kriegbaum, 2006).

Las *reducciones* acabaron aplicándose como una forma de llegar a los indios que aún vivían en sociedades de cazadores-recolectores y se habían resistido al proselitismo en el pasado. Lo que inicialmente se utilizó para explotar a la población nativa como mano de obra barata se transformó así en una forma exitosa de transformar las sociedades indígenas y atraerlas al cristianismo. La unificación de los pueblos nómadas y seminómadas en estas *reducciones* no sólo fue realizada por los jesuitas sino que, en varias regiones, se convirtió también en una representación exitosa de la labor de estos últimos (Ibid.). Toledo pretendía utilizar estas formas de organización social y de vida para explotar a los nativos como mano de obra en las minas y sólo consideraba el proselitismo como un efecto colateral útil, mientras que los jesuitas, en algunos casos, se convirtieron cada vez más en agentes de la causa indígena que de las autoridades coloniales españolas (Hosne, 2013, 16). Las primeras *reducciones* habían servido a los intereses del poder colonial, pero sin embargo desempeñarían también un papel importante en las actividades misioneras en América Latina, lo que pone de relieve que la misión como tal difícilmente puede separarse de la historia del colonialismo en esta región concreta del mundo (Kriegbaum, 2006). Los mensajeros de la fe cristiana, por tanto, tuvieron que gestionar su doble identidad como misioneros cristianos y agentes coloniales.[6] Aunque todos los jesuitas tuvieron que enfrentarse a este problema, algunos tuvieron que hacerlo de forma más habitual, sobre todo cuando servían en los rangos directivos superiores y necesitaban posicionarse entre los intereses coloniales y los cristianos.

---

[6] Este conflicto de identidad también existe para los directivos de las PYMEs, que tienen que encontrar un equilibrio entre su compromiso con los clientes y las exigencias de la dirección o los accionistas de su empresa.

Algunos, como Bartolomé Hernández, fueron más críticos. Informó de que los indígenas eran forzados al cristianismo en lugar de haber sido persuadidos de la salvación final que éste les concedería (Ibid.). Enfatizó que sería más sabio proporcionar a estas personas una vida mejor y así guiarlos casi naturalmente a la fe cristiana. Otros se opusieron a tal opinión, y la división entre los que eran dogmáticamente flexibles y los que estaban más interesados en una *realpolitik* pragmática que atendiera a las necesidades existentes en el espacio colonial se hizo más amplia. Los jesuitas que realmente vivían con los nativos en las *reducciones* a menudo actuaban como sus protectores contra las formas agresivas del colonialismo de colonos blancos, mientras que algunos de los jesuitas, y esto no debe omitirse aquí, también gobernaban de forma paternalista como intermediarios entre la población indígena y el virrey colonial (Ibid.).

Sin embargo, junto al aspecto organizativo de la labor misionera de los jesuitas, también conviene tener presente la diversidad de enfoques elegidos para lograr el proselitismo de los pueblos de la periferia peruana. Un ejemplo mostrará que el establecimiento de un sistema semiótico relacionado con el mensaje cristiano que los jesuitas querían explicar de diversas maneras para sus destinatarios indígenas involucró al jesuita y pintor italiano Bernardo Bitti (1548-1610), quien viajó por el virreinato y creó importantes retablos que tendían puentes entre la religión europea y las creencias indígenas regionales de una manera que aumentaba la intriga de los conversos locales: "La contribución de Bitti en Juli puede servir sólo como un ejemplo de cómo los jesuitas utilizaron el arte como parte de su metodología de conversión" (Irwin, 2019, 270). Los misioneros también aprendieron de los primeros fracasos y cambiaron sus propias tácticas y enfoques en consecuencia, un hecho que enfatiza la flexibilidad dogmática de los jesuitas también, y Blas Valera (1545-1597), un jesuita mestizo, que previamente se había posicionado en contra de la ejecución de Túpac Amaru en 1572, enfatizaría la necesidad de reaccionar mejor en lugar de forzar un mensaje dogmático sobre los nativos (Ibid., 271).

Algunos misioneros jesuitas como Valera se apoyaban en el concepto panteísta local de *huaca* (o *waka*) (Brosseder, 2014; Itier, 2021), lo que más tarde causó un conflicto con Acosta (Hyland, 2003). Valera intentó utilizar las consideraciones panteístas de los nativos para crear un vínculo entre estos y el Dios cristiano:

> Los lugares naturales eran los cielos, los elementos, el mar, la tierra, las montañas, los arroyos, los ríos caudalosos, las fuentes o manantiales, los lagos o lagunas profundas, las cuevas, las rocas vivas rebanadas, las cimas de las montañas; todas las cuales cosas eran reverenciadas por ellos, no porque entendiesen que hubiese alguna divinidad o virtud del cielo, o que fuese un ser viviente, sino porque creían que el gran Dios

> Illa Tecce lo había creado y puesto allí y señalado con un objeto particular y único, diferente de lo que comúnmente tienen otros lugares de aquel género, para que sirviese de lugar sagrado y de santuario donde él y los demás dioses fuesen adorados. (Jesuita Anónimo, 1968, 157, citado en Dejo, 2023, 248)

Con respecto al eventual sistema semiótico cristiano de los Andes, los jesuitas representaron un enfoque más suave que las autoridades coloniales de otras regiones del mundo. Debieron "[de] darse cuenta de las complejidades de transmitir la narrativa cristiana entre las poblaciones indígenas, y también debió fortalecer su afán por llegar a una comprensión más adecuada del trasfondo espiritual de los andinos" (Dejo, 2023, 250). En consecuencia, "los jesuitas no forzaron la destrucción completa de la cultura andina, sino que utilizaron su conocimiento de la vida local para ayudar en sus propios esfuerzos por enseñar el cristianismo. Simultáneamente, hubo una campaña para introducir la cultura europea y cristiana" (Ibid.). Especialmente las artes visuales ayudaron en este sentido, ya que las pinturas ayudaron a presentar las historias relacionadas con las creencias cristianas europeas, y el esfuerzo de evangelización de los jesuitas fue a menudo visualmente estimulado, ya que "la pintura y la escultura tenían el potencial de romper las barreras lingüísticas que inhibían la comunicación de los principios y creencias de la fe cristiana" (Ibid., 272). Además de las medidas reales elegidas para lograr el proselitismo en el Perú, el papel de los gestores que dirigieron y decidieron estos procesos parece bastante esencial, como lo hace evidente el caso de José de Acosta, cuyo gobierno provincial dominó el período de consolidación.

Acosta llegó a Perú en 1571 y fue enviado por el provincial Jerónimo Ruiz de Portillo al interior de la colonia, donde pudo recoger diversas impresiones relacionadas con la misión jesuítica (Acosta, 1670):

> Sus viajes lo llevaron a regiones habitadas únicamente por indígenas y a algunos asentamientos españoles en las florecientes ciudades de este extenso territorio. Acosta hizo este viaje en compañía del jesuita Antonio González de Ocampo, pero sobre todo viajó con el jesuita Luis López y con el hermano Gonzalo Ruiz, un mestizo con "sólidos conocimientos de la lengua india." (Hosne, 2013, 15)

Acosta pudo así recoger impresiones sobre la situación real dentro de la colonia para preparar una estrategia que más tarde seguiría como provincial de la orden entre 1576 y 1581 (Ibid., 16-20). Este caso también muestra que los jesuitas en Perú confiaron inicialmente en la capacidad lingüística de los hermanos reclutados localmente, cuyas capacidades lingüísticas fueron bien apreciadas y utilizadas no sólo en el período de entrada sino también durante el período de consolidación. Acosta también "adquirió los rudimentos de la lengua quechua" (Ibid., 15), que consideraba sustancialmente importante para su trabajo posterior en Perú. Acosta se convertiría, además, en el teólogo más importante en el contexto colonial peruano, autor de la *Doctrina Christiana y Catecismo para Instrucción de Indios* (1584/85), una obra que se suponía que iba a

> borrar, por un lado, la primera evangelización receptiva a elementos prehispánicos basados en contenidos mínimos para la salvación y, por otro, establecer la ortodoxia tridentina como dirección final, incompatible con las religiones "idólatras" indígenas. El DCC refleja los propósitos, intenciones y metas de los jesuitas en el Perú, quienes encontraron en Acosta un vocero que, más de una vez, opacó a otros jesuitas que habían visualizado las cosas de manera diferente en esa misión. (Ibid., 5)

Acosta, como provincial, intentó centralizar la provincia de la orden y crear un espacio homogéneo con una interpretación dogmática universal del cristianismo y de cómo debía aplicarse en el contexto peruano. Estas interpretaciones, formuladas en la *Doctrina Christiana y Catecismo para Instrucción de Indios*, debían, según el Tercer Concilio de Lima (1582/83), traducirse también al quechua y al aymara para proporcionar textos e instrucciones también en las lenguas nativas. Sin embargo, el gobierno de Acosta como provincial no fue finalmente tan fácil, aunque su influencia y flexibilidad dogmática parecen haber sido capaces de asegurar al menos cierta estabilidad y un período de crecimiento en el que la expansión de la orden dentro de la esfera colonial continuó mientras el número de jesuitas aumentaba constantemente a nuevas alturas. El período de consolidación será, por lo tanto, considerado más de cerca aquí, antes de que se discutan los debates reales relacionados con las lenguas nativas, tal como comenzaron a expresarse más acaloradamente durante el Tercer Concilio de Lima.

Acosta fue nombrado provincial a los 35 años y ocupó este cargo desde 1576 hasta 1581 (Hosne, 2013, 16-20). En su año primigenio, la Orden Jesuita celebró congregaciones en Lima y Cuzco, y Acosta preparó un borrador de propuesta sobre cómo debía ser la labor misionera de los jesuitas en los años siguientes. Especialmente en Cuzco, Acosta pudo contar con jesuitas que hablaban las lenguas indígenas y podían apoyar el enfoque desarrollado hacia los indígenas, por ejemplo, Alonso de Barzana (Soto Antuñedo, 2016a; 2016b; 2018), Bartolomé de Santiago y Blas Valera. Por lo tanto, desde muy temprano, Acosta se apoyó en quienes poseían los conocimientos necesarios para continuar la evangelización de la población nativa en el Perú. Aunque Acosta demostró tener la flexibilidad dogmática necesaria para orquestar con éxito la labor ulterior de la orden en su contexto peruano, también tuvo que tomar algunas decisiones pragmáticas que no contaron con el pleno apoyo de todos los jesuitas o que, al menos, despertaron recelos entre ellos.

Antes de convertirse en provincial, Acosta había sido nombrado para servir a la Inquisición durante el proceso contra Francisco de la Cruz, un dominico que había estado activo en Perú desde 1561. Como calificador de la Inquisición, Acosta sirvió a una institución que en el pasado había sido relativamente hostil hacia Ignacio y la propia orden, y cuando el acusado fue finalmente quemado en 1578, fue porque el nuevo provincial le había acusado de herejía luterana. De la Cruz había defendido que la sola fe sería suficiente para asegurar la salvación de un indígena, lo que desafiaba el método católico de evangelización en general. Más allá de este proceso, que no sólo fue un acontecimiento clerical sino también político, Acosta estrechó lazos con el virrey Toledo, hecho que abrió una brecha entre él y algunos de sus colegas jesuitas, que se preguntaban si seguía actuando en nombre de los mejores intereses de la orden. Sin embargo, Acosta tuvo éxito político y, a pesar de las disputas internas, se aseguró "un papel preeminente por parte de las autoridades reales en cuanto a la evangelización y adoctrinamiento de los indios en Perú, mientras que los dominicos fueron relegados a un segundo plano" (Ibid., 16). Mientras el provincial aseguraba la posición política de la orden en el Perú colonial, hombres como Barzana proporcionaban los conocimientos técnicos para el enfoque misionero hacia los nativos, a los que había que dirigirse en quechua y aymara. Compuso uno de los primeros léxicos de la lengua quechua, que debía facilitar la formación de los padres y hermanos jesuitas para su posterior servicio en las respectivas regiones del Perú. Estos trabajos preliminares serían recogidos durante el Tercer Concilio de Lima en la *Doctrina y Catecismo para Instrucción de Indios* con el fin de establecer normas centralizadas para el servicio jesuita que se encontraba con estas lenguas nativas.

Barzana había apoyado anteriormente al padre Luis López, que había desafiado abiertamente a Toledo durante el periodo de entrada y, con la ayuda del primero, había fundado colegios en Cuzco, Potosí y Arequipa. Lo que hacía el caso de López particularmente problemático para los debates internos jesuitas era el hecho de que también había sido juzgado por la Inquisición entre 1573 y 1576, junto con Francisco de la Cruz. Ante esta cuestión, Acosta adoptó una postura flexible, ya que necesitaba a las autoridades civiles y su apoyo para consolidar la labor de la orden y asegurar sus ingresos económicos y con ello su estabilidad organizativa (Cushner, 1983), pero también a los padres y hermanos jesuitas, dogmáticamente más abiertos, que debían sentar las bases de la orden en el futuro. El hecho de que Acosta navegara entre estos diferentes grupos de interés y mantuviera a la Orden Jesuita en una posición bastante influyente habla de sus habilidades como gestor. También permitió que Barzana continuara su importante labor, independientemente de su anterior apoyo a López, lo que significa que Acosta fue lo suficientemente flexible con respecto a la existencia de una mentalidad global como para evitar acusaciones en las que el argumento parecía innecesario y basado únicamente en aspectos teológicos. Esta fue probablemente una decisión pragmática, ya que Acosta necesitaba las habilidades de Barzana durante el período de consolidación, en lugar de que él estuviera interesado en el puritanismo dogmático, especialmente porque Barzana, junto a la léxica, también escribió manuales de confesión para sus colegas jesuitas que podían utilizar en su trabajo diario entre los indígenas.

En 1578, Acosta supervisó la fundación de nuevas parroquias *de indios* (*doctrina de indios*), por ejemplo, en Julí, y nuevos colegios en Potosí, Arequipa y La Paz. Las parroquias de indios eran controladas por los respectivos padres jesuitas del lugar, que no sólo tenían que supervisar las tareas organizativas relacionadas con esos lugares, sino que también eran responsables de las cuestiones religiosas y del desarrollo misionero. Estas *doctrinas* contaban con alrededor de 400 indígenas en la época de Acosta y también representaban un cumplimiento de las exigencias de Toledo con respecto al trabajo misionero asentado. Sin embargo, "esto representaba un duro ataque a la vocación jesuita de movilidad", y las "doctrinas de indios exigían un compromiso de atención espiritual (cura de almas) a largo plazo, por lo que los jesuitas debían establecerse allí". Además, en las doctrinas los párrocos recibían un estipendio, lo que también iba en contra de la Fórmula del Instituto, es decir de las reglas fundamentales de la Compañía" (Hosne, 2013, 18). Acosta, obviamente, no tenía más remedio que acatar si no estaba dispuesto a correr el riesgo de resistirse en aras de la costumbre. La elección era fácil: tener éxito con la misión saltándose las normas o fracasar sin intentarlo. Por lo tanto, Acosta parecía haber tomado la decisión correcta respecto a la situación que se le presentaba, pero su decisión también dividió al orden.

Los vínculos de Acosta con el virrey Toledo y la Inquisición crearon la resistencia de un grupo de jesuitas liderado por Luis López y el visitador Juan de la Plaza, que intentaron contrarrestar el rumbo de la Orden jesuita en los primeros años del provincial. Como tanto el visitador como el provincial pretendían poseer una autoridad incontestable, un conflicto, como ocurrió en Japón debido a la implicación de Valignano, parecía inevitable hasta que de la Plaza se marchó a México en 1580. El hecho de que la Inquisición se hubiera vuelto contra López también estimuló la desconfianza hacia Acosta, que era considerado un traidor por las fuerzas anti-inquisicionales dentro de la Orden Jesuita en Perú. En consecuencia, el principal jesuita tuvo que navegar por aguas peligrosas, pero finalmente permaneció en su puesto: "En un mundo de injusticia manifiesta y horrorosa, el ideal ascético jesuita que Acosta adaptó a las contingencias de la América española legitimaba la acción planteando tanto al colonial corrupto como al amerindio recalcitrante como obstáculos a superar en una prueba de la voluntad que, en última instancia, reafirmaría el orden providencial realizado a través de la ocupación española del Nuevo

Mundo" (Green, 2016, 117). Acosta era un hombre pragmático que se daba cuenta de los problemas que le rodeaban y, en sus obras posteriores, "vincula explícitamente los trabajos del diablo en el Nuevo Mundo con la maldad moral de sus compatriotas españoles" (Ibid., 119). Sin embargo, también se dio cuenta de que no podía actuar contra los intereses de todos al mismo tiempo y, por tanto, aceptó soluciones adecuadas. Como gestor, consiguió cumplir en la medida de lo posible las tareas exigidas.

Por lo tanto, no es de extrañar que el período de consolidación "comenzara con grandes promesas y desatara el optimismo de las autoridades de la Corona y de la Iglesia, cuyo éxito en la evangelización de los nativos andinos había sido limitado en el turbulento período posterior a la conquista de guerra civil y revuelta inca" (Charles, 2014, 60). Desde el principio, incluso con un número limitado durante el período de entrada, los jesuitas habían comenzado a viajar a "las comunidades de las tierras altas del interior para enseñar a los nativos andinos los errores de las divinidades ancestrales y las recompensas del cristianismo" (Ibid.; para más detalles, véase Vargas Ugarte, 1963, 1, 43-54). Junto a los éxitos misioneros, las autoridades coloniales también estaban naturalmente interesadas en las escuelas y colegios que los jesuitas habían establecido en los centros urbanos de Lima y Cuzco, ya que se consideraban instalaciones importantes "para transformar los modales y costumbres de la sociedad colonial" (Charles, 2014, 60).

Los jesuitas también actuaron estratégicamente con respecto a su enfoque espiritual hacia los indígenas, que intentaron conseguir de forma descendente atrayendo primero a los jefes andinos a la nueva religión. Una evangelización exitosa de las élites locales, casi como el dicho europeo "cuius regio, eius religio" documentado, proporcionó a los jesuitas una clara ventaja, ya que tales conversiones venían acompañadas de un aumento de autoridad sobre los antiguos territorios incas. Los colegios jesuitas, en particular, como el Colegio del Príncipe que fue establecido en 1618 por el rey español, cumplirían tan importantes funciones misioneras:

> Fue aquí donde los adolescentes notables de la costa del Pacífico y del altiplano andino central se alfabetizaron en castellano y aprendieron la doctrina cristiana, con la condición de que, una vez terminados los estudios, regresaran a sus pueblos de origen y sirvieran a las órdenes de los gobernadores provinciales españoles (*corregidores*) y del clero en la administración temporal y espiritual. Los jesuitas del colegio planeaban formar un selecto grupo de jefes hereditarios (*curacas*) que enseñaran y personificaran los valores y prácticas cristianas ortodoxas en las comunidades nativas locales, consideradas políticamente resistentes y propensas al error religioso. (Ibid., 61)

Fueron Acosta y de la Plaza quienes habían acordado el papel que debían desempeñar los centros educativos para reforzar la influencia jesuita en Perú. La congregación de la orden en 1576 dejó claro que los colegios jesuitas aceptarían "sólo a los hijos mayores de las élites hereditarias (caciques principales y segundas personas)... que entraran entre los nueve y los dieciséis años de edad, y permanecieran enclaustrados por un período de seis años" (Ibid., 63). Leerían y estudiarían las principales obras de la literatura castellana y sólo utilizarían el español como lengua franca educativa, aunque las doctrinas cristianas debían estudiarse tanto en español como en su lengua materna, el quechua. Además, los estudiantes debían familiarizarse con "la liturgia católica, las lecturas devocionales y los ejercicios espirituales" (Ibid.) para que los jóvenes estuvieran bien preparados para los viajes misioneros en las colonias hispanoamericanas una vez terminada su educación. Sin embargo, la identidad indígena de los estudiantes no debía ser reemplazada sino complementada: "No se debe privar a los [muchachos indios] de las leyes y costumbres y modo de gobernar de sus tierras, siempre que no sean contrarias a la ley natural y cristiana. Tampoco es prudente transformarlos completamente en españoles, lo cual no sólo sería difícil y [causa] de desaliento para los estudiantes, sino también un gran obstáculo para su gobierno" (MP 2, 460, traducción citada en Charles, 2014, 63). Por lo tanto, los objetivos educativos de los jesuitas se orientaron desde el principio hacia el logro de la simbiosis cultural, ya que los jesuitas nativos probablemente se convertirían en misioneros mucho más exitosos. Accosta, y probablemente de la Plaza también, se habían dado cuenta de que "no había una solución rápida para transformar las costumbres bárbaras en cristianas; creían que para crear una sociedad católica andina, los futuros caciques debían imponer las nuevas leyes y costumbres gradualmente a los grupos conquistados con paciencia y flexibilidad" (Charles, 2014, 63).

Aceptar a hombres indígenas como novicios y estudiantes en sus colegios permitió a los jesuitas adquirir conocimientos de la lengua y la cultura regionales, conocimientos que se consideraban importantes y esenciales para garantizar el éxito de la labor misionera de la orden en el futuro. Esto no sólo ayudaba a recopilar información útil, sino que el trabajo de los jesuitas indígenas también permitiría a la orden preparar los primeros diccionarios y corpus de textos que podrían utilizarse en las siguientes misiones. En consecuencia, los estudiantes indígenas fueron considerados como replicadores del conocimiento, y su efecto sinérgico no puede ser exagerado. La idea era también educar a estos jóvenes para que se convirtieran en sacerdotes jesuitas, y el padre Diego de Torres (1551-1638) presentaría esta intención jesuita a la Corona española y a la Curia de Roma. El plan, sin embargo, no tuvo éxito, ya que las autoridades eclesiásticas locales, así como las del Vaticano, se resistieron y prohibieron el avance de los novicios indígenas a las "supremas facultades" (Charles, 2014, 64). Debido a las diferentes opiniones y posturas hacia el carácter de la labor misionera, el nuevo provincial Baltasar Piñas (1528-1611) y el rector del colegio jesuita de Lima, Juan de Atienza (1546-1592), intentaron utilizar su influencia durante el Tercer Concilio de Lima en 1582/83 para lograr un enfoque más homogéneo hacia la misma (Hosne, 2013, 20). En el Concilio también se debatirían las prácticas más adecuadas para el proselitismo de los indígenas, ya que las experiencias anteriores eran en cierto modo ambivalentes:

> La difusión del culto a los santos entre los indígenas andinos asimilados en el Perú colonial fue considerada por los católicos contemporáneos como uno de los mayores éxitos de sus esfuerzos coloniales de evangelización. Otros métodos, como la extirpación de idolatrías y el uso de bautismos, confesiones y el encarcelamiento de especialistas religiosos indígenas, tuvieron poco éxito cuando se emplearon de forma aislada. (Brosseder, 2012, 383)[7]

El Tercer Concilio de Lima debía proporcionar instrucciones más claras a los misioneros, y "produjo tres textos importantes que dieron forma a los encuentros entre sacerdotes católicos e indígenas a lo largo del siglo XVII" (Ibid., 384). Acosta aprovechó la oportunidad para dar forma también a los esfuerzos posteriores de los jesuitas y más tarde enfatizó su compromiso en una carta que escribió en abril de 1584:

> Durante todos estos años he dedicado mis esfuerzos al Concilio provincial aquí celebrado, y que conllevó muchas dificultades y duro trabajo, y se hizo en el mejor servicio de Dios y fue fructífero. Porque, aunque no fuese más que la doctrina cristiana y el catecismo escrito y traducido a la lengua de estas Indias por obra de la Sociedad e impreso ahora en nuestra casa, ha sido muy útil. (MP, 3, 401, traducción citada en Hosne, 2013, 20-21)

Acosta era consciente de la necesidad de estrategias que tuvieran en cuenta la heterogeneidad de los diversos contextos locales, pero eran los propios misioneros quienes debían dar ejemplo de buena vida a los indígenas conversos. También señaló que el control explotador de las autoridades coloniales españolas y de los clérigos no jesuitas a menudo no dejaba tiempo ni espacio para que los conversos *fueran* realmente cristianos. Estas declaraciones posteriores de Acosta parecen indicar que estaba muy interesado en una misión exitosa que, sin embargo, tratara a la población nativa como una parte valiosa de la comunidad cristiana del futuro. En consecuencia, también reflexionó críticamente sobre las medidas de explotación, como la continuación de la

---

[7] Para un análisis más detallado, véase MacCormack (1991, 2004).

mita (una cuota de mano de obra ya utilizada durante la época del Imperio Inca), utilizada por las autoridades españolas, especialmente con respecto al trabajo minero (del Valle, More, & O'Toole, 2020, 3) Independientemente de estas reflexiones, sin embargo, "siempre tuvo claro que, en el Perú, colaboraría con la corona española y sus representantes en su calidad de [teólogo], aunque esto causara fricciones dentro de la Compañía en la provincia del Perú". Desde el principio, Acosta detectó con agudeza dónde estaba el poder y nunca luchó contra él, ni se resistió; en realidad fue un colaborador" (Hosne, 2013: 42).

El catecismo y los rituales aplicados durante el acercamiento misionero a los nativos fueron finalmente centralizados por el Tercer Concilio de Lima, y la *Doctrina Cristiana* fue publicada en español, quechua y aymara un año después. Se suponía que funcionaría como un manual para aquellos que estarían en misión en cada parte de la colonia y, por lo tanto, "contenía tanto sermones como un manual de confesión y hacía hincapié en la predicación, la confesión y la comunión, mientras que se destacaba la fe y la salvación individual y se promovía una pedagogía específica" (Maldavsky, 2018, 52). Independientemente de tales decisiones oficiales, las realidades seguirían siendo diferentes en las décadas siguientes. El bautismo, por citar solo un ejemplo, se consideraba asociado a la enfermedad o a la muerte humana, ya que fue aplicado inicialmente por los misioneros en esos contextos y, por lo tanto, a menudo no era aceptado por los indígenas (Ibíd., 56). En consecuencia, lo que se había formulado en el plano teórico en Lima no siempre podía aplicarse al práctico (Giudicelli, 2011).

> En los territorios marginales, donde los jesuitas se estaban convirtiendo en la fuerza cristiana más importante del siglo XVII, intentaron elaborar clasificaciones detalladas de los pueblos que pretendían convertir y evangelizar. Una estrategia eficaz requería una clasificación de "naciones", con lenguas, territorios, organizaciones políticas y rasgos culturales. Los misioneros pensaban en términos de poblaciones cultural y lingüísticamente homogéneas. Sus clasificaciones no siempre se ajustaban a la compleja realidad. (Ibid.)

La lucha entre las exigencias dogmáticas y las realidades misioneras, que ya había causado problemas en el pasado, acabaría causando también el fin de la provincia peruana de la Orden de los Jesuitas, que se dividiría a principios del siglo XVII.

Luchas dogmáticas y decadencia

Los jesuitas representaron un "utópico proyecto cristiano-social" (Carrasco, 2018, 207) en las colonias españolas de América Latina, pero al mismo tiempo también participaron en la explotación de los indígenas y esclavizados africanos que habían sido vendidos al "Nuevo Mundo", hecho que se comprueba con los más de 17.000 esclavos en Hispanoamérica y casi 6.000 esclavos en Brasil que poseía la Compañía de Jesús cuando sus miembros fueron expulsados de allí en 1767 (Tejedor, 2018, 119). La labor de los jesuitas en el mundo colonial en general, y en el Perú en particular, fue en consecuencia doble desde sus inicios. La división entre el trabajo misionero orientado a la utopía cristiana y *la realpolitik* pragmática basada en hechos concretos había sido problemática desde la llegada inicial de la orden en 1568, y volvió a convertirse en una cuestión importante a principios del siglo XVII. Las diferentes geografías espaciales y culturales también determinaron las identidades de los jesuitas, ya que

> la frontera entre los Andes y la Amazonia era bastante real bajo el dominio español. Es posible trazar con cierta precisión la frontera oriental de la ocupación y el control españoles en Perú, ya que, en general, seguía la línea de la alta *montaña*, las laderas más orientales de los Andes, escarpadas, húmedas y densamente boscosas. Es decir, el territorio español se extendía hasta la alta montaña, mientras que la sierra y la costa al oeste se consideraban el corazón colonial. Más allá, la presencia europea era a menudo limitada, o incluso insignificante, en los territorios de las tierras bajas que en ningún sentido se consideraban el núcleo de la colonia. (Pearce, 2020, 314)

Las lenguas diferían (Adelaar, 2020), al igual que los objetivos de los jesuitas. La agenda de los que formaban a las élites en los colegios jesuitas era obviamente diferente de la de los que vivían con los nativos en las regiones periféricas de la colonia, defendiéndolos de la explotación y la supresión (Maldavsky, 2012, 162-183).

Acosta, como muchos otros, en cierto modo despreciaba a los nativos (Acosta, 1605, 32-33), y los primeros misioneros no fueron enviados antes de 1585, pues los jesuitas estaban más interesados en asegurar su frágil posición antes de marchar a expandir el cristianismo. Sin embargo, algunos no estaban interesados en una vida en la metrópoli, sino que vivían de acuerdo con su vocación misionera, como el padre Diego de Samaniego (1542-1627), por citar sólo un ejemplo (Coello de la Rosa, 2007, 155). Fueron las "misiones jesuíticas en las fronteras orientales de Charcas las que constituyeron el inicio de la expansión de la Orden Ignaciana en el sur y oriente del Alto Perú. Esto se debió también a la necesidad de ocupar nuevos espacios en las estribaciones amazónicas para evangelizar a los indios no sometidos por el poder civil, como los chiriguanes, los mojos y los chiquitos" (Ibid., 152). Quienes realmente salían a predicar la creencia cristiana tenían que ser capaces de adaptar sus mensajes para que coincidieran con sus audiencias (O'Malley, 2013, 91). Si bien "[aún] en el momento de su fundación, la Compañía de Jesús tenía características, especificadas en la Fórmula, que la diferenciaban con respecto a ciertos patrones establecidos desde hacía mucho tiempo para las órdenes religiosas" (Ibíd., 225), las realidades coloniales exigirían que los jesuitas intensificaran aún más tales diferencias y abandonaran las consideraciones dogmáticas para lograr el éxito misionero.

Por lo tanto, la misión no tuvo más remedio que adaptarse a las exigencias de las creencias religiosas locales, y los misioneros tuvieron que adaptar su enfoque al contexto particular de su trabajo (Hosne, 2013, 1). Por tanto, no es de extrañar que

> [la] regulación de la traducción fue una preocupación predominante entre los jesuitas de la América española de finales del siglo XVI y principios del XVII, especialmente debido a la importancia simultánea del traductor para los proyectos evangélicos y a la diversidad de posiciones temáticas que podía ocupar. La variedad de nombres empleados para describir a las figuras traductoras en los textos jesuitas de este período caracteriza la indeterminación de su papel en la facilitación de las comunicaciones interlingüísticas para la orden: lengua, traductor, intérprete, chalona, loro, asistente, apóstol, doku, mestizo, simiyachac, catequista, indio ladino, negro ladino, y perito de lenguas son sólo algunos ejemplos. (Brewer-García, 2012, 365)

A finales del siglo XVI, estas cuestiones dominaban las disputas jesuitas, como puede observarse durante el Tercer Concilio de Lima, y se acaloraron aún más a principios del siglo XVII (Mannheim, 1991, Charles, 2003, 2004, 2007; Durston, 2007). Si bien los jesuitas habían utilizado inicialmente a los mestizos como traductores para salvar la brecha lingüística entre ellos y los futuros conversos, pronto convirtieron en un aspecto esencial de su agenda misionera la formación de los padres y hermanos de la orden para lograr el mejor alcance posible en todas las partes del Perú, una estrategia inclusiva que inicialmente proporcionó una ventaja en comparación con el trabajo misionero de las otras órdenes cristianas (Brewer-García, 2012, 365-366).

La posición favorable hacia estos mestizos no fue sin embargo compartida por todos los jesuitas desde el principio (MP, 1, 327, 332-333). De hecho, aumentó el escepticismo sobre la igualdad entre jesuitas españoles e indígenas (MP, 2, 183), y en 1582, no sólo la presión de la Corona española y de la Curia de Roma, sino también un voto unánime de la cúpula jesuita, impidieron la ordenación de jesuitas nativos y, con ello, su oportunidad de ascender en el escalafón de la orden (MP, 3, 205-206). Se mencionaron tres razones por las que los mestizos debían ser excluidos:

1) la "prueba" de que los mestizos (como tipo general) no eran aptos para ser jesuitas,

2) los precedentes de exclusión establecidos por otras órdenes religiosas, y
3) presión de la Corona para que se abstuviera de ordenar mestizos (Brewer-García, 2012, 368).

Mientras el III Concilio de Lima debatía el papel de la lengua, la orden ya había decidido que no permitiría que los representantes de estas lenguas y de las culturas que expresaban formaran parte de la cúpula superior, hecho que separó aún más a los diferentes grupos dentro de la provincia jesuita del Perú: "En el período que siguió, los jesuitas combatirían tenazmente la heterodoxia. Sin embargo, es fácil pasar por alto el hecho de que en medio de este proceso de encuentro intercultural, un gran discernimiento, de semejanzas y diferencias, continuó operando en sus mentes y corazones" (Dejo, 2023, 241).

Aunque Acosta "eligió a sacerdotes jesuitas mestizos como traductores clave para el proyecto de traducción del Tercer Concilio de Lima" (Brewer-García, 2012, 366) y con ello destacó su importante papel, era obvio que se trataba de una forma más de explotación. Acosta estaba estrictamente en contra de las formas de sincretismo y "firmemente en contra de utilizar la relación con la naturaleza para anclar la fe del pueblo andino en el Dios cristiano" (Dejo, 2023, 241). Argumentaba que las supersticiones

> están tan extendidas entre nuestros bárbaros que no se pueden contar las clases de sacrificios y *guacas*: no importa si se trata de montañas, laderas, rocas prominentes, manantiales que fluyen suavemente, ríos que corren rápidamente, altas cumbres de rocas, enormes montículos de arena, el oscuro torbellino de un abismo, la gigantesca talla de un árbol milenario, la indicación de la veta de un yacimiento de metal, una forma menos habitual o un poco más elegante de cualquier piedra. En resumen, y para decirlo todo de una vez, en cuanto los bárbaros descubren que algo destaca entre los demás seres de su especie, reconocen instantáneamente allí una divinidad y la adoran sin dudarlo un instante. Las montañas están llenas de esta odiosísima plaga de idolatría, los valles, los pueblos, las casas, los caminos están llenos, y no hay pedazo de tierra peruana que esté libre de esta clase de sacrificios". (Acosta, 1987, lib. 5, 9, 11, 257, citado en Dejo, 2023, 247).

Uno podría tener la impresión de que el debate posterior sobre el papel de la lengua (Estenssoro Fuchs, 2003, 94-114) era también un debate indirecto sobre la posición de los jesuitas indígenas dentro de la provincia. En definitiva, el debate sobre la lengua planteaba un dilema:

Aunque pocos líderes de la Iglesia negaron por completo la importancia de enseñar la Doctrina Cristiana en lenguas indígenas (al menos durante un tiempo), hubo posturas opuestas sobre cómo debía abordarse esta cuestión lingüística: algunos creían que el objetivo final debía ser enseñar la Doctrina en castellano a los nativos andinos para asegurar una comprensión ortodoxa, mientras que otros veían que un objetivo mejor y más práctico sería formar sacerdotes europeos que dominaran las lenguas indígenas para predicar en las lenguas de sus catecúmenos. Los jesuitas, que llegaron al Perú hacia el final del primer período de evangelización, creían firmemente en el valor de enseñar la Doctrina en lenguas nativas, por lo que en un principio su solución ideal era formar y ordenar sacerdotes mestizos que dominaran el español y las lenguas nativas para que fueran los líderes de las misiones indígenas. (Brewer-García, 2012, 367)

La centralización del uso de la lengua y de los textos de instrucción ya había marcado el período de consolidación y limitado la flexibilidad existente que había marcado el período de entrada, dogmáticamente relativamente indiscutido (Estenssoro Fuchs, 2003, 241-310). Puesto que Acosta había aceptado seguir las exigencias de las autoridades coloniales, resistirse a los cambios necesarios estaba fuera de discusión, aunque eso significara sacrificar la flexibilidad dogmática de la orden, al menos hasta cierto punto (MP, 2, 477-478).

Esto no significó, sin embargo, que la orden no se comprometiera más en su política educativa con respecto a las lenguas nativas: "Las lenguas comunes coloniales como el quechua (Andes), el náhuatl (Mesoamérica) y el tupí (Brasil) no eran sólo lenguas vernáculas adoptadas en espacios lingüísticamente fragmentados. Eran coloniales porque eran instrumentos culturales y políticos utilizados para crear un contexto unificado para poblaciones indígenas heterogéneas con fines de evangelización y trabajo" (Maldavsky, 2018, 58). Además, la competencia de la orden también fue bastante activa. Un gran porcentaje de los sacerdotes seculares que habían sido nombrados en la diócesis de Lima en realidad también hablaban una lengua nativa, por lo que debe destacarse aquí que los jesuitas no poseían una ventaja por tener un sólido dominio de las lenguas indígenas (Ibíd., 61).

En diciembre de 1600, los jesuitas se reunieron en otra congregación provincial en Lima, donde se reanudó el debate sobre el uso de las lenguas nativas y sus implicaciones. Esto se convirtió en una lucha más general sobre cuestiones relacionadas con la evangelización de los indígenas. Nicolás Mastrili Durán, que había estado activo en Perú desde 1592 y que actuó como superior en Julí, "una importante *doctrina de indios* (comunidad de nativos conversos) ... [habló] apasionadamente a favor de las misiones a los nativos americanos" y "argumentó que todo jesuita estaba obligado a aprender las lenguas indígenas". En contra de esta afirmación estaba Diego Álvarez de Paz, rector del colegio jesuita de Cuzco, la antigua capital inca en el altiplano" (Hsia, 2014, 51). Los dos hombres representaban a las distintas facciones de la provincia jesuita peruana. Este último, "[profesor] de teología en Cuzco, ... no emprendió actividades misioneras entre los nativos americanos porque no hablaba sus lenguas. Aunque apoyaba las misiones indígenas, Álvarez discrepaba de los imperativos lingüísticos y misioneros de Duran, argumentando que los jesuitas de Perú podían elegir su especialización y no todos estaban obligados a aprender quechua o amara" (Ibid.). En consecuencia, la orden se había dividido en los "jesuitas colegiales" de la metrópoli y los "predicadores" de la periferia, y parecía que esta división ya no podría superarse. Finalmente, la lucha interna y el ámbito geográfico del Perú colonial, que se había vuelto demasiado amplio, condujeron a una reestructuración del mapa provincial entre 1605 y 1607: "la parte norte del virreinato del Perú se convirtió en la nueva provincia jesuítica de Nueva Granada, que comprendía los actuales Ecuador y Colombia; la parte sur se escindió y se convirtió en la viceprovincia de Chile; y la misión del Paraguay fue concedida a los jesuitas portugueses de Brasil" (Ibid., 53).

Aunque los jesuitas fueron los primeros en reclamar para sí el término "misionero" (Strasser, 2020, 20), no supieron defender los ideales misioneros frente a un gobierno colonial, incapacidad que abrió una brecha en sus propias filas y acabó provocando una división insalvable. No obstante, la labor de la orden continuó hasta 1767, cuando los jesuitas fueron expulsados de la América española, pero el caso peruano ya había demostrado que la flexibilidad dogmática y el pragmatismo colonial difícilmente irían de la mano. El caso peruano presentaba mejores condiciones para los jesuitas que las que tuvieron que afrontar en China o Japón, donde las potencias gobernantes eran independientes y se consideraban superiores (Reinhard, 1976, 530), pero fueron, como en algunas décadas en Japón, los debates internos de la orden los que debilitaron su actuación y, en última instancia, impidieron su éxito.

Misioneros jesuitas en Perú

La llegada de los jesuitas a Perú fue relativamente tardía, concretamente en 1568, fecha en la que ya estaban presentes otras órdenes religiosas. Independientemente de esta situación y del número relativamente pequeño de padres (no hubo más de 15 en la provincia de la orden hasta 1573), el impacto jesuita en el Perú se haría sentir, especialmente a partir de la década de 1580, que vio un aumento en su número y la fundación de colegios jesuitas en los nuevos centros coloniales del Perú español en particular. En consecuencia, el número de padres y hermanos jesuitas superó los 100 en 1583 y los 240 en 1595.

Los casos   131

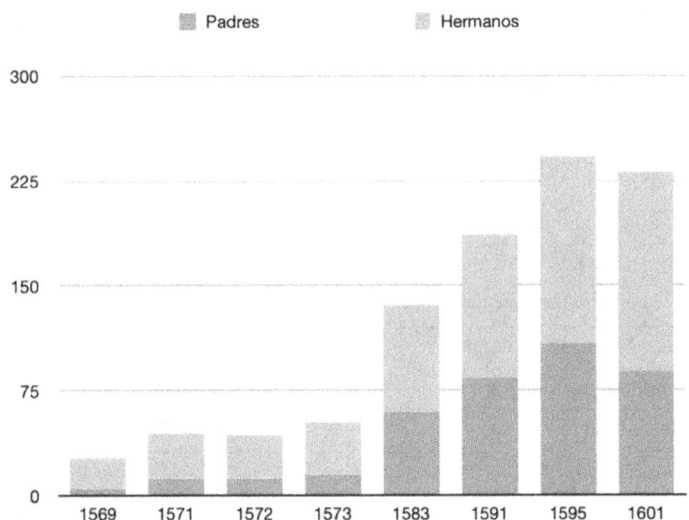

Fig. 4.4: Número de jesuitas en Perú entre 1569 y 1601.

Tabla 4.7: Número de padres y hermanos que sirvieron en Perú entre 1569 y 1601 (incluyendo los datos disponibles para los padres y hermanos peruanos).[8]

Año	Padres	Hermanos	Padres peruanos	Hermanos peruanos
1569	5	22		
1571	12	33		
1572	12	31		
1573	15	37		
1583	59	77	6	11
1591	84	102	/	/
1595	108	134	11	13
1601	88	143	6	14

---

[8] Desgraciadamente, los catálogos de 1591 no son tan detallados como los de otros años.

Período de entrada (1568-1575)

Tabla 4.8: Jesuitas que sirvieron en Perú entre 1568 y 1575.

Padres (Padres) = Dirección	Hermanos
Joseph de Acosta	Alonso del Águila
Sebastián Amador	Juan Pérez de Aguilar
Alonso de Barzana	Pedro de Añasco
Dídacus (Diego) de Bracamonte	Joán de Anaya
Joán de Çúñiga	Marco Antonio
Pedro Miguel de Fuentes	Diego González Carasco
Juán (Jóan) Gomez	Francisco de Carrión
Bartolomé Hernández	Joán de Casasola
Andrés López	Martín de Contreras
Luis López	Hernando Despinar (Hernando de Espinar)
Antonio Martínez	Francisco de Espinosa (Francisco Despinosa)
Mesía (Pedro Mexía o Mezia)	Leandro Felipe
Diego Ortún (Hortún)	Diego Flores
Leandro Philipe	Juan García
Jherónimo Ruiz de Portillo	Antonio González
Cristóval Sanches	Joán Gutiérrez
Joán de Zúñiga	Francisco de Heredia
	Estevan Izquierdo
	Pedro López
	Francisco López
	Antonio Martínez
	Diego Martínez
	Francisco de Medina
	Juan de Mendoça
	Pedro Mexía
	Joán Miguel
	Martín Miguel
	Juan Pérez de la Milla
	Andrés de Montalvo
	Blas Morán

	Antonio González de Ocampo
	Alonso Pérez
	Santiago Pérez
	Martin Piçarro
	José de Ribera
	Pedro de Rojas
	Juan Rodríguez
	Francisco Romero
	Baltazar Ruiz
	Gonzálo Ruiz
	Juan Ruiz
	Juan Ruiz
	Joán Sánchez
	Blas Valera
	Antonio Vázquez
	Vicente Yáñez

A diferencia de Japón, el número de jesuitas en Perú creció más rápidamente durante el periodo de entrada, ya que la orden trabajaba mano a mano con las autoridades coloniales españolas y no necesitaba obtener permiso para su labor de gobernantes extranjeros, como ocurría con los daimyōs japoneses. Sin embargo, hubo conflictos con la Inquisición, que fue exportada a la América Latina colonial por la Corona española. Estos estaban relacionados con cuestiones dogmáticas y, por tanto, ya apuntaban a un conflicto que se intensificaría en años posteriores. Independientemente de estos primeros problemas, la labor misionera general de los jesuitas en Perú permaneció incontestada por las autoridades, y la flexibilidad dogmática de la orden permitió a los padres y hermanos llegar a un número cada vez más amplio de indígenas para su conversión, aunque a menudo este acto no fuera únicamente voluntario, sino también estimulado por la fuerza que, a diferencia de Japón, podían aplicar los jesuitas en el entorno colonial.

Período de consolidación (1576-1599)

Tabla 4.9: Número de jesuitas en Perú en 1591 según su localización (MP 4, 1966, 674).

Lugar	Número de jesuitas
Lima	77
Cuzco	23
La Paz	10
Ariquipa	16
Potosí	15
Quito	16
Julí	12
Panamá	7
Santa Cruz	5
Tucumán	5

Durante el periodo de consolidación en Perú, el número de jesuitas creció rápidamente, llegando a 186 en 1591, aunque su número era particularmente alto en las ciudades más grandes. Aunque también figuran padres jesuitas "peruanos", éstos eran mestizos y, como hijos de colonos europeos y élites indígenas, representaban a la nueva clase dominante colonial. A partir de 1582, se prohibió oficialmente que los indígenas recibieran tal cargo. En consecuencia, los jesuitas siguieron siendo un elemento del dominio colonial en Perú, que debió de ser considerado "extranjero" por ello. Además, la división entre los que pretendían replicar las estructuras educativas europeas en el entorno colonial y los que estaban más bien interesados en la misión y en la población indígena como aquello en torno a lo que debían centrarse los esfuerzos jesuitas se intensificó y acabaría desembocando en una lucha que acompañó, si no estimuló, el fin de la estructura provincial existente a principios del siglo XVII.

En las regiones más periféricas de la provincia de la orden, los contactos y la percepción de los indígenas y sus necesidades eran obviamente diferentes. Con un número creciente de jesuitas, que eran más numerosos en los colegios recién establecidos, la división entre estos dos espacios coloniales diferentes se intensificó. La educación lingüística y su uso se habían convertido en un elemento central de los debates internos desde principios de la década de 1580, pero este fue aún más el caso a principios de la década de 1600, cuando se reestructuró la provincia. Al igual que el desarrollo numérico de los jesuitas en Japón, la provincia de la orden fue realmente testigo de un aumento del interés y, por tanto, un número creciente de jesuitas llegó desde principios de la década de 1580.

Los casos 135

Tabla 4.10: Padres jesuitas que sirvieron en Perú entre 1576 y 1599.

Joseph de Acosta	Joán Díaz	Francisco de Medina	Joán Baptista Rufo
Joán de Aguilar	Joán Frías Errán	Hernando de Mendoça	Alonso Ruiz
Joán Alonso	Bartolomé de Escobar	Alonso Messía	Joán Ruiz
Joán de Alva	Luis de Estella	Antonio Messía	Hierónimo Ruiz de Portillo
Diego Álvarez de Paz	Onofre Estevan	Alonso de Miranda	Diego de Samaniego
Pedro de Añasco	Diego Flores	Angelo Monitola	Agustín Sánchez
Joán de Anaya	Joán Fonte	Herónimo de Montesinos	Bartolomé de Santiago
Hierónimo de Andión	Pedro Miguel de Fuentes	Joán de Montoya	Luis de Santillán
Francisco Angulo	Lucio Garcete	Hernando Morillo	Joán Sebastián (Joán Sebastián-Daraco)
Ruperto Arnono	Juán (Jóan) Gomez	Miguel Muñoz	Gonçalo Suárez
Joán de Atiença	Antonio González	Christóval Narváez	Juan Suárez de Lara
Joán de Avellaneda	Diego González	Antonio Núñez	Joseph Tiruel
Estevan de Ávila	Joán de Güémez	Estevan de Ochoa	Diego de Torres
Herónimo de Ávila	Andrés Hernández	Joán de Olivares	Diego de Torres (2ª entrada)
Antonio de Ayanz	Joán Herrán	Pedro de Oñate	Joán de Truxillo
Lorenço Barriales	Francisco de Herrera	Andrez Ortiz Orruño	Miguel de Urrea
Alonso de Barzana	Hernando de Herrera	Diego Ortún (Hortún)	Diego de Vaena
Joán Beltrán	Andrés Hortiz	Christóval de Ovan	Luis de Valdivia
Ludovico Bertonio	Christóval Hortiz	Bernardino Papiol	Alonso de Valdivieso
Dídacus (Diego) de Bracamonte	Ignaco Íñiguez	Antonio Pardo	Blas Valera
Francisco Camorano	Ignacio Jaymes	Diego Paz	Antonio Vallejo
Valentín de Caravantes	Paulo Joseph	Hernán Pérez	Joán Vásquez
Pedro de Cartagena	Luis de Leiute	Joán Pérez de Aguilar	Manuel Vásquez
Pedro de Castillo	Joán de León	Joán Pérez Menacho	Antonio de Vega
Gerónimo de Castro	Andrés López	Francisco Perlín	Gabirel de Vega
Ignacio Cataño	Antonio López	Leandro Philippe	Herónimo de Vega
Estevan Cavello	Joán López de Almansa	Baltasar Piñas	Dionisso Velázquez
Gabriel de Chaves	Joán López Viana	Martín Pizzaro	Pedro Vicente
Gregorio de Cisneros	Marciel de Lorençana	Francisco de Portillo	Alonso de Villalobos
Diego de Cuenca	Gonçalo de Lyra	Diego Ramírez	Antonio de Vivar
Hernando de la Cueva	Rodrigo Manrique	Pedro Rodríguez	Vicente Yáñez
Diego de Çúñiga	Antonio Martínez	Joán Romero	Francisco Zamorano
Lope Delgado	Diego Martínez	Pedro de Rojas	

En el periodo de consolidación, el número de jesuitas peruanos no aumentó realmente, sobre todo porque su ordenación sacerdotal estaba prohibida. La mayoría de los misioneros jesuitas en Perú durante este periodo fueron reclutados en España, donde la orden había establecido una fuerte presencia e instalaciones educativas para alimentar el flujo de personal misionero bien formado.

Período de decadencia (1600-1605)

Durante el último período, el número de jesuitas peruanos no aumentó. Sin embargo, se documentó un cambio en cuanto al dominio de lenguas por parte de algunos jesuitas, ya que en 1601, algunos figuraban como miembros que podían predicar o confesar en una o más lenguas indígenas. La necesidad de comunicarse con la población indígena fue consecuentemente atendida, particularmente en las regiones periféricas del Perú colonial, aunque también surgió una disputa dogmática respecto a la necesidad de dirigirse a estos últimos en sus lenguas nativas.

Tabla 4.11: Padres jesuitas que sirvieron en Perú en 1601.

Hernando de Aguilera	Julián Delgado	Alonso Messía	Pedro Rodríguez
Juan de Aldana	Sebastián Delgado	Alonso de Miranda	Joán Baptista Rufo
Joán Alonso	Juan Domínguez	Angelo Monitola	Hernando de Salinas
Diego Álvarez de Paz	Niculás Durán	Gaspar de Montalvo	Diego de Samaniego
Hierónimo de Andión	Bartolomé de Escobar	Juan Muñoz	Agustín Sanches
Francisco de Aramburu (Arambulo)	Francisco de Espinosa	Joán de Olivares	Juan Sebastián (Juan Sebastián-Daraco)
Juan de Arcos	Luis de Estella	Christóval de Ovan(do)	Joseph Tiruel
Joán de Avellaneda	Christóval García	Estevan Páez	Diego de Torres
Estevan de Ávila	Juán (Joán) Gomez	Diego Paz	Diego de Torres Rubio
Juan Baptista Chiqueti	Antonio González	Joán Pérez de Aguilar	Joán (Juan López) de Truxillo
Joán Beltrán	Diego González	Joán Pérez Menacho	Joán Vásquez
Ludovico Bertonio (Vertonio)	Joán de Güémez	Herónimo de Montesinos	Martín Vázquez
Antonio Bivar	Andrés Hernández	Pedro de Oñate	Pedro de Vedoya
Rodrigo de Cabredo	Hernando de Herrera	Andrez Ortiz Urño	Antonio de Vega
Valentín de Caravantes	Philippo Leandro	Antonio Pardo	Dionisso Velázquez
Pedro de Castillo	Luis de Leiute (Leyva)	Miguel Pastor	Pedro Vicente
Gerónimo (Hierónimo) de Castro	Joán López de Almansa	Julio Pesce	Francisco de Victoria
Gregorio de Cisneros	Gonçalo de Lyra	Francisco Perlín	Ignacio Xaimez
Philipe Claver	Rodrigo Manr(r)ique	Juan Perlin	Andrés Ximenes
Diego de Cuenca	Diego Martínez	Baltasar Piñas	Juan de Ybarra
Francisco Daza	Francisco de Medina	Diego Ramírez	Francisco Zamorano

Los casos

Gestores jesuitas en Perú: Algunos ejemplos

La siguiente sección proporcionará algunos breves "portafolios de gestores" para miembros destacados de la misión jesuita durante los tres diferentes períodos para destacar algunos de los individuos importantes sobre los que se sabe más con respecto a su papel y trabajo como parte del esfuerzo misionero jesuita en Perú.

Jerónimo Ruiz de Portillo

Jerónimo Ruiz de Portillo (1532-1590) fue el primer provincial de la Orden Jesuita en Perú (Torres Saldamando, 1906; Zubillaga, 1943; Medina, 2001). Se hizo jesuita en 1551 en Salamanca, España, y perteneció a la primera generación de jesuitas españoles. Más tarde actuó como provincial en Perú y fundó, entre otras instituciones, el colegio jesuita de Cuzco. Aunque viajó con el virrey Toledo durante el viaje de éste por el Perú colonial, hubo problemas relacionados con la mentalidad global del jesuita, ya que no quería aceptar todas las doctrinas misioneras de las que Toledo y el arzobispo dominico Jerónimo de Loayza eran tan aficionados.[9] El conflicto con las autoridades locales era inevitable, y no se resolvería hasta que José de Acosta sustituyó a Ruiz de Portillo como provincial en Perú.

José (Joseph) de Acosta

José de Acosta nació en Medina del Campo, España, e ingresó en la Compañía de Jesús en 1552, habiendo sido educado en el colegio jesuita de su ciudad natal durante sus primeros años. Más tarde estudió filosofía y teología en la Universidad de Alcalá de Henares (Caraccioli, 2021, 110) y fue enviado a Perú en 1571, tras haber solicitado personalmente su envío al extranjero (Hosne, 2013, 14). En su camino pasó por Santo Domingo, Puerto Rico, Cuba Sur y Jamaica, llegando a Lima en 1572 (Ibid., 15). Allí establecería estrechas relaciones con el virrey Toledo, cuyas reformas en la colonia apoyó. Acosta viajó por el país, adquirió experiencia en una *reducción* en Julí y se convirtió en provincial en 1576, cargo que ocupó hasta 1581. Acosta ejerció una gran influencia en la misión jesuita, y sus vínculos, a menudo pragmáticos y estrechos con Toledo, aseguraron la labor misionera de los jesuitas, menos interrumpida por las autoridades locales y la Inquisición, con cuyos representantes Acosta también mantenía buenas relaciones. En el Tercer Concilio de Lima (1582/83), Acosta fue bastante influyente, siendo autor de las actas de este concilio antes de trasladarse a México y volver a Europa en 1587. Sus obras posteriores, como el *De procuranda Indorum salute* (1589) y la *Historia natural y moral de las Indias* (1590) (sobre esta obra, véase Anagnostou, 2005, 5), lo hicieron bastante

---

[9] Los conflictos entre los jesuitas y los dominicos no eran infrecuentes (Steinkerchner, 2020).

conocido como autoridad en asuntos relacionados con el "Nuevo Mundo" (Lopetegui, 1942; Burgaleta, 1999; Hosne, 2013; Green, 2016; sobre la influencia de sus obras, véase Caraccioli, 2021, 105-110). Acosta viajó mucho por Perú y estudió, al menos rudimentariamente, la lengua quechua (Hosne, 2013, 15), lo que significa que, al menos parcialmente, intentó aclimatarse culturalmente en la región antes de convertirse en provincial. Su posición muy pragmática en esta última función hizo que otros jesuitas sospecharan bastante de él, ya que estaban particularmente preocupados por sus estrechos vínculos con la Inquisición y el Virrey. No obstante, el liderazgo de Acosta aseguró un periodo próspero para la orden en lo que respecta a la historia de los jesuitas en Perú.

Blas Valera

Blas Valera (1545-1597) era un mestizo nacido en el norte de Perú, que ingresó en la Compañía de Jesús como persona importante, ya que hablaba quechua y pudo ser enviado a distintos lugares de la colonia en los años siguientes. Fue uno de los primeros mestizos a los que se permitió ingresar en las filas de los jesuitas, pero no por ello dejó de ser crítico con la explotación de los indígenas. Participó en el Tercer Concilio de Lima y dejó algunas obras importantes, como un léxico de la lengua quechua y una obra histórica sobre los incas (Hyland, 2003).

Capital humano, mentalidad global y proselitismo

En el caso peruano, a diferencia del japonés, el dominio del idioma no era tan importante. Dado que Perú era una colonia española, los jesuitas representaban allí a la orden gobernante y, por tanto, podían contar con el respaldo de las autoridades coloniales para iniciar su labor misionera en este contexto. Esto significaba que el periodo de entrada era mucho más fácil que en Japón, donde los competidores locales podían contar con el apoyo político del poder gobernante. Los jesuitas en Perú sólo tenían que considerar la competencia de otras órdenes cristianas o de las autoridades locales, incluida la Inquisición, que había sido trasplantada al "Nuevo Mundo".

Los únicos conflictos durante el periodo de entrada estaban relacionados con el gobierno colonial del virrey Toledo y la Inquisición, que atacaba a los jesuitas demasiado abiertos de mente. Su mentalidad global iba demasiado lejos para los elementos conservadores de la orden colonial. Una vez que el nuevo provincial Acosta hubo abordado estos problemas, la orden pudo actuar de forma relativamente ininterrumpida por las autoridades locales y, durante el periodo de consolidación, se centraría en otras cuestiones relacionadas con la labor misionera. Si bien la mentalidad global, normalmente compartida por todos los jesuitas, era necesaria para adaptarse al contexto local, en Perú también podía dar lugar a una lucha con elementos que no compartían dicha mentalidad. Sin embargo, considerando todo el período, apoyó el establecimiento de una fuerte presencia jesuita en el contexto peruano.

La experiencia real, sin embargo, demuestra que la lengua adquirió mayor importancia cuando se trataba de la población indígena alejada de la metrópoli colonial, ya que necesitaban que se les hablara en su lengua materna para explicarles los elementos de la religión cristiana. Fueron sobre todo los jesuitas activos en estos contextos quienes empezaron a estudiar las lenguas respectivas y a impartir instrucciones para seguir desarrollando este capital humano necesario, que se consideraba esencial para el éxito de la evangelización de la población indígena. Como demuestran los datos, la mentalidad global era la base necesaria para la labor misionera de los jesuitas en Perú, pero si los padres querían llegar más allá de las comunidades hispanohablantes y las nuevas élites coloniales, necesitaban comprometerse con los indígenas, utilizando su lengua. Resulta obvio que la lengua es aquí más que una forma práctica de comunicación, sino una herramienta que apoya los procesos de adaptación cultural a través de una forma de "traducción cultural".

Sin embargo, ese proceso también aumentó la conciencia de algunos jesuitas sobre la situación de los indígenas, que eran explotados y amenazados físicamente dentro del orden colonial. Los misioneros que fueron testigos de estas crueldades y que habían conseguido aprender las lenguas indígenas y, por tanto, fueron informados directamente por los posibles conversos sobre los malos tratos sufridos, también empezaron a criticar el orden existente. Un proselitismo jesuita exitoso también desarrolló una forma de agencia jesuita para los nativos en el contexto peruano.

El factor externo

Aparte de la lucha con el virrey Toledo y la Inquisición durante el periodo de entrada, los jesuitas fueron relativamente independientes de factores externos. Como ya se ha dicho, los jesuitas en Perú representaban a la orden colonial, y mientras fueran un elemento aceptado dentro de ella (así fue hasta 1767, cuando la Compañía de Jesús fue expulsada por el Rey de España), no tendrían que temer ningún problema en cuanto a su existencia y labor misionera en la región. Que la provincia se dividiera en 1605 refleja en cierto modo la lucha interna que algunos jesuitas encontraron con respecto a la formación y el uso de la lengua, pero en realidad, la decisión no tenía nada que ver con la labor misionera de los jesuitas. Las autoridades simplemente se habían dado cuenta de que el espacio peruano era demasiado diverso y demasiado grande para permanecer indiviso. Esto, en contraste con Japón, significa que los jesuitas en el periodo de tiempo analizado no sufrieron ningún factor externo. El éxito de su labor misionera se basaba en el capital humano y en una mentalidad global, aunque la presión para desarrollar el primero era mucho menor que en Japón.

Capítulo 5
Éxito de la gestión intercultural y proselitismo de la Edad Moderna[1]

Conclusiones para Japón

El estudio de caso presentado sobre Japón demuestra que la lengua es una condición previa importante para superar las diferencias culturales. El dominio de la lengua no sólo sirve como herramienta de comunicación, sino que también es esencial para identificar y abordar la diversidad cultural, lo que significa que la gestión intercultural en entornos culturalmente distantes puede verse estimulada positivamente por los directivos que consiguen aprender la lengua local. Pero aún más importante es la existencia de una mentalidad global. Como se ha demostrado con respecto a Japón, los directivos que no hablaban el idioma pero mostraban una mentalidad global, en primer lugar el visitante Valignano, fueron capaces de lograr mucho al tratar con las autoridades locales. Si la mentalidad global y el dominio del idioma no existieran, como en el caso de Cabral, podrían surgir graves problemas debido a que los directivos en cuestión son considerados e identificados como especialmente extranjeros.

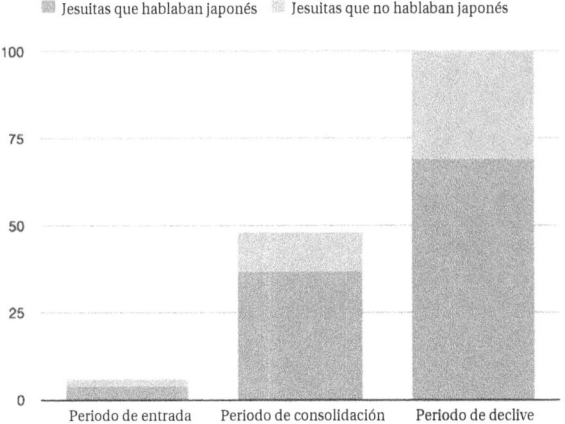

Fig. 5.1: Jesuitas en Japón que hablaban japonés.[2]

---

[1] Todas las cifras presentadas en las conclusiones se basan en el análisis de los datos facilitados en MHJ para Japón y MP para Perú.

[2] Los jesuitas que hablaban el idioma sólo "mediocremente" o "un poco" no se contaban entre los miembros de habla japonesa de la alta dirección de la orden.

El porcentaje de jesuitas que hablaban japonés aumentó durante el periodo de consolidación, pero no sólo porque la política de acomodación de Valignano así lo exigiera. A diferencia de Perú, donde los misioneros actuaban en un espacio gobernado por una potencia colonial, es decir, España, la necesidad de estudiar las lenguas indígenas no era apremiante; sin embargo, estaba relacionada con el deseo jesuita de convertir también a los indígenas de las regiones más periféricas del espacio colonial. En Japón, el dominio de la lengua fue un aspecto crítico a tratar desde el principio, por lo que los jesuitas que sirvieron allí simplemente tuvieron que estudiarla si querían mantener la existencia de la misión jesuita en Japón y llegar a un mayor número de posibles conversos.

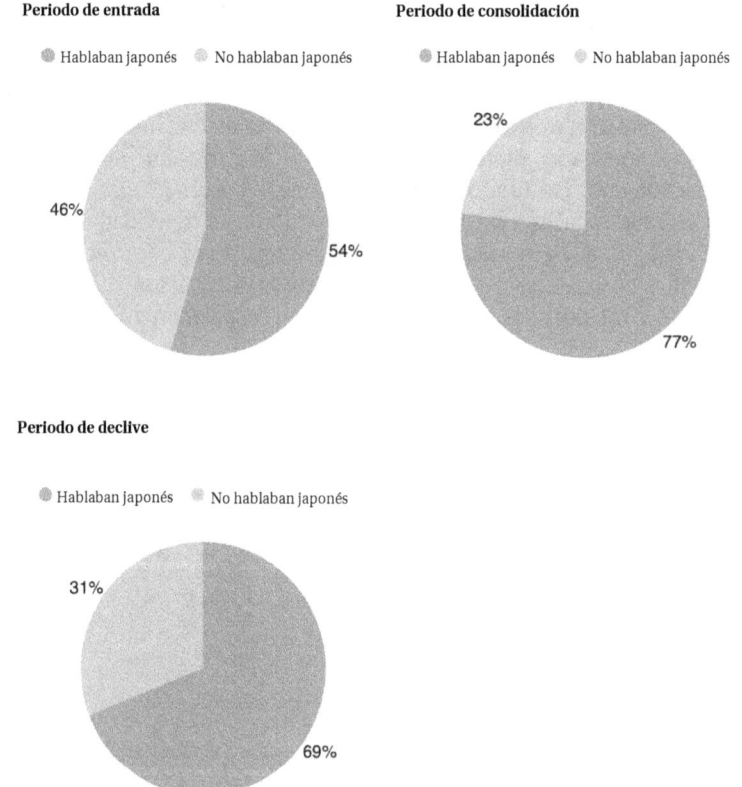

Fig. 5.2: Porcentaje de jesuitas que hablaban japonés en los periodos respectivos.

Se puede constatar una mentalidad global en la mayoría de los jesuitas que sirvieron en Japón. Habían servido antes en la India, Macao u otras partes del sudeste asiático y, a través de su deseo de entrar en la Compañía de Jesús, ya subrayaban su aceptación de un deber que les llevaría a partes del mundo hasta entonces desconocidas y culturalmente diferentes. El hecho de que la falta de una mentalidad global sólo pudiera detectarse en unos pocos casos, y que todos estos casos causaran algún tipo de problema, ya fuera con las autoridades locales japonesas o con la dirección de la orden, hace que sea crucial destacar que una mentalidad global es una condición previa vital para el éxito de la gestión intercultural.

Considerando el caso de Japón, también hay que subrayar que una mentalidad global no podrá evitar los problemas relacionados con las circunstancias políticas. Por consiguiente, la dirección de una PYME en expansión también debe prestar mucha atención al contexto político del mercado de interés. El caso japonés demuestra que una mentalidad global, incluso si se combina con un alto porcentaje de dominio de idiomas entre los directivos de la empresa, no puede asegurar los intereses de la empresa frente a una dirección política que no tiene interés en ella.

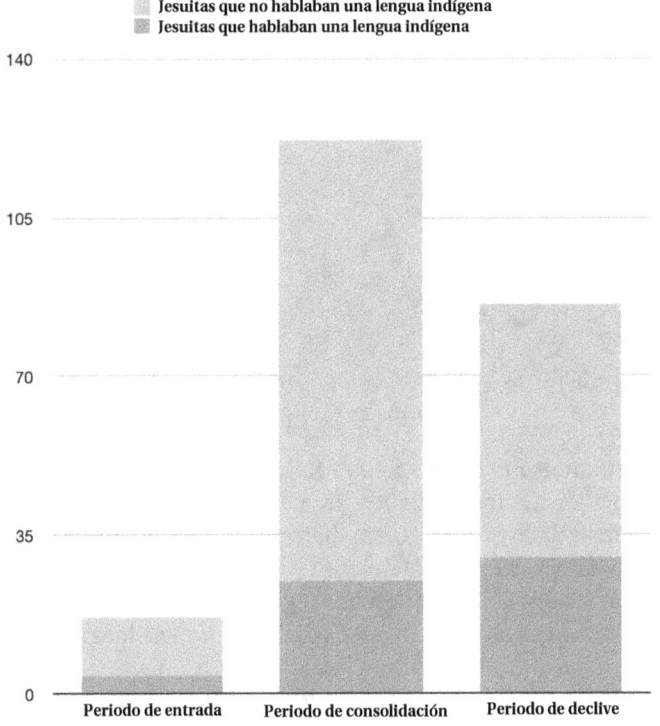

Fig. 5.3: Jesuitas en Perú que hablaban una lengua indígena.[3]

---

[3] Los jesuitas que hablaban la lengua sólo "mediocremente" o "un poco" no se contaban entre los miembros de la alta dirección de la orden que hablaban quechua o aymara.

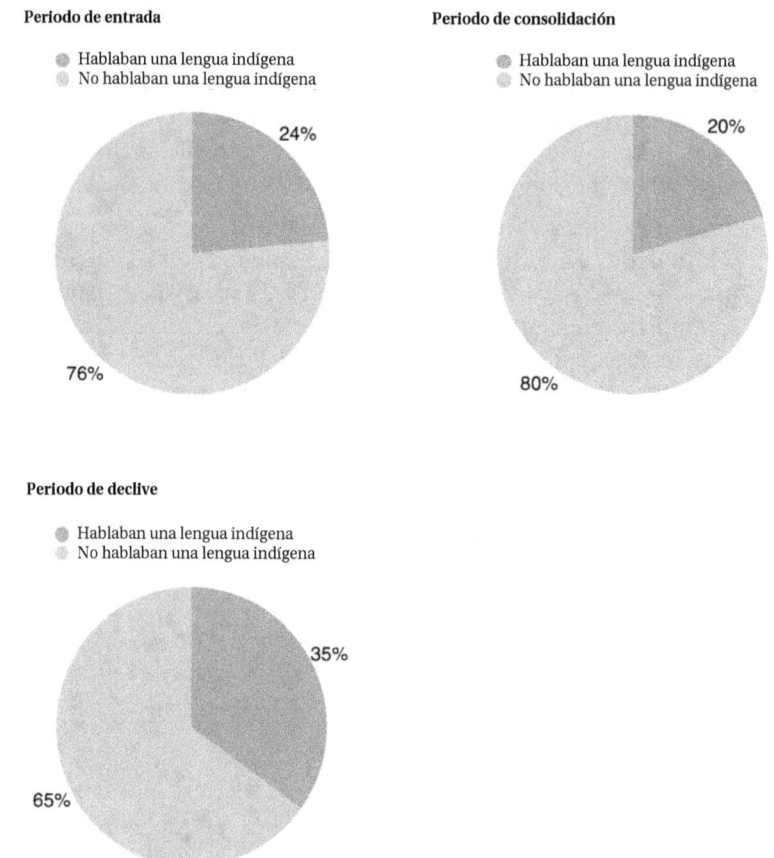

Fig. 5.4: Porcentaje de jesuitas que hablaban una lengua indígena en los períodos respectivos.

En el contexto peruano, la mentalidad global de algunos misioneros que les hacía criticar la explotación de los indígenas era peligrosa. Las prácticas misioneras demasiado progresistas podían causar inicialmente la persecución de la Inquisición y sus representantes en el "Nuevo Mundo" y, a largo plazo, podía llevar a una división de los jesuitas según apoyaran o repudiaran la labor misionera que se dirigía a los indígenas en sus propias lenguas nativas. La mentalidad global de los jesuitas, que era una condición previa necesaria para su trabajo en el extranjero, podría, si se desarrollaba más en el contexto local de Perú, convertirse en un obstáculo para el éxito del trabajo misionero allí si las autoridades locales consideraban que "iba demasiado lejos". Así pues, es el contexto local el que dicta cuánto dominio de la lengua es necesario y hasta qué punto se considera aceptable una mentalidad global.

Comparación de resultados

Cuando se consideran los datos combinados de Japón y Perú (Tabla 5.1), es más que obvio que los jesuitas de Japón, debido a las diferencias políticas existentes, debieron tener un mayor interés en estudiar la lengua local. El porcentaje de los que consiguieron hablar japonés (69%) en el periodo de decadencia era más del doble que el de los jesuitas de Perú (30%) que habían conseguido aprender una lengua indígena.

Tabla 5.1: Datos combinados de Japón y Perú.

Periodo	Número total de jesuitas en Japón	Número total de jesuitas en Perú	Jesuitas en Japón que hablaban japonés	Jesuitas en Perú que hablaban una lengua indígena	Porcentaje de jesuitas en Japón que hablaban japonés	Porcentaje de jesuitas en Perú que hablaban una lengua indígena
Período de inscripción	6	17	4	4	54	24
Período de consolidación	48	122	37	25	77	20
Periodo de declive	100	86	69	30	69	35

Esto no es sorprendente, ya que los jesuitas en Perú actuaron en un entorno colonial, y las autoridades españolas no obligaron a los misioneros a aprender la lengua indígena, que sólo era considerada esencial por aquellos misioneros jesuitas que realmente tenían que acercarse a los indígenas en las partes más bien periféricas de la colonia. Sin embargo, los datos combinados también muestran que, independientemente del enfoque de Valignano y del aumento bastante masivo de jesuitas capaces de comunicarse en japonés, no se podría haber evitado un conflicto con las autoridades durante el periodo de decadencia.

Aunque los jesuitas de Japón y Perú se enfrentaron a conflictos con las autoridades locales durante el periodo de entrada, cuando los misioneros y su trabajo eran percibidos como competidores, bien por los grupos y autoridades religiosas japonesas, bien por el gobierno colonial español, ambas provincias de la orden se estabilizaron durante el periodo de consolidación, cuando aumentó el número de jesuitas que actuaban como gestores interculturales de éxito. Estos éxitos, sin embargo, se vieron finalmente amenazados por un conflicto con las autoridades locales en Japón o un conflicto interno sobre la naturaleza de la misión per se en Perú. Estos hechos ponen de manifiesto que el capital humano, especialmente los conocimientos lingüísticos y una mentalidad global, son aspectos vitales a tener en cuenta para el éxito de la gestión intercultural. Sin embargo, los acontecimientos políticos, tanto desde una perspectiva regional como global, también deben tenerse en cuenta para que la estrategia de gestión tenga éxito. Aunque los conocimientos lingüísticos puedan considerarse un factor esencial, difícilmente bastarán por sí solos para garantizar la supervivencia en una crisis real.

El análisis cualitativo longitudinal de los dos estudios de caso de Japón y Perú confirma las reflexiones teóricas de estudios recientes que subrayan la necesidad de que las PYMEs en expansión presten atención a las diferencias culturales cuando se introducen en nuevos mercados. La demanda de una gestión intercultural constructiva que considere la interculturalidad como una condición previa para la eficacia empresarial y apunte hacia posibles efectos sinérgicos puede comprobarse observando más de cerca a los misioneros jesuitas en Japón y Perú. Aunque algunos de los jesuitas intentaron especialmente utilizar dichos efectos sinérgicos, sus misiones acabaron fracasando, no porque no invirtieran suficientes esfuerzos en adquirir capital humano, es decir, conocimientos lingüísticos, sino porque fracasaron a la hora de utilizar las sinergias locales mediante la inclusión de indígenas en los rangos superiores de la dirección de la Orden Jesuita. Los jesuitas tuvieron que recurrir al capital humano disponible para construir lo que Liebowitz (2000) denominó "inteligencia organizativa". Dado que los misioneros proporcionaban informes periódicos debido a la tradición jesuita de escribir cartas (Boswell, 2003), este proceso de organización puede identificarse también en sus actividades misioneras en Japón y Perú. Por lo tanto, la afirmación de Mione de que la "economía intangible" moderna está desafiando la "visión tradicional de la gestión" (2015, 49) solo es correcta en parte (véase también Teece, 2010; Zott & Amit, 2010), especialmente en lo que respecta al capital humano, que es importante para las empresas modernas en muchos aspectos (Adler, 2002; Cricelli et al., 2013). Polo et al. tienen razón en su evaluación de que la "importancia y trascendencia de los intangibles en los últimos años parece incuestionable" (2014, 126; véase también Grimaldi et al., 2017), pero este estudio demuestra que los intangibles en general, así como el capital humano en particular, ya eran importantes para el éxito de la gestión intercultural religiosa en los siglos XVI y XVII.

El presente estudio también podría hacer hincapié en la suposición de que la educación lingüística es una habilidad intercultural crucial que estimulará positivamente el rendimiento empresarial en un contexto espacial culturalmente diferente. Mientras que los jesuitas de Japón y Perú tuvieron problemas con competidores religiosos o autoridades locales durante el periodo de entrada, los misioneros de ambos contextos regionales pudieron aumentar su rendimiento gracias a un estudio más intensivo de las lenguas indígenas. Por consiguiente, los intentos de internacionalización de los jesuitas estaban relacionados en primer lugar con las lenguas y no sólo se basaban en su mentalidad global, sino que también la estimulaban. Sus habilidades lingüísticas, que pueden considerarse "indicadores de experiencia multicultural" (Thomas et al., 2015, 1107), permitieron a los jesuitas establecer líneas para la comunicación intercultural, abordando los contextos locales de sus respectivas actividades de gestión religiosa (Sánchez Salgado, 2017). Al igual que los gestores contemporáneos, los jesuitas se enfrentaron a desafíos que exigían competencias de gestión global (Bücker & Poutsma, 2010), en primer lugar, la capacidad de comunicarse de una manera "interculturalmente" aceptable. Por supuesto, el latín era la palabra de la Biblia, así que para predicar sobre ella y explicar su contenido, los jesuitas necesitaban recurrir a las lenguas locales. De lo contrario, el peligro de ser percibidos simplemente como un "culto" menor, especialmente en el contexto asiático, es decir, budista, con sus miríadas de dioses, era demasiado grande.

Furuya et al. (2009, 202) definieron cuatro factores para una "transferencia exitosa de competencias de gestión global", a saber:

1. apoyo organizativo beneficioso,
1. características positivas de personalidad intercultural,
2. autoajuste positivo, y
3. las políticas y prácticas de repatriación constructiva de la empresa.

Los tres primeros, en particular, pueden identificarse también con respecto a los jesuitas, que formaban a sus misioneros y los preparaban lo mejor posible para sus tareas en las provincias de la orden, y también les proporcionaban la base para una mentalidad global, es decir, características interculturales positivas de la personalidad. También se les animaba a intercambiar sus opiniones con los compañeros a efectos de autoevaluación y autoajuste.

La exposición de los jesuitas a otras culturas estimuló la necesidad de estudiar las lenguas de las respectivas provincias, y los que lo hicieron sentaron las bases para una labor misionera exitosa y, al mismo tiempo, aumentaron aún más no solo su capital humano individual, sino su mentalidad global, así como la de la institución (la Orden Jesuita) en su conjunto. En consecuencia, se convirtieron en multilingües y "eficaces esparcidores de fronteras" (Jaeger, Kim, & Butt, 2016, 248), que aumentarían aún más la tasa de éxito de las nuevas misiones jesuitas. En Japón, Alessandro Valignano se dio cuenta de la importancia de las habilidades lingüísticas e instruyó a los jesuitas locales para que estudiaran japonés, aunque no solo como medida para mejorar la comunicación, sino para mejorar la comprensión cultural de los japoneses. Peticiones similares fracasaron en el contexto peruano, donde los misioneros que apoyaban un mayor fortalecimiento de la interculturalidad y el estudio de las lenguas indígenas no pudieron presionar con éxito a favor de su demanda.

Los jesuitas peruanos estaban divididos, y la mayoría se consideraba al servicio de la élite colonial y, en lugar de ocuparse de los indígenas de la periferia de la colonia, pretendían reproducir las estructuras educativas por las que los jesuitas eran tan conocidos en el contexto europeo.

Considerando la combinación del capital humano y la mentalidad global, el presente estudio muestra que esta última parece ser más importante, ya que los jesuitas que no hablaban el idioma en Japón o Perú podían actuar como gestores de éxito siempre que estuvieran dispuestos a aceptar la interculturalidad existente y a abordarla adecuadamente, por ejemplo, contando con el apoyo de los indígenas que actuaban como traductores y, por tanto, como apoyo para los enfoques jesuitas hacia el proselitismo dentro de sus respectivos contextos de trabajo misionero. Por lo tanto, es posible argumentar que una mentalidad global sin conocimientos lingüísticos puede ser suficiente para generar una gestión intercultural exitosa, mientras que los conocimientos lingüísticos por sí solos no serán suficientes si el lenguaje sólo se entiende como una herramienta para comunicarse en lugar de una para acercar a personas culturalmente diferentes para asegurar los efectos sinérgicos de dicha cooperación. En el caso de los jesuitas en Japón y Perú, así como en otras provincias misioneras de la orden, la mentalidad global puede describirse, no obstante, en un doble sentido. Como todos los jesuitas acordaron con su iniciación en la orden estar dispuestos a seguir cualquier misión, sin importar a dónde les llevara, la mentalidad global como actitud básica era técnicamente ya un prerrequisito antes de que comenzaran sus misiones. En consecuencia, la condición previa de "exposición cultural" con respecto a su misión habría aumentado o mejorado la "competencia intercultural" de los misioneros (Dias, Zhou y Samaratunge, 2017). En los casos específicos de Japón y Perú, sin embargo, se pueden utilizar dos aspectos adicionales para tomar una decisión sobre los jesuitas individuales a la hora de determinar la existencia o ausencia de una fuerte mentalidad global.

1. Si los jesuitas hubieran podido acumular experiencias en entornos culturalmente diferentes, es decir, si hubieran servido en la India, China, México u otras partes de América Latina, las posibilidades de que su misión en Japón o Perú no hubiera sido tan difícil, como para alguien que hubiese sido enviado a estas provincias como primer destino misionero, habrían sido mucho mayores. Para tomar una decisión concluyente sobre la existencia o ausencia de una mentalidad global con respecto a los misioneros jesuitas en cuestión, es vital incluir datos sobre las misiones anteriores.

2. Aún más importante para identificar una mentalidad global, además de la experiencia previa en entornos o contextos culturalmente diferentes, es la flexibilidad dogmática de los misioneros jesuitas. ¿Eran capaces y estaban dispuestos a adaptar su "mensaje religioso" para llegar a las

personas que querían convertir, o eran reacios a adaptarlo a un contexto culturalmente diferente? Esta pregunta debe responderse para los jesuitas individuales, la alta dirección de las provincias en las que se centra el presente estudio, para incluir información sobre la existencia o ausencia de una mentalidad global en la evaluación del éxito de la expansión global de los jesuitas, es decir, el éxito de su gestión intercultural en Japón y Perú.

El análisis del capital humano de los gestores jesuitas, es decir, sus competencias lingüísticas, combinado con una evaluación de su mentalidad global, teóricamente considerada como una aportación al capital humano de una empresa a través de la "educación intercultural" (Burford et al., 2012; Ng, Tan, & Ang, 2011), permite al presente libro, considerando también elementos externos como el contexto político en las provincias de la orden, evaluar la gestión intercultural de los jesuitas y los factores relevantes para su éxito o fracaso.

Al igual que la expansión misionera de los jesuitas (Coello de la Rosa, 2022, 175), la "internacionalización en las PYMEs es un fenómeno complejo" (Zhou, Wu & Luo, 2007, 674) que se apoya desde el principio también en las redes y en el intercambio de conocimientos (Ellis, 2000). Zhou, Wu y Luo (2007) también recomiendan tener en cuenta el papel de las redes sociales para el éxito de la internacionalización de las PYMEs (véase también Adler y Kwon, 2002). También es importante no olvidar el papel de los intermediarios extranjeros locales (Ellis, 2000; Ellis & Pecotich, 2001), por ejemplo, los traductores, que desempeñan un papel clave en el éxito de la entrada en el mercado de una PYME en expansión. Los jesuitas lo sabían y recurrieron a tales intermediarios durante su expansión en el siglo XVI y tuvieron que gestionar cuestiones que siguen siendo acuciantes para las PYMEs de hoy en día. En consecuencia, el presente estudio ha abordado cuestiones relacionadas con el capital humano y la mentalidad global que pueden ofrecer una mejor visión de los procesos históricos de expansión empresarial, de la que pueden sacar provecho los directivos que actualmente trabajan en PYMEs que se expanden a escala mundial.

No obstante, una gestión intercultural más constructiva podría haber ayudado a los jesuitas a utilizar sus conocimientos lingüísticos y su mentalidad global de un modo más eficaz para reforzar su posición en Japón y Perú, y la falta de sinergias proactivas por parte de la Orden Jesuita en Japón y Perú hace necesario recomendar una formación en gestión culturalmente más consciente para las empresas en expansión global en general y las PYMEs actuales que intentan llevar a cabo una entrada exitosa en el mercado en un contexto culturalmente "extranjero" en particular. Mientras que los estudios relacionados con la gestión intercultural constructiva han hecho hincapié en los efectos positivos de estas sinergias y tienden a considerar la interculturalidad como una oportunidad y no como una carga, el presente estudio ha podido demostrarlo, aunque sólo hasta cierto punto en el que las decisiones se basan en motivaciones culturales. Cuando se toman decisiones políticas contra la PYMEs en expansión, como contra los jesuitas en Japón y Perú a principios del siglo XVII, los aspectos interculturales dejan de tener importancia. Los conocimientos lingüísticos y la mentalidad global de los jesuitas no pudieron hacer nada contra la decisión de la Corona española de reasignar la orden provincial ni contra la orden de Tokugawa Ieyasu de expulsar a todos los cristianos de Japón.

Capítulo 6
Recomendaciones relativas a la gestión

A pesar de que los intentos misioneros de los jesuitas en Japón y Perú fracasaron, aunque estos últimos siguieron existiendo en diferentes estructuras y formas hasta la década de 1760, cuando la Corona española expulsó a los jesuitas de Hispanoamérica, de ambos casos se pueden condensar algunas recomendaciones relacionadas con la gestión que pueden aplicar las PYMEs de hoy en día que planean su futura internacionalización y expansión a mercados extranjeros y culturalmente diferentes. Estas recomendaciones se presentarán en esta sección en relación con cinco aspectos centrales: en primer lugar, las competencias lingüísticas y la mentalidad global, pero también las jerarquías estructurales, el elemento autóctono y los factores externos que repercuten en el rendimiento de una empresa. Aunque los datos se recogieron en relación con casos históricos, pueden, como se ha dicho antes, utilizarse para ofrecer recomendaciones a las PYMEs actuales que luchan con problemas similares a los de los jesuitas cuando entran en mercados culturalmente diferentes hoy en día.

El papel de la lengua
Como demuestra la lectura atenta de los datos disponibles sobre los jesuitas que trabajaron en Japón y Perú en los siglos XVI y XVII, la lengua por sí sola rara vez bastará o garantizará el éxito si no se combina con una mentalidad global. Sin embargo, una mentalidad global que no pueda combinarse con la labor de un intermediario fiable que garantice el proceso de traducción también es bastante limitada. Las PYMEs globalizadoras que pretendan expandirse a mercados internacionales y culturalmente diferentes se beneficiarían de directivos que realmente dominen el idioma y sean capaces de combinar este dominio con una mentalidad global. Además, la lengua no sólo debe entenderse como una herramienta de comunicación, sino como una posibilidad de salvar las diferencias culturales a través de la experiencia. Por un lado, sólo si se habla activamente una lengua será útil para llenar lagunas sobre el contexto culturalmente diferente. Además, el intento de comprometerse con la lengua local hace más creíble el acercamiento real al mercado extranjero. Los jesuitas de Perú, que querían reforzar su formación con respecto a las lenguas indígenas, al igual que Valignano intentó con su programa de alojamiento en Japón, querían asegurarse de que se podía llegar adecuadamente a las personas a las que se dirigían en estos mercados extranjeros. Al mismo tiempo, se disminuiría la "extranjeridad" de la organización, lo que la haría más creíble y menos extraña para quienes debían relacionarse con ella.

Por otra parte, es el contexto local el que determina la importancia de los conocimientos lingüísticos de los directivos. Si el mercado al que pretende acceder la PYME ya está muy internacionalizado, es decir, integrado en la economía global, menos crítica puede ser la formación de los directivos en lo que respecta a la lengua local. Considerando el caso peruano, los jesuitas de allí tenían menos necesidad de capacidades lingüísticas con respecto a las lenguas indígenas que los jesuitas de Japón. En Perú, los misioneros no sólo podían confiar en el español como lengua franca, que además estaba representada y era aplicada por las autoridades locales, sino que además sólo necesitaban conocimientos lingüísticos si realmente pretendían dirigirse al grupo específico de posibles conversos que sólo entendían una lengua indígena. Por consiguiente, son el contexto local, la necesidad de la empresa y el grupo al que hay que dirigirse los que determinan la exigencia de que los directivos se familiaricen con la lengua local. Pero, sin duda, para la credibilidad de una empresa en un contexto culturalmente diferente, tiene sentido demostrar que sus directivos, como representantes de la PYME, no pretenden únicamente explotar el mercado extranjero para obtener beneficios económicos, sino que están dispuestos a invertir tiempo y esfuerzo para dirigirse adecuadamente a las personas y a la cultura vinculadas a este mercado extranjero.

En resumen, la formación lingüística de los directivos nunca es una mala idea, pero sólo es realmente necesaria si el contexto local dicta que es necesaria para superar posibles obstáculos en los mercados en los que se supone que va a penetrar una PYME en vías de globalización.

El papel de una mentalidad global
Basándonos en los dos casos que se han analizado en el presente estudio, es posible afirmar que una mentalidad global es incluso más importante que el dominio o las habilidades lingüísticas para los directivos que tienen que actuar en un entorno o contexto culturalmente diferente. Algunos casos, como el de Valignano en Japón o el de Acosta en Perú, documentan que a veces no es necesario ser un hablante avanzado de una lengua extranjera siempre que el directivo en cuestión esté dispuesto a aceptar la existencia y el impacto de las diferencias culturales y la necesidad de actuar adecuadamente.

En consecuencia, se puede recomendar a las PYMEs que pretendan expandirse a mercados globales culturalmente diferentes que busquen directivos con mentalidad global para dirigir dicha expansión. Lo ideal sería que estos directivos también fueran capaces de demostrar su competencia lingüística. Si esto no fuera posible, los directivos con mentalidad global normalmente se darían cuenta de esta insuficiencia y encontrarían soluciones adecuadas. Al mismo tiempo, los directivos con dominio de idiomas que no posean una mentalidad global podrían ser candidatos inadecuados para tal tarea, ya que podrían no ser capaces de abordar la situación de la manera adecuada, especialmente cuando se necesita flexibilidad cultural.

El caso de Perú, sin embargo, también puso de manifiesto que una mentalidad global puede ser problemática si el contexto del mercado no está preparado para los valores progresistas. Un directivo que, por ejemplo, quiera replicar inmediatamente estructuras empresariales aceptadas en un contexto cultural diferente podría chocar con las autoridades locales. Aunque es importante que las PYMEs aporten progreso al mercado al que pretenden expandirse, los directivos en cuestión tienen que ser conscientes de la situación existente para evitar cualquier enfrentamiento. Este hecho plantea un dilema a todas las PYMEs liberales occidentales que desean expandirse a mercados dominados políticamente por fuerzas antiliberales, por ejemplo, China. Un directivo con éxito intentará evitar un choque directo de intereses y, con su trabajo, tratará de influir positivamente en el contexto local. Para resumir las conclusiones relativas a la mentalidad global, ésta es más importante que las capacidades lingüísticas y, en el mejor de los casos, debería combinarse con ellas, aunque, una vez más, el contexto local del mercado determina hasta qué punto una mentalidad global puede convertirse en acción. Los misioneros progresistas se vieron limitados por sus propias autoridades coloniales en Perú y, en Japón, por el orden social vigente desde hacía siglos. Por consiguiente, una mentalidad global sólo era posible si resultaba aceptable para quienes ostentaban el poder político. Consideraciones similares, por muy aleccionadora que pueda ser esta conclusión, deben tenerse en cuenta cuando una PYME moderna decide expandirse a un mercado culturalmente diferente. Basándose en estas consideraciones, podrá entonces nombrar o contratar a los directivos más adecuados.

Jerarquías claras

Un problema que se hizo evidente durante el análisis de los estudios de caso fue el de las jerarquías conflictivas o poco claras. Las luchas entre Valignano y Cabral y entre Duran y Álvarez fueron consecuencia de jerarquías poco claras y de la falta de una agenda clara para el respectivo contexto local. Para las PYMEs que pretendan expandirse en la actualidad, se recomienda encarecidamente que eviten los conflictos locales mediante las siguientes medidas:

1. Evitar la asignación de directivos que no compartan la misma actitud básica hacia la tarea;
2. Esquemas oficiales de tareas y estrategias aceptables para directivos destinados a mercados extranjeros y culturalmente diferentes;
3. Descripciones claras de las medidas que pueden adoptar los respectivos directivos, es decir, la provisión de algún tipo de código de gestión; y
4. Deben establecerse jerarquías claras, aunque también controles y equilibrios, por ejemplo, posibilidades de reclamación en el nivel inmediatamente superior.

Si se tienen plenamente en cuenta estas medidas, lo más probable es que su aplicación evite conflictos locales y, por tanto, problemas para la empresa durante su actividad en mercados extranjeros y culturalmente diferentes. Una PYME que pretenda expandirse a escala mundial debe ser consciente de las posibles luchas en torno a las estrategias y los métodos aplicados en el nuevo entorno, y sólo unas directrices claras parecen capaces de prevenir las disputas de gestión que podrían obstaculizar el éxito de la gestión intercultural en el contexto local.

El elemento indígena

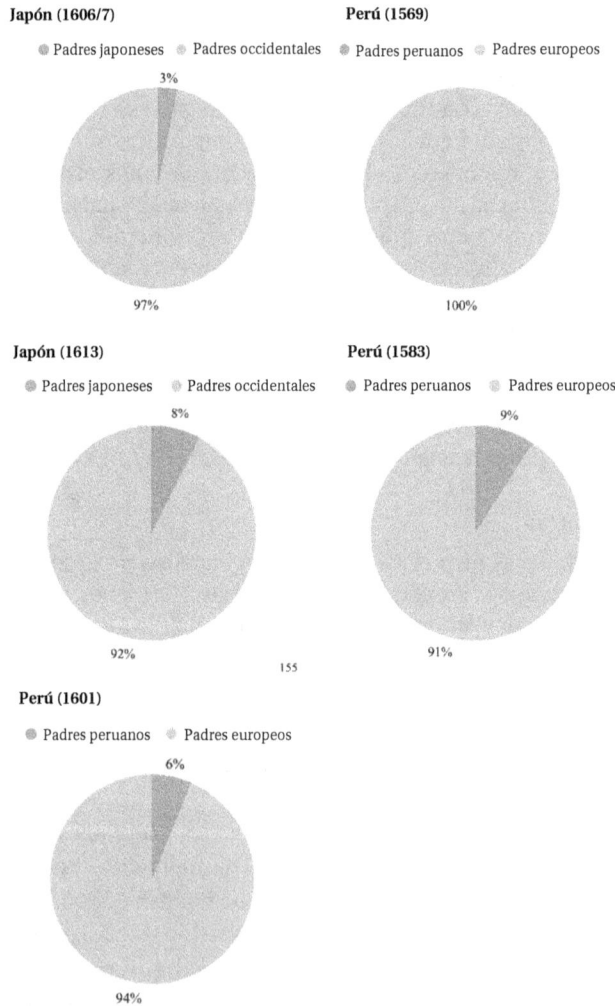

Fig. 6.1: El porcentaje de padres jesuitas indígenas en Japón y Perú según los datos disponibles.

Recomendaciones relativas a la gestión 155

Los dos casos analizados muestran que los jesuitas no incluyeron a los gestores indígenas a la hora de desarrollar sus respectivas actividades misioneras.

Tanto en Japón como en Perú, los jesuitas no consiguieron integrar a los indígenas en los puestos directivos, lo que acabó por hacer que la organización pareciera extranjera. Esto hizo imposible cualquier defensa contra un orden político cambiado, ya que la Compañía de Jesús y sus representantes fueron considerados simplemente agentes de un interés extranjero. En Japón fueron expulsados, mientras que en Perú los indígenas quizá no confiaban en los planteamientos de una orden misionera cuyas estructuras no hacían sino reproducir las de las élites coloniales.

Para una PYME en expansión interesada en actuar con éxito en un mercado culturalmente diferente, se recomienda considerar la posibilidad de abordar esta cuestión. En primer lugar, la integración de directivos locales ayudará a desarrollar aún más la capacidad lingüística de la empresa en su conjunto, mientras que su integración, sin duda alguna, también proporcionará un estímulo positivo adicional con respecto a la mentalidad global en la estructura organizativa.

El factor externo

Los análisis de los casos de Japón y Perú han demostrado que el factor externo es el más importante. El estudio del caso japonés, en particular, subraya que la capacidad lingüística y una mentalidad global no contarán en absoluto si las circunstancias políticas cambian y se presenta así una situación bastante desfavorable para la organización en expansión. En el Japón de los primeros Tokugawa, los jesuitas sólo podían reaccionar, y algunos de los líderes que se centraron en la comunidad cristiana de Nagasaki en lugar de adoptar una actitud proactiva hacia Tokugawa Ieyasu debieron de perder oportunidades de asegurar la existencia futura de la Compañía de Jesús en Japón. Lo mismo se puede destacar en el caso peruano, ya que las autoridades acabaron reestructurando el entorno colonial. Por supuesto, los misioneros jesuitas pudieron continuar sus actividades en los espacios coloniales recién formados (por ejemplo, en Paraguay: véase Lozano, 1754; Caraman, 1975; Nonnemann, 2009), pero tampoco podrían haber evitado otros cambios realizados por las autoridades coloniales en ese momento.

Por lo tanto, las PYMEs modernas también deben prestar mucha atención a los acontecimientos políticos relacionados con su mercado de interés. No sólo tienen que prestar mucha atención a la situación política y a la estabilidad cuando entran en el mercado, sino que también deben vigilar los acontecimientos todo el tiempo. Además, deben tratar de utilizar el dominio de idiomas y una mentalidad global para generar proactivamente una cooperación positiva con el gobierno extranjero que garantice buenos lazos en momentos de crisis. En última instancia, los jesuitas de Japón y Perú no tenían posibilidad de interferir en los cambios impuestos políticamente, sino que sólo podían abandonar el país o intentar ajustar su labor misionera a las nuevas posibilidades, respectivamente. Dado que una PYME activa a escala mundial no quiere verse obligada a enfrentarse a una serie de opciones similares, es muy recomendable no actuar sin un análisis a largo plazo de los acontecimientos políticos que puedan tener lugar en el contexto de los mercados internacionales más interesantes.

Resumen

Una PYME interesada en el éxito de la gestión intercultural, según los resultados de los dos estudios de casos presentados en este libro, debe:

1. Ocuparse de que su personal directivo reciba una formación lingüística adecuada y adaptada al contexto antes de entrar en el mercado, si se considera necesario, especialmente cuando no se dispone de intermediarios locales.

2. Conseguir un personal directivo para la expansión del mercado que tenga más probabilidades de actuar de acuerdo con una mentalidad global.

3. Proporcionar una descripción clara de la tarea y, al mismo tiempo, esbozar las jerarquías que deben seguirse en el contexto de la expansión del mercado extranjero.

4. Animar a la dirección a que incluya personal autóctono y ofrezca posibilidades suficientes para su promoción dentro de la organización, es decir, accesibilidad a puestos directivos superiores para personas contratadas en espacios culturalmente diferentes.

5. Hacer un seguimiento constante de la evolución política local y buscar de forma proactiva la manera de destacar las ventajas de la expansión para la población del país extranjero, a fin de evitar un cese abrupto de la actividad de la PYME debido a los cambios políticos.

Capítulo 7

Conclusión

El presente libro pretende ofrecer un estudio de caso histórico longitudinal comparativo que analice el papel del capital humano, y de las competencias lingüísticas en particular, y de una mentalidad global en el éxito de la gestión intercultural. Se considera que la Compañía de Jesús, para ser más precisos, los padres que la sirvieron en los contextos culturalmente diferentes de Japón y Perú durante los siglos XVI y principios del XVII, actuaba como una PYME moderna, por lo que una mirada más atenta a los casos históricos permite evaluar el impacto que las competencias lingüísticas y una mentalidad global pueden tener para el éxito de la gestión intercultural en contextos de mercado culturalmente diversos, especialmente para las PYMEs globalizadoras cuyos directivos pretenden expandirse a mercados desconocidos.

Los estudios de caso permitieron comprender la evolución histórica de las provincias de Japón y Perú. Ambas historias se dividieron en tres periodos: 1) un periodo de entrada, 2) un periodo de consolidación y 3) un periodo de declive. Se recopilaron y evaluaron los datos personales de los padres activos, más de 200 conjuntos de datos individuales, en relación con los conocimientos lingüísticos existentes, la mentalidad global y los posibles conflictos con las autoridades locales. Se demostró que los conocimientos lingüísticos eran importantes, pero en un grado relativamente bajo en el periodo de ingreso, cuando los conflictos solían ser consecuencia de la competencia con representantes de otras organizaciones religiosas: monjes budistas en Japón y el gobierno colonial y la Inquisición en Perú. No obstante, el periodo de entrada fue más fácil en este último caso, ya que el contexto peruano proporcionó a los jesuitas una "situación de mercado" determinada por agentes coloniales que compartían las mismas tradiciones culturales y el mismo sistema de valores. En Japón, los misioneros tuvieron que contar con el apoyo de traductores locales antes de que los primeros jesuitas pudieran dominar las lenguas. Sin embargo, la mentalidad global de hombres como Francisco Xavier proporcionó a la orden una gestión intercultural exitosa e hizo posible la penetración y el inicio de la misión en Japón.

El periodo de consolidación, bajo hombres "ilustrados" como Alessandro Valignano y José de Acosta, demostró que una mentalidad global parecía ser más importante que los conocimientos lingüísticos para estimular el éxito de la conversión de los indígenas al cristianismo, pero ambos hombres también se dieron cuenta de que para el éxito a largo plazo, en Japón en general y en Perú con respecto a la conversión de las tribus indígenas, era esencial estudiar la(s) lengua(s), razón por la cual animaron a los padres de los respectivos contextos a estudiarlas. En Japón, Valignano llegó a formular el concepto de "acomodación cultural" porque se dio cuenta de que, en última instancia, los misioneros cristianos no podrían tener éxito si no se adaptaban al modo de vida japonés. En consecuencia, Valignano subrayó la importancia de los conocimientos lingüísticos en combinación con una mentalidad global y entró en conflicto con Francisco Cabral, el primer jesuita en Japón, que no compartía ese enfoque para los misioneros jesuitas (Schütte, 1951; 1975). La presión para aclimatarse culturalmente en Perú no era tan acuciante como en Japón, especialmente en las ciudades, donde los colegios jesuitas recreaban ambientes de tipo europeo. En las regiones periféricas de la gran provincia peruana, sin embargo, las *reducciones* y la evangelización de los indígenas, a los que había que explicar los fundamentos de la religión cristiana, exigían una capacidad específica en cuanto a conocimientos lingüísticos. En consecuencia, los jesuitas que sirvieron en estas regiones estaban mucho más familiarizados con las lenguas indígenas. Esta división, en el caso peruano, acabaría provocando también una lucha entre las dos facciones: la proeuropea, basada en la ciudad, y la proindígena, basada en la periferia.

En el periodo de decadencia, las opiniones de estas dos facciones chocarían, y los jesuitas se debatirían sobre el curso apropiado a seguir para abordar la educación lingüística y las cuestiones relacionadas con cierta flexibilidad dogmática. En Japón, mientras tanto, la situación había empeorado cuando primero Toyotomi Hideyoshi y después Tokugawa Ieyasu empezaron a firmar decretos contra el cristianismo en Japón. Aunque Valignano, a través de negociaciones con Toyotomi Hideyoshi, pudo asegurar la existencia de la misión jesuita en el país insular, los misioneros fueron finalmente expulsados en 1614 y no pudieron hacer nada al respecto, a pesar de que la mayoría de los jesuitas allí habían aplicado la estrategia de acomodación de Valignano y también habían estudiado el idioma. Mientras que el caso peruano terminó debido a una reconfiguración burocrática que permitió a los jesuitas continuar su labor local como parte de una estructura colonial diferente, el caso japonés terminó de forma violenta, y los jesuitas que no abandonaron el país como se les había ordenado fueron asesinados.

Tomando los dos casos con más detenimiento, se puede decir que la educación lingüística es sin duda importante y sirve más allá del uso práctico de traducir palabras. Es mucho más que eso, ya que ayuda a explicar y comprender las diferencias culturales y los elementos básicos de la religión que debían ofrecerse a los posibles conversos. En ambos casos, los conocimientos lingüísticos de los jesuitas fueron esenciales para garantizar el éxito durante el periodo de consolidación. Sin embargo, también se demostró que las habilidades lingüísticas por sí solas a menudo no bastan y que es la mentalidad global lo que resulta aún más importante, sobre todo porque los negociadores de éxito que comprendían la existencia de la diversidad cultural y su posible impacto tenían muchas más probabilidades de conseguir el apoyo de las autoridades locales que aquellos que hablaban el idioma pero no tenían la mentalidad lo suficientemente abierta como para alcanzar algunos compromisos dictados por el contexto local.

Lo ideal sería que una PYME de hoy en día intentara combinar la capacidad lingüística y una mentalidad global en lo que respecta al conjunto de habilidades más buscadas de sus directivos. Sólo una combinación de ambas garantizará una gestión intercultural mucho mejor, especialmente en lo que respecta a los mercados que no comparten una lingua franca occidental, como Japón o la China moderna. Las empresas deben elegir sabiamente a quién envían a un mercado recién abierto al que se han expandido las PYMEs, ya que estos directivos serán importantes para garantizar una entrada con éxito en el mercado y un desarrollo positivo a largo plazo.

En ambos casos, la orden de los jesuitas no incluyó suficientemente el elemento autóctono en su estrategia de mercado, ya que no se permitió la presencia de japoneses y peruanos en los rangos superiores en gran número, por lo que los jesuitas mantuvieron una "imagen extranjera" a los ojos de las autoridades locales. Especialmente en el caso de estos últimos, se recomienda incluir desde el principio a directivos locales en las estructuras de la empresa, ya que estas estrategias simbióticas también podrían proteger a la PYME de futuros antagonismos, aunque esto no se podría haber resuelto o evitado del todo en los casos japonés y peruano.

Como se ha demostrado, existen factores externos particulares que las PYMEs en expansión mundial deben vigilar. A este respecto, los conocimientos lingüísticos y una mentalidad global son importantes, ya que permiten a la dirección local establecer vínculos con las autoridades extranjeras y ganarse su confianza. La inclusión de la mano de obra local en puestos directivos superiores, como ya se ha señalado, aumentará esta confianza. Estas medidas nunca podrán evitar por completo un resultado negativo, pero sin duda aumentarán las posibilidades de éxito de la expansión.

En un principio, se planteó la cuestión de qué conocimientos podían obtener las PYMEs modernas de un estudio de caso histórico. Como se ha demostrado, hay mucho que aprender del pasado, especialmente sobre estrategias de gestión intercultural de éxito. Los jesuitas fueron de los primeros en expandirse a regiones del mundo culturalmente desconocidas. Querían extender el cristianismo por todo el planeta, pero también tuvieron que actuar a menudo como gestores que debían enfrentarse a problemas que no son muy diferentes de los que tienen que afrontar hoy los directivos de las PYMEs. La elección de los directivos es en realidad una decisión crítica para las PYMEs globalizadoras, y se recomienda, basándose en el presente estudio de caso, elegirlos adecuadamente, sobre todo con vistas a que tengan una mentalidad global y la existencia de, o al menos la voluntad de estudiar para conseguir, un dominio del idioma que puede tener tantos efectos positivos, como los tuvieron los conocimientos lingüísticos de los jesuitas tanto en Japón como en Perú.

A menudo se argumenta que las experiencias históricas ofrecen algo de lo que aprender para nuestros días y, como se ha demostrado en este estudio de caso histórico longitudinal comparativo, los jesuitas y sus experiencias en Japón y Perú muestran lo que puede ocurrir si las organizaciones en expansión no tienen en cuenta que la combinación de una mentalidad global y el conocimiento de idiomas es lo que permite a las empresas expandirse con éxito, en primer lugar, así como asegurar su posición durante un periodo de consolidación o defender su cuota de mercado en tiempos de crisis.

El presente estudio pretende comparar la gestión intercultural de la Orden de los Jesuitas en dos contextos culturalmente diferentes en los siglos XVI y XVII. Este tipo de estudios deberían contemplar la interculturalidad desde ambos lados del proceso intercultural o transcultural en cuestión, pero las fuentes a menudo sólo ofrecen la perspectiva jesuita sobre los debates existentes acerca de la asimilación cultural y las prácticas de gestión intercultural. Por tanto, una limitación de este estudio es que sigue siendo culturalmente unilateral, en el sentido de que la interculturalidad sólo se ha estudiado desde una perspectiva, la jesuita.

Otra limitación podría ser la concentración en sólo dos estudios de casos, especialmente porque los jesuitas operaban a nivel mundial, y habría tenido sentido 1) incluir más casos en el análisis y 2) seguir a algunos directivos jesuitas a través de las diferentes estaciones de su carrera directiva para fortalecer aún más la comprensión y evaluabilidad de sus competencias interculturales.

Independientemente de estas limitaciones, las ideas y los resultados aquí presentados permiten comprender mejor la gestión intercultural a principios de la Edad Moderna, pero quedan temas que deberían seguir investigándose. Tendría sentido ampliar aún más la perspectiva comparativa e incluir a México y China, por citar sólo dos posibles ejemplos, con el fin de añadir datos al análisis y buscar más similitudes y posibles diferencias. De este modo, el enfoque aquí utilizado se globalizaría aún más, y los conjuntos de datos adicionales ayudarían a reforzar las recomendaciones de gestión aquí ofrecidas a partir de los dos casos comparados. Aún queda mucho por aprender de los "gestores" históricos en cuestión, y las numerosas y diversas fuentes que han dejado los jesuitas nos permitirán evaluaciones más críticas en el futuro. El presente libro ha sido un primer paso para aprovechar estos materiales para los gestores de hoy en día y para aquellos cuyo éxito depende de ellos y de su buen desempeño, que, sin duda, seguirá estando relacionado con una comprensión positiva de la interculturalidad y de las sinergias que puede crear.

Obras citadas

Acosta, J. de. (1590). *Historia natural y moral de las Indias, en que se tratan de las cosas notables del cielo, y elementos, metales, plantas, y animales dellas, y los ritos, y ceremonias, leyes, y gouierno, y guerras de los Indios.* Iuan de Leon.

Acosta, J. de. (1605). *America, Oder wie mans zu Teutsch nennet Die Neuwe Welt/ oder West India.* Cornelium Sutorium.

Acosta, J. de. (1670). *De promulgando evangelio apud Barbaros, sive de procurando indorum salute.* Laurent Anisson.

Acosta, J. de. (1987) [1588]. *Historia natural y moral de las Indias.* Historia.

Acosta Rodríguez, A. (2014). *Prácticas coloniales de la Iglesia en el Perú: Siglos XVI y XVII.* Aconcagua Libros.

Adelaar, W. F. H. (2020). Linguistic Connections between the Altiplano Region and the Amazonian Lowlands. En A. J. Pearce, D. G. Beresford-Jones, & P. Heggarty (Eds.), *Rethinking the Andes-Amazonia Divide: A Cross-Disciplinary Exploration* (pp. 239–249). University College London Press.

Adler, N. J. (1983). A Typology of Management Studies Involving Culture. *Journal of International Business Studies, 14*(2), 29–47.

Adler, P. S., & Kwon, S. W. (2002). Social Capital Prospects for a New Concept. *Academy of Management Review, 27*, 17–40.

Aharoni, Y., & Brock, D. M. (2010). International Business Research: Looking Back and Looking Forward. *Journal of International Management, 16*(1), 5–15.

Ahi, A., Baronchelli, G., Kuivalainen, O., & Piantoni, M. (2017). International Market Entry: How Do Small and Medium-Sized Enterprises Make Decisions? *Journal of International Marketing, 25*(1), 1–21.

Alberro, S. (1992). *Les Espagnols dans le Mexique colonial: Histoire d'une acculturation.* A. Colin.

Alden, D. (1996). *The Making of an Enterprise: The Society of Jesus in Portugal, Its Empire, and Beyond 1540-1750.* Stanford University Press.

Álvarez-Taladriz, J. L. (1973). *Documentos franciscanos de la cristiandad de Japón (1593-1597): San Martín de la Ascensión y Fray Marcelo de Ribadeneira: Relaciones e informaciones.* Eikodo.

Alves Filho, P. E., & Milton, J. (2005). Inculturation and Acculturation in the Translation of Religious Texts: The Translations of Jesuit Priest José de Anchieta into Tupi in 16th Century Brazil. *Target, 17*(2), 275–296.

Amaro-Bebio, V. (2016). *Kōshi Nagasaki ni okeru kirishitan shisetsu ni kansuru kenkyū.* Tōkyō Daigaku.

Ambrogio, O., & Newson, L. A. (2020). Administration and Native Perceptions of Baptism at the Jesuit Peripheries of Spanish America (16th-18th centuries). En *Cultural Worlds of the Jesuits in Colonial Latin America* (pp. 149–169). University of London Press.

Anagnostou, S. (2005). Jesuits in Spanish America: Contributions to the Exploration of the American Materia Medica. *Pharmacy in History, 47*(1), 3–17.

Andersson, S., & Wictor, I. (2003). Innovative Internationalization in New Firms: Born Globals – The Swedish Case. *Journal of International Entrepreneurship*, *1*(3), 249–276.

Andresen, M., & Bergdolt, F. (2017). A Systematic Literature Review on the Definitions of Global Mindset and Cultural Intelligence: Merging Two Different Research Streams. *International Journal of Huma Resource Management*, *28*(1), 170–195.

An'no, M. (2014). Kyōkairyō Nagasaki: Iezusukai to Nihon. Kōdansha.

Anonymous. (1768). *Memorie per servir all'istoria del disacciamento dei Gesuiti, dai regni delle due Sicilie*.

App, U. (1997a). St. Francis Xavier's Discovery of Japanese Buddhism: A Chapter in the European Discovery of Buddhism (Part 1: Before the Arrival in Japan, 1547-1549). *The Eastern Buddhist, New Series*, *30*(1), 53–78.

App, U. (1997b). St. Francis Xavier's Discovery of Japanese Buddhism: A Chapter in the European Discovery of Buddhism (Part 2: From Kagoshima to Yamaguchi, 1549-1551). *The Eastern Buddhist, New Series*, *30*(2), 214–244.

Arimura, R. (2014). The Catholic Architecture of Early Modern Japan: Between Adaptation and Christian Identity. *Japan Review*, *27*, 53–76.

Armas Medina, F. (1953). *Cristianización del Perú, 1532–1600*. Consejo Superior de Investigaciones Científicas – Escuela de Estudios Hispano-Americanos.

Armstrong, M. (2006). *A Handbook of Human Resource Management Practice* (10. Aufl.). Kogan Page Publishers.

Arrelucea-Barrantes, M. (2012). Work, Family, and Honor: Understanding Colonial Slavery in Peru. *Review (Fernand Braudel Center)*, *35*(3–4), 273–296.

Avon, D., & Rocher, P. (2017). Historiography of the Society of Jesus: The Case of France after the Order's Restoration in 1814. En *Jesuit Historiography Online*. http://dx.doi.org/10.1163/2468-7723_jho_COM_192562

Balandier, G. (2001). La situation coloniale: Approche théorique. *Cahiers internationaux de sociologie*, *110*(1), 9–29.

Barmeyer, C. (2018). *Konstruktives Interkulturelles Management*. Vandenhoeck & Rupprecht.

Barmeyer, C., Bausch, M., & Moncayo, D. (2019). Cross-Cultural Management Research: Topics, Paradigms, and Methods—A journal-Based Longitudinal Analysis between 2001 and 2018. *International Journal of Cross Cultural Management*, *19*(2), 218–244.

Barmeyer, C., Bausch, M., & Mayrhofer, U. (2021). *Constructive Intercultural Management: Integrating Cultural Differences Successfully*. Edward Elgar.

Barmeyer, C., & Franklin, P. (2016a). Applying Competencies and Resources: Handling Cultural Otherness as the Second Step Towards Generating Complementarity and Sinergy from Cultural Diversity. En C. Barmeyer & P. Frankling (Eds.), *Intercultural Management: A Case-Based Approach to Achieving Complementarity and Synergy* (pp. 137–147). Palgrave Macmillan.

Barmeyer, C., & Franklin, P. (Eds.). (2016b). Intercultural Management. A Case-Based Approach to Achieving Complementarity and Synergy. Palgrave Macmillan.

Barmeyer, C., & Franklin, P. (2016c). Understanding Otherness and Discord: A Necessary but Insufficient First Step Towards Generating Complementarity and Sinergy from Cultural Diversity. En C. Barmeyer & P. Frankling (Eds.), *Intercultural Management: A Case-Based Approach to Achieving Complementarity and Synergy* (pp. 15–27). Palgrave Macmillan.

Barmeyer, C., & Mayrhofer, U. (2008). The Contribution of Intercultural Management to the Success of International Mergers and Acquisitions: An Analysis of the EADS Group. *International Business Review, 17*(1), 28–38.

Barmeyer, C., & Mayrhofer, U. (2010, December 9). *Does Culture Shape the Balance of Power in Multinational Companies? The Case of the EADS Group.* 36th Annual EIBA (European International Business Academy) Conference, Porto, Portugal. https://halshs.archives-ouvertes.fr/halshs-00638849

Barmeyer, C., & Mayrhofer, U. (2014). How Has the French Context Shaped the Organization of the Airbus Group? *International Journal of Organizational Analysis, 22*(4), 426–448.

Barmeyer, C., & Mayrhofer, U. (2020). Contextualizing Intercultural Competences: Genesis, Concepts, and Research Agenda. En B. Grasser, S. Loufrani-Fedida, & E. Oiry (Eds.), *Managing Competences: Research, Practice, and Contemporary Issues* (pp. 233–251). CRC Press.

Bartel-Radic, A. (2006). Intercultural Learning and Global Teams. *MIR: Management International Review, 46*(6), 647–677.

Bartel-Radic, A., & Lesca, N. (2011). Do Intercultural Teams Need "Requisite Variety" to be Effective? *International Management, 15*(3), 89–104.

Bartel-Radic, Anne. (2013). 'Estrangeirismo' and flexibility: Intercultural learning in Brazilian MNCs. *Management International, 17*(4), 239–253.

Bartel-Radic, Anne, Moos, J. C., & Long, S. K. (2015). Cross-Cultural Management Learning through Innovative Pedagogy: An Exploratory Study of Globally Distributed Student Teams. *Decision Sciences Journal of Innovative Education, 13*(4), 539–562.

Barthel, M. (1991). *Die Jesuiten: Giftmischer oder Heilige?* Nikol.

Barthes, R. (1977). *Elements of Semiology, transl. By Annette Lavers and Colin Smith.* Hill and Wang.

Bartoli, D. (1858). *The Life of St. Francis Xavier Apostle of the Indies and Japan.* T. Jones.

Basadre, J. (1947). *Meditaciones sobre el destino histórico del Perú.* Huascarán.

Bauer, R. & Marroquín Arredondo, J. (2019). Introduction: An Age of Translation. En Marroquín Arredondo, J. & Bauer, R. (Eds.). *Translating Nature: Cross-Cultural Histories of Early Modern Science* (pp. 1–23). University of Pennsylvania Press.

Beck, T. (2013). Bank Financing for SMEs: Lessons from the Literature. *National Institute Economic Review, 225*, R23–R28.

Berk, A. (2017). Small Business Social Responsibility: More than Size. *The Journal of Corporate Citizenship, 67,* 12–38.

Bhagat, R. S., & Steers, R. M. (Eds.). (2009). *Cambridge Handbook of Culture, Organizations and Work.* Cambridge University Press.

Bijaoui, I. (2016). *SMEs in an Era of Globalization: International Business and Market Strategies.* Palgrave Macmillan.

Black, J. S. (1990). The Relationship of Personal Characteristics with the Adjustment of Japanese Expatriate Managers. *Management International Review, 30*(2), 119–134.

Bodkin, M. (1952). Xavier in Japan. *Studies: An Irish Quarterly Review, 41*(163–164), 281–292.

Bonfour, A. (2007). *The Management of Intangibles: The Organisation's Most Valuable Assets*. Routledge.

Boscariol, M. A. (2013). *No que toca a língua e adaptação na metodologica de trabalho jesuíta no Japão: Gaspar Vilela, Alessandro Valignano e João Rodrigues Tçuzu (1549-1620)*. Universidade de São Paulo.

Boscariol, M. A. (2016). Da menoridade do outro e do portarem-se como meninos: Cartas das missões jesuítas no Brasil e no Japão do ano de 1549. *Revista Oriente, 24*, 90–101.

Boscariol, M. A. (2017). From Brazil to Japan: The Jesuits under the Portugues Patronage's Authority from the Cases of Juan de Azpilicueta Navarro and Francis Xavier (16th Century). *Bulletin of Portuguese-Japanese Studies, 2*(3), 53–73.

Boswell, G. (2003). Letter Writing among the Jesuits: Antonio Possevino's Advice in the 'Bibliotheca Selecta' (1593). *Huntington Library Quarterly, 66*(3–4), 247–262.

Bouhours, D. (1743). *The life of Saint Francis Xavier, of the Society of Jesus, Apostle of the Indies and of Japan*. Ignatius Kelly.

Boxer, C. R. (1951). *The Christian Century in Japan, 1549-1650*. University of California Press.

Brewer-García, L. (2012). Bodies, Texts, and Translators: Indigenous Breast Milk and the Jesuit Exclusion of Mestizos in Late Sixteenth-Century Peru. *Colonial Latin American Review, 21*(3), 365–390.

Brockey, L. (2000). Largos caminhos e vastos mares: Jesuit Missionaries and the journey to China in the Sixteenth and Seventeenth Centuries. *Bulletin of Portuguese-Japanese Studies, 1*, 45–72.

Brodrick, J. (1950). *Petrus Canisius: 1521–1597* (Bde. 1–2). Heder.

Brodrick, J. (1952). *Saint Francis Xavier (1506–1552)*. Burns, Oates and Washbourne.

Brosseder, C. (2012). Cultural Dialogue and Its Premises in Colonial Peru: The Case of Worshipping Sacred Objects. *Journal of the Economic and Social History of the Orient, 55*(2–3), 383–414.

Brosseder, C. (2014). *The Power of Huacas: Change and Resistance in the Andean World of Colonial Peru*. University of Texas Press.

Brouthers, K. D., Nakos, G., & Dimitratos, P. (2015). SME Entrepreneurial Orientation, International Performance, and the Moderating Role of Strategic Alliances. *Entrepreneurship Theory and Practice, 39*(5), 1161–1187.

Brown, K. W. (1987). Jesuit Wealth and Economic Activity within the Peruvian Economy: The Case of Colonial Southern Peru. *The Americas, 44*(1), 23–43.

Bucheli, M., & Wadhwani, R. D. (Eds.). (2015). *Organizations in Time: History, Theory, Methods*. Oxford University Press.

Bücker, J., & Poutsma, E. (2010). How to Assess Global Management Competencies: An Investigation of Existing Instruments. *Management Revue, 21*(3), 263–291.

Buckley, P. J. (2018). *The Global Factory: Networked Multinational Enterprises in the Modern Global Economy*. Edward Elgar.

Burford, G., Kissmann, S., Rosado-May, F. J., Alvarado Dzul, S. H., & Harder, M. K. (2012). Indigenous Participation in Intercultural Education: Learning from Mexico and Tanzania. *Ecology and Society, 17*(4). http://dx.doi.org/10.5751/ES-05250-170433

Burgaleta, C. (1999). *José de Acosta, S.J. (1540-1600): His Life and Thought.* Loyola Press.

Buschmann, R.F., Slack, E.R., & Tueller, J.B. (Eds.). (2014). *Navigating the Spanish Lake: The Pacific in the Iberian World, 1521–1898.* University of Hawai'i Press.

Business Case Studies. (2019, February 13). *3 Classic Business Case Studies All Business Students Should Know.* https://businesscasestudies.co.uk/3-classic-business-case-studies-all-business-students-should-know/.

Campos, A. C. d. S. (2007). *Nuvens douradas e paisagens habitadas: A arte Namban e a sua circulação entre a Ásia e a América: Japão, China e Nova-Espanha (c. 1550- c. 1700).* Universidade Nova de Lisboa.

Cancino, C. A. (2014). Rapid Internationalization of SMEs: Evidence from „Born Global" Firms in Chile. *Innovar: Revista de ciencias administrativas y sociales, 24*, 141–151.

Canepa, T. (2016). *Silk, Porcelain and Lacquer: China and Japan and their Trade with Western Europe and the New World, 1500-1644.* Paul Holberton Publishing.

Cañibano, L., García-Ayuso Covarsí, M., Sánchez, M. P., & Olea, M. (1999). *Measuring Intangibles to Understand and Improve Innovation Management: Preliminary Results.* https://www.oecd.org/sti/ind/1947863.pdf

Caraccioli, M. J. (2021). *Writing the New World Book: The Politics of Natural History in the Early Spanish Empire.* University Press of Florida.

Caraman, P. (1975). *The Lost Paradise: An Account of the Jesuits in Paraguay, 1607-1768.* Sidgwick & Jackson.

Carlsmith, C. (2002). Struggling toward Success: Jesuit Education in Italy, 1540-1600. *History of Education Quarterly, 42*(2), 215–246.

Carrasco M., R. (2018). Jesuit Mission and the Globalization of Knowledge of the Americas: Florian Paucke's Hin und Her in the Province of 'Paraquaria' During the Eighteenth Century. En C. Roldán, D. Brauer, & J. Rohbeck (Eds.), *Philosophy of Globalization* (pp. 205–224). De Gruyter.

Casalini, C., & Pavur, C. (Eds.). (2016). *Jesuit Pedagogy, 1540-1616: A Reader.* Institute of Jesuit Sources.

Casillas, J. C., & Acedo, F. J. (2013). Speed in the Internationalization Process of the Firm. *International Journal of Management Reviews, 15*(1), 15–29.

Casillas, J. C., & Moreno-Menéndez, A. M. (2014). Speed of the Internationalization Process: The Role of Diversity and Depth in Experiential Learning. *Journal of International Business Studies, 45*(1), 85–101.

Catto, M. (2010). Missioni e globalizzazioni: L'adattamento come identità della Compagnia di Gesù. En M. Catto (Ed.), *Evangelizzazione e globalizzazione: Le missioni gesuitiche nell'età moderna tra storia e storiografia* (pp. 1–16). Società editrice Dante Alighieri.

Cauti, F.I. (2005). *Extremo Oriente y Perú en el siglo XVI.* Fondo Editorial de la Pontificia Universidad Católica del Perú.

Cavusgil, S. (1984). Differences among Exporting Firms Based o their Degree of Internationalization. *Journal of Business Research, 12*(2), 195–208.

Cavusgil, S. T., & Zou, S. (1994). Marketing Strategy-Performance Relationship: An Investigation of the Empirical Link in Export Market Ventures. *Journal of Marketing, 58*, 1–21.

Chakravarti, A. (2018). *The Empire of Apostles: Religion, Accomodatio, and the Imagination of Empire in Early Modern Brazil and India.* Oxford University Press.

Chanlat, J. F., & Pierre, P. (2018). *Le management interculturel: Évolution, tendances et critiques.* Éditions EMS.

Charles, J. (2003). *Indios Ladinos: Colonial Andean Testimony and Ecclesiastical Institutions (1583-1650).* Yale University.

Charles, J. (2004). Polémicas en torno a los catequistas andinos en el virreinato peruano (siglos XVI-XVII). *Historica, 28*(2). http://revistas.pucp.edu.pe/index.php/historica/article/view/1

Charles, J. (2007). 'More ladino than necessary': Indigenous Litigants and the Language Policy Debate in Mid-Colonial Peru. *Colonial Latin American Review, 16*(1), 23–47.

Charles, J. (2014). Trained by Jesuits: Indigenous Letrados in Seventeenth-Century Peru. En G. Ramos & Y. Yannakakis (Eds.), *Indigenous Intellectuals: Knowledge, Power, and Colonial Culture in Mexico and the Andes* (pp. 60–78). Duke University Press.

Chemmanur, T. J., Kong, L., Krishnan, K., & Yu, Q. (2019). Top Management Human Capital, Inventor Mobility, and Corporate Innovation. *Journal of Financial and Quantitative Analysis, 54*(6), 2383–2422.

Chetty, S., Ojala, A., & Leppäaho, T. (2015). Effectuation and Foreign Market Entry of Entrepreneurial Firms. *European Journal of Marketing, 49*(9–10), 1436–1459.

Chevalier, F. (1970). *Land and Society in Colonial Mexico, transl. By Lesley B. Simpson.* University of California Press.

Chiao, Y.-C., Lo, F.-Y., & Yu, C.-M. (2010). Choosing Between Wholly-Owned Subsidiaries and Joint Ventures of MNCs from an Emerging Market. *International Marketing Review, 27*(3), 338–365.

Child, J., & Hsieh, L. H. Y. (2014). Decision Mode, Information and Network Attachment in the Internationalization of SMEs: A Configurational and Contingency Analysis. *Journal of World Business, 49*(4), 598–610.

Chin, Y. W., & Lim, E. S. (2018). Policies and Performances of SMEs in Malaysia. *Journal of Southeast Asian Economies, 35*(3), 470–487.

Church-Morel, A., & Bartel-Radic, A. (2014). *'Not All Multilingual Teams Are Created Equal': Concepualizing Language Diversity Management, XXIII Conférence Internationale de Management Stratégique, Rennes.*

Cieslik, H. (1954). Balthasar Gago and Japanese Christian Terminology. *Missionary Bulletin, 8.* http://pweb.sophia.ac.jp/britto/xavier/cieslik/ciejmj02.pdf

Cieslik, H. (1959). P. Pedro Kasui (1587-1639). Der letzte japanische Jesuit der Tokugawa-Zeit. *Monumenta Nipponica, 15*(1–2), 35–86.

Cieslik, H. (1962). Zur Geschichte der kirchlichen Hierarchie in der alten Japanmission. *Neue Zeitschrift für Missionswissenschaft, 18*, 42–58, 81–107, 177–195.

Cieslik, H. (1973). The Case of Christovao Ferreira. *Monumenta Nipponica, 29*, 1–54.

Clarence-Smith, W. G. (2020). Jesuits and Mules in Colonial Latin America: Innovators or Managers? En L. A. Newson (Ed.), *Cultural Worlds of the Jesuits in Colonial Latin America* (pp. 209–227). University of London Press.

Clossey, L. (2008). *Salvation and Globalization in the Early Jesuit Missions*. Cambridge University Press.

Coello de la Rosa, A. (2005). Más allá del Incario: Imperialismo e historia en José de Acosta, SJ (1540–1600). *Colonial Latin American Review, 14*(1), 55–81.

Coello de la Rosa, A. (2007). Los jesuitas y las misiones de frontera del alto Perú: Santa Cruz de la Sierra (1587-1603). *Revista Complutense de Historia de América, 33*, 151–175.

Coello de la Rosa, A. (2022). Introduction: Jesuits in Asian-Pacific Borderlands. *Journal of Jesuit Studies* 9(2), 173–179.

Cole, J.A. (1985). *The Potosí Mita, 1573-1700: Compulsory Indian Labor in the Andes*. Stanford University Press.

Collani, C. v. (2010). Matteo Ricci: Zum 400. Todestag des Pioniers der neuzeitlichen Chinamission. *Stimmen der Zeit*, 5. https://www.herder.de/stz/hefte/archiv/135-2010/5-2010/matteo-ricci-zum-400-todestag-des-pioniers-der-neuzeitlichen-chinamission/

Colmenares, G. (1969). *Haciendas de los Jesuítas en el Nuevo Reino de Granada, siglo XVIII*. Universidad Nacional de Colombia.

Como, M. I. (2008). *Shōtoku: Ethnicity, Ritual, and Violence in the Japanese Buddhist Tradition*. Oxford University Press.

Compañía de Jesus. (1575). *Cartas que los Padres y Hermanos de la Compañía de Jesús que andan en los Reynos de Japón escrivieron a los de la misma Compañia desde el año de mil y quinientos y quarenta y nueve, hasta el de mil y quinientos y setenta y uno*. Iñiquez de Lequerica.

Contente Domingues, F. (2003). Vasco da Gama's Voyage: Myths and Realities in Maritime History. *Portuguese Studies, 19*, 1–8.

Cooper, M. (1973). *Rodrigues the Interpreter: An Early Jesuit in Japan and China*. Weatherhill.

Cooper, M. (Eds.). (2001). *João Rodrigues's Account of Sixteenth-Century Japan*. Hakluyt Society.

Coraiola, D. M., Foster, W. M., & Suddaby, R. (2015). Varieties of History in Organization Studies. En P. G. McLaren, A. J. Mills, & T. G. Weatherbee (Eds.), *The Routledge Companion to Management and Organizational History* (pp. 206–221). Routledge.

Correia, P. (2003). Father Diogo de Mesquita (1551-1614) and the cultivation of Western plants in Japan. *Bulletin of Portuguese-Japanese Studies, 7*, 73–91.

Cricelli, L., Greco, M., & Grimaldi, M. (2013). The Assessment of the Intellectual Capital Impact on the Value Creation Process: A Decision Support Framework for Top Management. *International Journal of Management and Decision Making, 12*(2), 146–164.

Cui, A. P., Walsh, M. F., & Gallion, D. (2011). Internationalization Challenges for SMEs and Global Marketing Managers: A Case Study. *International Journal of Business and Social Research*, *1*(1), 57–69.

Cui, A. P., Walsh, M. F., & Zou, S. (2014). The Importance of Strategic Fit Between Host-Home Country Similarity and Exploration Exploitation Strategies on Small and Medium-Sized Enterprises' Performance: A Contingency Perspective. *Journal of International Marketing*, *22*(4), 67–85.

Curvelo, A. (2001). Nagasaki: An European Artistic City in Early Modern Japan. *Bulletin of Portuguese-Japanese Studies*, *2*, 23–35.

Cushner, N. P. (1967). Merchants and Missionaries: A Theologian's View of Clerical Involvement in the Galleon Trade. *The Hispanic American Historical Review*, *47*(3), 360–369.

Cushner, N. P. (1980). *Lords of the Land: Sugar, Wine, and Jesuit Estates of Coastal Peru, 1600-1767*. SUNY Press.

Cushner, N.P. (1983). *Farm and Factory: The Jesuits and the Development of Agrarian Capitalism in Colonial Quito, 1600–1767*. SUNY Press.

Cushner, N. P. (2006). *Why Have You Come Here? The Jesuits and thhe First Evangelization of Native America*. Oxford University Press.

da Gama, V. (2009). *Em nome de Deus: The Journal of the First Voyage of Vasco da Gama to India, 1497-1499* (G. J. Ames, ed.). Brill.

Danieluk, R. (2019). The Role and Significance of Father Visitor in the Society of Jesus. En T. M. McCoog (Eds.), *With Eyes and Ears Open: The Role of Visitors in the Society of Jesus* (pp. 31–48). Brill.

de Acuña, C. (1641). *Nuevo Descubrimiento del gran Rio de las Amazonas*. Imprenta del Reyno.

de Anchieta, J. (1595). *Arte De Grammatica Da Lingoa mais vsada na costa do Brasil*. Mariz.

de Betanzos, J. (1996). *Narrative of the Incas, ed. And transl. By Roland Hamilton and Dana Buchanan*. University of Texas Press.

de Cieza de Léon, P. (1554). *Crónica del Perú*. Martin Nucio.

de Ribadeneira, Pedro. (2014). *The Life of Ignatius of Loyola*. The Institute of Jesuit Sources.

de Sousa, L. (2010). *The Early European Presence in China, Japan, the Philippines and Southeast Asia (1555-1590): The Life of Bartolomeu Landeiro*. Tipografia Ka Va/Macao Foundation.

Debergh, M. (1980). Deux nouvelles études sur l'hisotire du Christianisme au Japon 1: Bases Doctrinales et Images du sacrement de l'eucharistie à l'Époque des premières missions chrétiennes au Japon. *Journal Asiatique*, *268*, 397–416.

Debergh, M. (1984). Deux nouvelles études sur l'hisotire du Christianisme au Japon, 2: Les pratiques de purification et de pénitence au Japon vues par les missionaires Jésuites aux XVIe et XVIIe siècles. *Journal Asiatique*, *272*, 167–217.

Decker, S. (2013). The Silence of the Archives: Business History, Post-Colonialism and Archival Ethnography. *Management & Organizational History*, *8*(2), 155–173.

Dehergne, J. (1973). *Répertoire des Jésuites de Chine de 1552 à 1800*. Institutum Historicum S.I.

del Valle, I., More, A., & O'Toole, R. S. (2020). Introduction: Iberian Empires and a Theory of Early Modern Globalization. En *Iberian Empires and the Roots of Globalization* (pp. 1–21). Vanderbilt University Press.

Dejo, J., S.J. et al. (2021) [1704]. *Diego de Altamirano's Historia de la provincia Peruana de la Compañía de Jesús*. UARM.

Dejo, J., S.J. (2023). Spiritual Discourse in the Jesuit Missions: The Role of Nature in the Evangelization of Peru (Sixteenth–Seventeenth Centuries). *Journal of Jesuit Studies* 10(2), 238–257.

Delgado García, J. (1985). *El Beato Francisco Morales, O.P., mártir del Japón (1567–1622) su personalidad histórica y misionera*. Inst. Pontificio de Teologia/Misionología.

Depuy, H. F. (1921). An Early Account of the Establishment of Jesuit Missions in America. *Mass Proceedings of the American Antiquarian Society, 30*, 62–80.

Dias, D., Zhu, C. J., & Samaratunge, R. (2017). Examining the Role of Cultural Exposure in Improving Intercultural Competence: Implications for HRM Practices in Multicultural Organizations. *The International Journal off Human Resource Management, 31*(2), 1–20.

D'Iribarne, P. (1994). The Honour Principle in the Bureaucratic Phenomenon. *Organization Studies, 15*(1), 81–97.

D'Iribarne, P. (2009). National Cultures and Organisations in Search of a Theory: An Interpretative Approach. *International Journal of Cross Cultural Management, 9*(3), 309–321.

D'Iribarne, P., Chevrier, S., Henry, A., Segal, J.-P., & Treguer-Felten, G. (2020). *Cross-Cultural Management Revisited: A Qualitative Approach*. Oxford University Press.

D'Iribarne, P., Henry, A., Segal, J.-P., Chevrier, S., & Globokar, T. (1998). *Cultures et mondialisation: Gérer par-delà les frontières*. Editions du Seuil.

Disney, A. R. (2010). *Twilight of the Pepper Empire: Portuguese Trade in Southwest India in the Early Seventeenth Century*. Manohar Publishers.

Doi, T. (1939). Das Sprachstudium der Gesellschaft Jesu in Japan im 16. Und 17. Jahrhundert. *Monumenta Nipponica, 2*(2), 437–465.

Dominguez, N., & Mayrhofer, U. (2017). Internationalization Stages of Traditional SMEs: Increasing, Decreasing and Re-Increasing Commitment to Foreign Markets. *International Business Review, 26*(6), 1051–1063.

Dominguez, N., & Mayrhofer, U. (2018a). Introduction. En N. Dominguez & U. Mayrhofer (Eds.), *Key Success Factors of SME Internationalisation: A Cross-Country Perspective* (pp. 1–3). Emerald.

Dominguez, N., & Mayrhofer, U. (2018b). *Key Success Factors of SME Internationalisation*. Emerald.

Dominguez, N., & Mayrhofer, U. (2018c). Succeeding in the Chinese Market: The Case of the French Company Mixel Agitators. En N. Dominguez & U. Mayrhofer (Eds.), *Key Success Factors of SME Internationalisation: A Cross Country Perspective* (pp. 195–204). Emerald.

Donnelly, J. P. (Ed.). (2006). *Jesuit Writings of the Early Modern Period, 1540-1640*. Hackett Publishing.

Dubois, A., & Gadde, L.-E. (2002). Systematic Combining: An Abductive Approach to Case Research. *Journal of Business Research, 55*, 553–560.

Duignan, P. (1958). Early Jesuit Missionaries: A Suggestion for Further Study. *American Anthropologist, 60*(4), 725-732.

Dunning, J. H. (1992). *Multinational Enterprise and the Global Economy*. Prentice Hall.

Dürr, R. (2017). Akkommodation und Wissenstransfer: Neuerscheinungen zur Geschichte der Jesuiten in der Frühen Neuzeit. *Zeitschrift für Historische Forschung, 44*(3), 487-509.

Durston, A. (2007). *Pastoral Quechua: The History of Christian Translation in Colonial Peru, 1550-1650*. University of Notre Dame Press.

Ebisawa, A. (1944). *Kirishitan no shakai katsudō oyobi Nanban igaku*. Fuzanbō.

Ebisawa, A. (1960). *Christianity in Japan: A Bibliography of Japanese and Chinese Sources*. International Christian University.

Ebisawa, A. (1971). *Kirishitanshi no kenkyū*. Shin Jinbutsu Ōraisha.

Ebisawa, A. (1991). *Kirishitan Nanban bungaku nyūmon*. Kyōbunkan.

Echavone, A. (1955). Origen y evolución de la idea jesuitica de "Reducciones" en las misiones del Virreinato del Peru. *Missionalia Hispanica, 34*, 95-144.

Eco, U. (1979). *A Theory of Semiotics*. Indiana University Press.

Egaña, A. de. (1954). *Monumenta Peruana: vol. 1: (1565-1575)*. Monumenta Historica Soc. Iesu.

Egaña, A. de. (1958a). *Monumenta Peruana: vol. 2: (1576-1580)*. Monumenta Historica Soc. Iesu.

Egaña, A. de. (1958b). *Monumenta Peruana: vol. 3: (1581-1585)*. Monumenta Historica Soc. Iesu.

Egaña, A. de. (1966). *Monumenta Peruana: vol. 4: (1586-1591)*. Monumenta Historica Soc. Iesu.

Egaña, A. de. (1970). *Monumenta Peruana: vol. 5: (1592-1595)*. Monumenta Historica Soc. Iesu.

Egaña, A. de. (1974). *Monumenta Peruana: vol. 6: (1596-1599)*. Monumenta Historica Soc. Iesu.

Egaña, A. de, & Fernandez, E. (1981). *Monumenta Peruana: vol. 7: (1600-1602)*. Monumenta Historica Soc. Iesu.

Egido, T., Burrieza Sanchez, J., & Revuetta Gonzalez, M. (2004). *Los Jesuitas en España y en el mundo hispánico*. Pons.

Ehalt, R. d. S. (2009). Revisiting the First Jesuit Library in Japan: An Analysis of the Purpose of Nunes Barreto's Library in Kyushu (1556). *Review of Culture, 32*, 42-51.

Ehalt, R. d. S. (2017). *Jesuits and the Problem of Slavery in Early Modern Japan*. Tokyo University of Foreign Studies.

Ekberg, C. J. (2000). *French Roots in the Illinois Country: The Mississippi Frontier in Colonial Times*. University of Illinois Press.

Elison, G. (1973). *Deus Destroyed: The Image of Christianity in Early Modern Japan*. Harvard University Press.

Ellis, P. (2000). Social Ties and Foreign Market Entry. *Journal of International Business Studies, 31*(3), 443-469.

Ellis, P., & Pecotich, A. (2001). Social Factors Influencing Export Initiation in Small and Medium-Sized Enterprises. *Journal of Marketing Research, 38*(1), 119–130.

Ellis, R. R. (2003). 'The Best Thus Far Discovered': The Japanese in the Letters of Francisco Xavier. *Hispanic Review, 71*(2), 155–169.

Elo, M., Benjowsky, C., & Nummela, N. (2015). Intercultural Competences and Interaction Schemes: Four Forces Regulating Dyadic Encounters in International Business. *Industrial Marketing Management, 48*(5), 38–49.

Engelhard, J. (1997). *Interkulturelles Management: Theoretische Fundierung und funktionsbereichsspezifische Konzepte.* Springer.

Engelhard, J. (2018). Interkulturelles Management. En *Gabler Wirtschaftslexikon.* https://wirtschaftslexikon.gabler.de/definition/interkulturelles-management-40858

England, G. W., & Lee, R. (1974). The Relationship between Managerial Values and Managerial Success in the United States, Japan, India, and Australia. *Journal of Applied Psychology, 59*(4), 411–419.

Eriksson, T., Nummela, N., & Saarenketo, S. (2014). Dynamic Capability in a Small Global Factory. *International Business Review, 23*(1), 169–180.

Estenssoro Fuchs, J. C. (2003). *Del paganismo a la santidad: La incorporación de los indios del Perú al catolicismo (1532–1750).* IFEA.

European Commission. (2021). *SME Definition.* Internal Market, Industry, Entrepreneurship and SMEs. https://ec.europa.eu/growth/smes/sme-definition_en

Evers, N., & O'Gorman, C. (2011). Improvised Internationalization inn New Ventures: The Role of Prior Knnowledge and Networks. *Entrepreneurship and Regional Development, 23*(7–8), 549–574.

Fang, T. (2010). Asian Management Research Needs More Self-Confidence: Reflection on Hofstede 2007 and Beyond. *Asia Pacific Journal of Management, 27*(1), 155–170.

Farge, W. J. (2002). *The Japanese Translations of the Jesuit Mission Press, 1590–1614: De imitatione Christi and Guía de pecadores.* Edwin Mellen.

Farmer, R. N., & Richman, B. M. (1965). *Comparative Management and Economic Progress.* Richard D. Irwin.

Feld, H. (2006). *Ignatius von Loyola: Gründer des Jesuitenordens – Eine Biographie.* Böhlau.

Feldmann, H. (1993). As disputas de São Francisco Xavier com bonzos e nobres do Japão relatadas por Luís Fróis S.J. e João Rodrigues S.J. En P. Milward (Eds.), *Portuguese Voyages to Asia and Japan in the Renaissance Period* (pp. 282–297). Sophia University.

Fernández Duro, C. (1896). Pedro Sarmiento de Gamboa, El Navegante. *Boletín de la Real Academia de la Historia, 28*(4), 273–287.

Fernandez, E. (1986). *Monumenta Peruana: Bd. 8: (1603-1604).* Monumenta Historica Soc. Iesu.

Fernando, L. (2016). Jesuits and India. En *Oxford Handbooks Online.* https://www.oxfordhandbooks.com/view/10.1093/oxfordhb/9780199935420.001.0001/oxfordhb-9780199935420-e-59

Ferro, J. P. (1993). A epistolografia no quotidiano dos missionários Jesuítas now séculos XVI e XVII. *Lusitania Sacra*, 5, 137–158.

Fink, G., & Meierwert, S. (2004). Issues of Time in International, Intercultural Management: East and Central Europe from the Perspective of Austrian Managers. *Journal of East European Management Studies*, 9(1), 61–84.

Flyvbjerg, B. (2006). Five Misunderstandings About Case-Study Research. *Qualitative Inquiry*, 12(2), 219–245.

Forrestal, A., & Smith, S. A. (2016). Re-thinking Missionary Catholicism for the Early Modern Era. En A. Forrestal & S. A. Smith (Eds.), *The Frontiers of Mission: Perspectives on Early Modern Missionary Catholicism* (pp. 1–21). Brill.

Franklin, P. (2007). Differences and Difficulties in Intercultural Management Interaction. En H. Kotthoff & H. Spencer-Oatey (Eds.), *Handbook of Intercultural Communication* (pp. 263–284). De Gruyter.

Fraser, V. (1992). Architecture and Ambition: The Case of the Jesuits in the Viceroyalty of Peru. *History Workshop*, 34, 16–32.

Friedrich, M. (2009a). Government and Information-Management in Early Modern Europe. The Case of the Society of Jesus (1540–1773). *Journal of Early Modern History* 12(6), 1–25.

Friedrich, M. (2009b). Governing the Early Modern Society of Jesus. Concepts, Structures, Issues, and Critical Voices. *Studies in Jesuit Spirituality* 41(1), 1–42.

Friedrich, M. (2018). *Die Jesuiten: Aufstieg, Niedergang, Neubeginn*. Piper.

Friedrich-Stegmann, H. (2018). Dos testimonios alemanes sobre la expulsión de los jesuitas españoles. *Espacio, Tiempo y Forma, Servie IV: Historia Moderna*, 31, 183–194.

Fróis, L. (1976). *História de Japam: Bd. 5 vols*. (J. Wicki, ed..). Biblioteca nacional.

Fróis, L. (2004). *Topsy-turvy 1585: A Translation and Explication of Luis Frois S.J.'s Tratado (treatise) listing 611 ways Europeans and Japanese are contrary* (R. D. Gill, ed.). Paraverse Press.

Fujita, N. S. (1991). *Japan's Encounter with Christianity: The Catholic Mission in Pre-Modern Japan*. Paulist Press.

Fujitani, J. (2016). Penance in the Jesuit Mission to Japan, 1549-1562. *Journal of Ecclesiastical History*, 67(2), 306–324.

Fukahori, A. (2016). *Ongaku-men kara miru Iezusu-kai no Tōyō senkyū: 16 seiki nakaba kara 17 seiki shoki ni okeru Goa, Nihon, Makao wo taishū toshite*. Aichi Kenritsu Geijutsu Daigaku.

Furuya, N., Stevens, M. J., Bird, A., Oddou, G., & Mendenhall, M. (2009). Managing the Learning and Transfer of Global Management Competence: Antecedents and Outcomes of Japanese Repatriation Effectiveness. *Journal of International Business Studies*, 40(2), 200–215.

Gabrielsson, P., & Gabrielsson, M. (2013). A Dynamic Model of Growth Phases and Survival in International Business-to-Business New Ventures: The Moderating Effect of Decision-Making Logic. *Industrial Marketing Management*, 42(8), 1357–1373.

Gannon, M. J., & Newman, K. L. (Eds.). (2002). *The Blackwell Handbook of Cross-Cultural Management*. Blackwell.

García Echevarría, S. (1999). Competitiveness and Changing Process in a Global Economy. En J. Engelhard & W. A. Oechsler (Eds.), *Internationales Management:*

Auswirkungen globaler Veränderungen auf Wettbewerb, Unternehmensstrategie und Märkte (pp. 47–74). Springer.

Gehl, P. F. (2003). Religion and Politics in the Market for Books: The Jesuits and Their Rivals. *The Papers of the Bibliographical Society of America, 97*(4), 435–460.

Ghelarducci, V. (2020). 'Con intençión de haçerlos Christianos y con voluntad de instruirlos': Spiritual education among American Indians in Anello Oliva's Historia del Reino y Provincias del Perú. En Linda A. Newson (Ed.), *Cultural Worlds of the Jesuits in Colonial Latin America* (pp. 171–188). University of London Press.

Gibbert, M., Ruigrok, W., & Wicki, B. (2008). What Passes as Rigorous Case Study? *Strategic Management Journal, 29*, 1465–1474.

Giudicelli, C. (2011). Las tijeras de San Ignacio: Misión y clasificación en los confines coloniales. En G. Wilde (Ed.), *Saberes de la conversión: Jesuitas, indígenas e imperios coloniales en las fronteras de la cristiandad* (pp. 347–371). SB Editorial.

Godfrey, P. C., Hassard, J., O'Connor, E. S., Rowlinson, M., & Ruef, M. (2016). What is Organizational History? Toward a Creative Synthesis of History and Organization Studies. *Academy of Management Review, 41*(4), 590–608.

Godwin-Jones, R. (2019). En a World of SMART Technology, Why Learn Another Language? *Journal of Educational Technology & Society, 22*(2), 4–13.

Gomes, L., & Ramaswamy, K. (1999). An Empirical Examination of the Form of the Relationship between Multinationality and Performance. *Journal of International Business Studies, 30*(1), 173–188.

Gonoi, T. (1983). *Tokugawa shoki kirishitanshi kenkyū*. Yoshikawa Kōbunkan.

Gonoi, T. (1990). *Nihon Kirisutokyōshi*. Yoshikawa Kōbunkan.

Gonoi, T. (2002). *Nihon kirishitanshi no kenkyū*. Yoshikawa Kōbunkan.

Gradie, C. M. (1988). Spanish Jesuits in Virginia: The Mission That Failed. *The Virginia Magazine of History and Biography, 96*(2), 131–156.

Green, B. (2016). Colonial Theodicy and the Jesuit Ascetic Ideal in José de Acosta's Works on Spanish America. En R. A. Markys (Ed.), *Exploring Jesuit Distinctiveness: Interdisciplinary Perspectives on Ways of Proceeding within the Society of Jesus* (pp. 114–136). Brill.

Grendler, P. F. (2019). Jesuit Schools and Universities in Europe 1548-1773. *Brill Research Perspectives in Jesuit Studies, 1*(1), 1–118. https://doi.org/10.1163/25897454-12340001

Griffiths, N. (1996). *The Cross and the Serpent: Religious Repression and Resurgence in Colonial Peru*. University of Oklahoma Press.

Grimaldi, M., Corvello, V., De Mauro, A., & Scarmozzino, E. (2017). A Systematic Literature Review on Intangible Assets and Open Innovation. *Knowledge Management Research and Practice, 15*, 90–100.

Grosskopf, S., & Barmeyer, C. (2021). Learning from Multi-Paradigmatic Sensitivity in Cross-Cultural Management? Empirical and Theoretical Considerations. *International Journal of Cross Cultural Management, XX*(X), 1–22. https://doi.org/10.1177/14705958211019437

Guillermou, A. (1993). *Ignatius von Loyola* (3. Aufl.). Rowohlt.

Gutiérrez Estévez, M. (2013). Otra vez sobre sincretismo. En Sánchez Paredes, J. & Curatola Petrocchi, M. (Eds.). *Los rostros de la tierra encantada: Religión, evangelización y sincretismo en el Nuevo Mundo* (pp. 503–522). Ifea-puc.

Hagemann, E. (1942). The Persecution of the Christians in Japan in the Middle of the Seventeenth Century. *Pacific Historical Review, 11*(2), 151–160.

Hagen, B., Denicolai, S., & Zucchella, A. (2014). International Entrepreneurship at the Crossrooads between Innovation and Internationalization. *Journal of International Entrepreneurship, 12*(2), 111–114.

Hallberg, K. (2001). *A Market-Oriented Strategy for Small and Medium-Scale Enterprises* (IFC Discussion Paper Nr. 48).

Hampe M., T. (1982). La Encomienda en el Peru en el siglo XVI. *Historica, 6*(2), 173–216.

Hartmann, P. C. (2008). *Die Jesuiten* (2nd edition). C.H. Beck.

Harvey, C., & Press, J. (1996). *Databases in Historical Research: Theory, Methods and Applications.* MacMillan.

Haub, R. (2004). *Petrus Canisius: Botschafter Europas.* Lahn-Verlag.

Healy, G. R. (1958). The French Jesuits and the Idea of the Noble Savage. *The William and Mary Quarterly, 15*(2), 143–167.

Hehrlein, Y. (1992). *Mission und Macht: Die politisch-religiöse Konfrontation zwischen dem Dominikanerorden in Peru und dem Vizekönig Francisco de Toledo (1569-1581).* Matthias-Grünewald-Verlag.

Heid, H. (1997). *Von Erfarung aller Land: Reiseberichte aus der Zeit des 16. bis zur Mitte des 19. Jahrhunderts in der Historischen Bibliothek der Stadt Rastatt.* Stadt Rastatt.

Hennart, J.-F., & Slangen, A. H. (2015). Yes, We Really Do Need More Entry Mode Studies! A Commentary on Shaver. *Journal of International Business Studies, 46*(1), 114–122.

Hermel, P., & Khayat, I. (2011). The Role of Resources: Micro-Firms Internationalization in the French Context. *Journal of Small Business and Enterprise Development, 18*(2), 298–310.

Hesselink, R. H. (2015). *The Dream of Christian Nagasaki: World Trade and the Clash of Cultures, 1560–1640.* McFarland.

Heuts, K. (2015). Validation and Propagation: Mutio Vitelleschi's Letters from Surviving Japan Mission Jesuits (1625–1627). *MaRBLe Research Papers, 6,* 97–114.

Hickson, D. J., Hinings, C. R., McMillan, C., & Schwitter, J. P. (1974). The Culture-Free Context of Organization Structure: A Tri-National Comparison. *Sociology, 8*(1), 59–80.

Higashibaba, I. (2001). *Christianity in Early Modern Japan: Kirishitan Belief and Practice.* Brill.

Hilmersson, M., & Johanson, M. (2016). Speed of SME Internationalization and Performance. *MIR: Management International Review, 56*(1), 67–94.

Hoey, J. B., III. (2010). Alessandro Valignano and the Restructuring of the Jesuit Mission in Japan, 1579-1582. *Eleutheria, 1*(1), 23–42.

Hofstede, G. (1980). *Culture's Consequences: International Differences in Work-related Values.* Sage.

Hofstede, G., Hofstede, G. J., & Minkov, M. (2010). *Culture and Organizations: Software of the Mind.* McGraw Hill.

Holzmüller, H. H. (1997). Kulturstandards: Ein operationales Konzept zur Entwicklung kultursensitiven Managements. En J. Engelhard (Ed.), *Interkulturelles Management: Theoretische Fundierung und funktionsbereichsspezifische Konzepte* (pp. 55–74). Springer.

Hosne, A. C. (2013). *The Jesuit Missions to China and Peru, 1570-1610: Expectations and Appraisals of Expansionism.* Routledge.

Hosne, A. C. (2014). Friendship among Literati: Matteo Ricci SJ (1552–1610) in Late Ming China. *Transcultural Studies, 1*, 190–214.

Hoyt, S. (2015). Viracocha: Christ among the Ancient Peruvians? *BYU Studies Quarterly, 54*(1), 105–134.

Hruby, J. (2013). *Das Global Mindset von Managern.* Springer.

Hruby, J. (2014). *Global Mindsets: Überblick und Bedeutung für Unternehmen und Organisationen.* Springer Gabler.

Hruby, J., Jorge de Melo, R., Samunderu, E., & Hartel, J. (2019). Unpacking the Complexities of Global Mindset: A Multi-Lens Analysis. En J. S. Osland, M. E. Mendenhall, & M. Li (Eds.), *Advances in Global Leadership* (vol. 11, pp. 97–144). Emerald.

Hsia, R.-P. (2010). *A Jesuit in the Forbidden City: Matteo Ricci, 1552–1610.* Oxford University Press.

Hsia, R.-P. (2014). Jesuit Foreign Missions: A Historiographical Essay. *Journal of Jesuit Studies, 1*(1), 47–65.

Hsia, R.-P. (2015). The Catholic Historical Review: One Hundred Years of Scholarship on Catholic Missions inthe Early Modern World. *The Catholic Historical Review, 101*(2), 223–241.

Huiyi, W. (2017). 'The Observations We Made in the Indies and in China': The Shaping of the Jesuits' Knowledge of China by Other Parts of the Non-Western World. *East Asian Science, Technology, and Medicine, 46*, 47–88.

Hyland, S. (2003). *The Jesuit and the Incas: The Extraordinary Life of Padre Blas Valera, S.J.* University of Michigan Press.

Imai, R. (1971). *Sengoku jidai.* Sekai Bunkasha.

Imago primi saeculi Societatis Iesu a prouincia Flandro-Belgica eiusdem Societatis repraesentata. (1640). Balthasar Moretus.

Imbruglia, G. (1992). Ideali di civilizzazione: La Compagnia di Gesù e le missioni (1550–1600). En A. Prosperi & W. Reinhard (Eds.), *Il nuovo mondo nella coscienza italiana e tedesca del Cinquecento* (S. 287–308). Il Mulino.

Imbruglia, G. (2014). A Peculiar Idea of Empire: Missions and Missionaries of the Society of Jesus in Early Modern History. En M. A. Bernier, C. Donato, & H.-J. Lüsebrink (Eds.), *Jesuit Accounts of the Colonial Americas: Intercultural Transfers Intellectual Disputes, and Textualities* (S. 21–49). University of Toronto Press.

Ingelhart, R., & Welzel, C. (2005). *Modernization, Cultural Change, and Democracy: The Human Development Sequence.* Cambridge University Press.

Irwin, C. (2019). Catholic Presence and Power: Jesuit Painter Bernardo Bitti at Lake Titicaca in Peru. *Journal of Jesuit Studies, 6*(2), 270–293.

Itier, C. (2021). 'Huaca,' un concepto andino mal entendido. *Chungara revista de antropología chilena, 53*(3), 480–490.

Ivens, B., & Mayrhofer, U. (2003). Les facteurs de réussite du marketing relationnel. *Décisions Marketing, 31*, 39–47.

Jacob, F. (2014). Tokugawa Ieyasu: Reichseiniger, Shōgun oder Japans "Diktator"? In *Diktaturen ohne Gewalt? Wie Diktatoren ihre Macht behaupten* (pp. 79–102). K&N.

Jacob, F. (2017). Technological Spatialities: The Impact of Geography and Technology During the Imjin War (1592-1598). En S. Danielsson & F. Jacob (Eds.), *War and Geography: The Spatiality of Organized Mass Violence* (pp. 25–38). Schöningh.

Jaeger, A. M., Kim, S. S., & Butt, A. N. (2016). Leveraging Values Diversity: The Emergence and Implications of a Global Managerial Culture in Global Organizations. *MIR: Management International Review, 56*(2), 227–254.

Jain, S., & Ahuja, S. K. (2019). Impact of Human Capital Management Practices on Employee Job Performance. *Proceedings of 10th International Conference on Digital Strategies for Organizational Success.* https://ssrn.com/abstract=3307706.

Jenster, N. P., & Steiler, D. (2011). 'Turning Up the Volume' in Inter-Personal Leadership: Motivating and Building Cohesive Global Virtual Teams During Times of Economic Crises. En W. H. Mobley, M. Li, & Y. Wang (Eds.), *Advances in Global Leadership* (vol. 6, pp. 267–297). Emerald Group Publishing.

Jesuita Anónimo. (1968) [1594]. *Relación de las costumbres antiguas de los naturales del Perú.* Ediciones Atlas.

Johanson, J., & Vahlne, J. (1977). The Internationalization Process of the Firm: A Model of Knowledge Development and Increasing Foreign Market Commitments. *Journal of International Business Studies, 8*(1), 23–32.

Johnson, J., & Tellis, G. J. (2008). Drivers of Success for Market Entry into China and India. *Journal of Marketing, 72*, 1–13.

Johnston, S. M. (2016). Pre-Suppression Jesuits in German-Speaking Lands. En *Jesuit Historiography Online.* http://dx.doi.org/10.1163/2468-7723_jho_COM_192578

Jorissen, E. (1988). *Das Japanbild im „Traktat" (1585) des Luis Frois.* Aschendorff.

Kalafsky, R. V. (2017). Export Programs and SME Market Choice: Evidence from North West England. *GeoJournal, 82*(6), 1135–1144.

Kaller, M., & Jacob, F. (2019). *Transatlantic Trade and Global Cultural Transfers since 1492: More than Commodities.* Routledge.

Karsten, L. (2014). Time as a Periodization of Management Practices. *Management & Organizational History, 9*(4), 414–432.

Kataoka, R. I. (1985). *La Vita e la Pastorale di Luis Cerqueira SJ Vescovo del Giappone 1598-1614.* Pontificia University Gregoriana.

Kataoka, Y. (1970). *Nagasaki no junkyōsha.* Kadokawa Shoten.

Kataoka, Y. (1979). *Nihon kirishitan junkyōshi,.* Jiji Tsūshinsha.

Katoriku Bunka Kyōkai. (1949). *Nichi-Ō bunka kōshō bunken mokuroku: Sabieru torai yonhyakunen kinen.* Kokuritsu Kokkai Toshikan.

Kawalilak, C., & Lock, J. (2018). Advancing Cross/Intercultural Awareness and Responsiveness in Higher Education Contexts. *The Journal of Educational Thought (JET)*, *51*(3), 235–238.

Kelley, L., & Worthley, R. (1981). The Role of Culture in Comparative Management: A Cross-Cultural Perspective. *The Academy of Management Journal*, *24*(1), 164–173.

Kelly, J. E., & Thomas, H. (Eds.). (2019). *Jesuit Intellectual and Physical Exchange between England and Mainland Europe, c.1580-1789*. Brill.

Kessler, V. (2019). How to Integrate Spirituality, Emotions and Rationality in (Group) Decision-Making. En Kok, J. & van den Heuvel, S.C. (Eds.). *Leading in a VUCA World: Integrating Leadership, Discernment and Spirituality* (pp. 105–118). Cham.

Ketelaar, J. E. (1990). *Of Heretics and Martyrs in Meiji Japan: Buddhism and Its Persecution*. Princeton University Press.

Kigama, K. (2014). Tsugarushi to kirishitan: Tsugaru Tamenobu no kirisutokyō he no sekkin. *Hachinohe Gakuin Daigaku Kiyō*, *49*, 15–36.

Kiryakova-Dineva, T., & Hadzhipetrova-Lachova, M. (2017). Intercultural Management: Main Aspects and Perspectives for the Practice of International Organizations. *Entrepreneurship*, *5*(1), 97–105.

Klaiber, J. L. (2009). *The Jesuits in Latin America, 1549–2000: 450 Years of Inculturation, Defense of Human Rights, and Prophetic Witness*. Institute of Jesuit Sources.

Knight, G. A., & Cavusgil, S. T. (1996). The Born Global Firm: A Challenge to Traditional Internationalization Theory. En S. T. Cavusgil & T. Madsen (Eds.), *Advances in International Marketing* (Bd. 8, S. 11–26).

Koschorke, K. (1998). *Christen und Gewürze: Konfrontation und Interaktion kolonialer und indigener Christentumsvarianten*. Vandenhoeck & Rupprecht.

Koselleck, R. (2010). *Vergangene Zukunft: Zur Semantik geschichtlicher Zeiten*. Suhrkamp.

Kriegbaum, B. (2006, März 29). *Die Jesuitenreduktionen (1609-1767)* [Vortrag beim Dies academicus der Theologischen Fakultät zum Ignatianischen Jahr]. https://www.uibk.ac.at/theol/leseraum/texte/637.html

Kunttu, A., & Torkkeli, L. (2015). Service Innovation and Internationalization in SMEs: Implications for Growth and Performance. *Management Revue*, *26*(2), 83–100.

Laanti, R., Gabrielsson, M., & Gabrielsson, P. (2007). The Globalization Strategies of Business-to-Business Born Global Firms inn the Wireless Technology Industry. *Industrial Marketing Management*, *36*(8), 1194–1117.

Landin Carrasco, A. (1946). *Life and travels of Pedro Sarmiento de Gamboa*. Historical Institute of the Navy.

Lane, H. W. (1980). Systems, Values and Action: An Analytic Framework for Intercultural Management Research. *Management International Review*, *20*(3), 61–70.

Laures, J. (1959). Die Kirche von Chikugo. *Monumenta Nipponica*, *15*(3–4), 380–414.

Lawrence, W. W. (2012). Coping with External Pressures: A Note on SME Strategy. *Social and Economic Studies*, *61*(1), 161–170.

le Bris, D., Goetzmann, W. N., & Pouget, S. (2017). The Present Value Relation Over Six Centuries: The Case of the Bazacle Company. *Journal of Financial Economics, 132*(1), 248–265.

Lefebvre, E., & Lefebvre, L. A. (2001). Innovative Capabilities as Determinants of Export Performance and Behavior: A Longitudinal Study of Manufacturing SMEs. En A. Kleinknecht & P. Mohnen (Eds.), *Innovation and Firm Performance: Ecometric Explorations of Survey Data* (pp. 281–309). MacMillan.

Leinsle, U. G. (2014). Der Widerstand gegen Perera und seine Physik in der oberdeutschen Jesuitenprovinz. *Quaestio, 14*, 51–68.

Levy, O., Beechler, S., Taylor, N., & Boyacigiller, N. A. (2007). What We Talk about when We Talk about „Global Mindset": Managerial Cognition in Multinational Corporations. *Journal of International Business Studies, 38*(2), 231–258.

Lewis, J. B. (Ed.). (2015). *The East Asian War, 1592-1598: International Relations, Violence and Memory*. Routledge.

Li, L., & Quian, G. (2008). Partnership or Self-Reliance Entry Modes: Large and Small Technology-Based Enterprises' Strategies in Overseas Markets. *Journal of International Entrepreneurship, 6*(4), 188–208.

Li, S. (2001). *Stratégies missionnaires des Jésuites Français en Nouvelle-France et en Chine au XVIIieme siècle*. L'Harmattan.

Liebowitz, J. (2000). *Building Organizational Intelligence: A Knowledge Management Primer*. CRC Press.

Little, D., & Thorne, S. L. (2017). From Learner Autonomy to Rewilding: A Discussion. En M. Cappellini, T. Lewis, & A. R. Mompean (Eds.), *Learner Autonomy and Web 2.0* (pp. 12–35). Equinox.

Liu, Y. (2011). The True Pioneer of the Jesuit China Mission: Michele Ruggieri. *History of Religions, 50*(4), 362–383.

Lopetegui, L. (1942). *El Padre José de Acosta y las misiones*. Instituto Gonzalo Fernández de Oviedo.

López-Gay, J. (2000). Father Francisco Passio (1554-1612) and His Ideas about the Sacerdotal Training of the Japanese. *Bulletin of Portuguese-Japanese Studies, 3*, 27–42.

Louart, P., & Martin, A. (2012). Small and Medium-Sized Enterprises and their Attitudes towards Internationalization and Innovation. *International Business Research, 5*(6), 14–23.

Loureiro, R. M. (2000). Turning Japanese? The Experiences and Writings of a Portuguese Jesuit in 16th Century Japan. En D. Couto & F. Lachaud (Eds.), *Empires éloignés: L'Europe et le Japon (XVIe-XIXe siècles)* (S. 155–168). École française d'Extrême-Orient.

Loyola, I. (1951) Spiritual exercises. Translated by Louis J. Puhl. http://spex.ignatianspirituality.com.

Lozano, P. (1754). *Historia de la Compañia de Jesus en la Provincia Del Paraguay* (Bd. 1). Manuel Fernandez.

Lu, J. W., & Beamish, P. W. (2001). The Internationalization and Performance of SMEs. *Strategic Management Journal, 22*(6–7), 565–586.

Luhmann, N. (2011). *Organisation und Entscheidung*, third edition. Springer VS.

MacCormack, S. (1991). *Religion in the Andes: Vision and Imagination in Early Colonial Peru*. Princeton University Press.

MacCormack, S. (2004). Religion and Society in Inca and Spanish Peru. En E. Phipps (Ed.), *The Colonial Andes: Tapestries and Silverwork, 1530-1830.* Metropolitan Museum of Art.

Macintosh, N. & Quattrone, P. (2010). *Management Accounting and Control Systems: An Organizational and Sociological Approach*, second edition. Wiley.

Maclean, M., Harvey, C., & Clegg, S. (2016). Conceptualizing Historical Organization Studies. *Academy of Management Review, 41*(4), 609–632.

Majocchi, A., Mayrhofer, U., & Camps, J. (2013). Joint Ventures or Non-Equity Alliances? Evidence from Italian Firms. *Management Decisions, 51*(2), 380–395.

Málaga Medina, A. (1974). Las reducciones en el Perú durante el gobierno del virrey Francisco de Toledo. *Anuario de estudios americanos, 31*, 818–842.

Maldavsky, A. (2012). *Vocaciones inciertas. Misión y misioneros en la provincia jesuita del Perú en los siglos XVI y XVII.* CSIC-IFEA Universidad Ruiz de Montoya.

Maldavsky, A. (2018). The Andes. En R.-P. Hsia (Ed.), *A Companion to Early Modern Catholic Global Missions* (pp. 41–72). Brill.

Maloney, M. R., & Zellmer-Bruhn, M. (2006). Building Bridges, Windows and Cultures: Mediating Mechanisms between Team Heterogeneity and Performance in Global Teams. *MIR: Management International Review, 46*(6), 697–720.

Mannheim, B. (1991). *The Language of the Inka since the European Invasion.* University of Texas Press.

Marcuse, L. (2008). *Ignatius von Loyola: Ein Soldat der Kirche.* Diogenes.

Martin, L. (2001). *La conquista intelectual del Perú: El Colegio jesuita de San Pablo, 1568-1767.* Editorial Casiopea.

Marzal, M. (1985). *El sincretismo iberoamericano* Pontificia Universidad Católica del Perú.

Marzal, M. (1988). *La transformación religiosa peruana.* Pontificia Universidad Católica del Perú.

Matsuda, K. (1947). *Kirishitan daimyō, Ōtomo Sōrin no shōgai.* Chūō Shuppansha.

Maurice, M., & Sorge, A. (Eds.). (2000). *Embedding Organizations: Societal Analysis of Actors, Organizations and Socio-Economic Contexts.* John Benjamins.

Mayrhofer, U. (2004). International Market Entry: Does the Home Country Affect Entry-Mode Desicisions? *Journal of International Marketing, 12*(4), 71–96.

Mayrhofer, U. (2017). *Management interculturel: Comprendre et gérer la diversité culturelle Label Fnege 2018 dans la catégorie Manuel.* Vuibert.

McCoog, T. M. (2019). *Pre-suppression Jesuit Activity in the British Isles and Ireland.* Brill.

McGinness, A. B. (2018). The Historiography of the Jesuits in Brazil Prior to the Suppression. En *Jesuit Historiography Online.* http://dx.doi.org/10.1163/2468-7723_jho_COM_209645

Medina, F. B. (2001). Ruiz de Portillo, Jerónimo. En C. O'Neill & J. M. Domínguez (Eds.), *Diccionario Histórico de la Compañía de Jesús* (vol. 4, pp. 3437–3438). Institutum Historicum Societatis Iesu-Universidad Pontificia Comillas.

Mignini, F. (2019). *New Perspectives in the Studies on Matteo Ricci.* Quodlibet.

Mignolo, W. D. (2000). *Local Histories/Global Designs: Coloniality, Subaltern Knowledges and Border Thinking.* Princeton University Press.

Mignolo, W. D., & Ennis, M. (2001). Coloniality at Large: The Western Hemisphere in the Colonial Horizon of Modernity. *CR: The New Centennial Review, 1*(2), 19–54.

Millones, L. (2007). Mesianismo en América hispana: El Taki Onqoy. *Memoria Americana* 15, 7–39.

Mills, A. J., & Novicevic, M. N. (2020). *Management and Organizational History: A Research Overview*. Routledge.

Mills, K. (1997). *Idolatry and its Enemies: Colonial Andean Religion and Extirpation, 1640–1750*. Princeton University Press.

Mills, K. (2007). The Naturalization of Andean Christianities. En R.-P. Hsia (Ed.), *The Cambridge History of Christianity: Bd. 6: Reform and Expansion, 1500–1660* (pp. 508–539). Cambridge University Press.

Mione, A. (2015). The Value of Intangibles in a Situation of Innovation: Questions Raised by the Case of Standards. *Journal of Innovation Economics & Management, 17*, 49–68.

Moran, J. F. (1993). *The Japanese and the Jesuits: Alessandro Valignano in Sixteenth Century Japan*. Routledge.

More, A. (2020). Jesuit Networks and the Transatlantic Slave Trade: Alonso de Sandoval's Naturaleza, policía sagrada y profana (1627). En I. del Valle, A. More, & R. S. O'Toole (Eds.), *Iberian Empires and the Roots of Globalization* (pp. 131–157). Vanderbilt University Press.

Mörner, M. (1973). The Spanish American Hacienda: A Survey of Recent Research and Debate. *Hispanic American Historical Review, 53*(2), 183–216.

Morris, J. H. (2018). *Rethinking the History of Conversion to Christianity in Japan: 1549-1644*. University of St. Andrews.

Mujica, R. (2016). *La imagen transgredida: Ensayos de iconografía peruana y sus políticas de representación simbólica*. Congreso de la República.

Müller, S. (1996). Auslandsorientierung als Zielsetzung der Personalentwicklung. En A. Thomas (Ed.), *Psychologie interkulturellen Handelns* (pp. 341–364). Hogrefe.

Mullett, M. A. (1999). *The Catholic Reformation*. Routledge.

Murai, S. (1998). *Nihon kinsei kokka no shōso*. Tōkyōdō Shuppan.

Murai, S. (1999). Ichi kirishitan bushi no kiseki. *Nihon Josei Daigaku Shigaku Kenkyūkai, 40*, 71–90.

Murai, S. (2000). *Tennō to kirishitan kinsei*. Yūzankaku Shuppan.

Murai, S. (2002). *Kirishitan kinsei to minshū no shūkyō*. Yamakawa Shuppansha.

Nagahara, K. (1978). *Sengoku jidai*. Yoshikawa Kōbunkan.

Nebgen, C. (2007). *Missionarsberufungen nach Übersee in drei deutschen Provinzen der Gesellschaft Jesu im 17. Und 18. Jahrhundert*. Schnell&Steiner.

Negandhi, A. R. (1975). Comparative Management and Organization Theory: A Marriage Needed. *Academy of Management Journal, 18*(2), 334–344.

Negandhi, A. R. (1983). Cross-Cultural Management Research: Trend and Future Directions. *Journal of International Business Studies, 14*(2), 17–28.

Negandhi, A. R., & Prasad, S. B. (1971). *Comparative Management*. Appleton-Century-Crofts.

Nejime, K. (2014). Alessandro Valignano (1539-1606) between Padua and Japan. *Gakushūin Joshi Daigaku-kyō, 16*, 43–52.

Newitt, M. D. D. (2005). *A History of Portuguese Overseas Expansion, 1400-1668*. Routledge.

Newson, L.A. (2020). Introduction. En L.A. Newson (Ed.), *Cultural Worlds of the Jesuits in Colonial Latin America* (pp. 1–7). University of London Press.

Ng, K.-Y., Tan, M., & Ang, S. (2011). Global Culture Capital and Cosmopolitan Human Capital: The Effects of Global Mindset and Organizational Routines on Cultural Intelligence and International Experience. En A. Burton-Jones & J.-C. Spender (Eds.), *The Oxford Handbook of Human Capital*. Oxford University Press. https://www.oxfordhandbooks.com/view/10.1093/oxfordhb/97801995 32162.001.0001/oxfordhb-9780199532162-e-4

Niina, K. (2017). *Shimazu Takahisa: Sengoku Daimyō Shimazu-shi no tanjō*. Ebisu Kōshō Shuppan.

Nobili, R. de. (1971). *On Adaptation, trans. Of Narratio fondamentorum quibus Madurensis Missionis institutum coeptus est et hucusque consistit*. De Nobili Research Institute.

Nofuji, T., & Uchijima, M. (Eds.). (2017). *Shimabara Hantō no shinkō to rekishi: Ikki to sono go no Matsudaira-shi chisei*. Seinan Gakuin Daigaku Hakubutsukan.

Nonaka, I., & Reinmoeller, P. (1999). Knowledge Creation Architecture: Constructing the Places for Knowledge Assets and Competitive Advantage. En J. Engelhard & W. A. Oechsler (Eds.), *Internationales Management: Auswirkungen globaler Veränderungen auf Wettbewerb, Unternehmensstrategie und Märkte* (pp. 21–46). Springer.

Nonnemann, W. (2009). On the Economics of the Socialist Theocracy of the Jesuits in Paraguay (1609–1767). En M. Ferrero & R. Wintrobe (Eds.), *The Political Economy of Theocracy* (pp. 119–142). Palgrave Macmillan.

Nummela, N., Saarenketo, S., Jokela, P., & Loane, S. (2014). Strategic Decision-Making of a Born Global: A Comparative Study from Three Small Open Economies. *Management International Review*, 54(4), 527–550.

Nummela, N., Saarenketo, S., & Puumalainen, K. (2004). A Global Mindset: A Prerequisite for Successful Internationalization? *Canadian Journal of Administrative Sciences*, 21(1), 51–64.

Oberg, W. (1963). Cross-Cultural Perspective on Management Principles. *Academy of Management Journal*, 6(2), 141–143.

Oberholzer, P. (Eds.). (2015). *Diego Laínez (1512-1565) and his Generalate*. Institutum Historicum Societas Iesu.

Oehme, M., & Bort, S. (2015). SME Internationalization Modes in the German Biotechnology Industry: The Influence of Imitation, Network Position, and International Experience. *Journal of International Business Studies*, 46(6), 629–655.

Ogawa, S. (2010). On the Decay, Preservation and Restoration of Imported Portugese Christian Missionary Vocabulary in the Kyushu District of Japan since the 16th Century. *Slavia Centralis*, 3(1), 150–161.

Ōhashi, Y. (1996). New Perspectives on the Early Tokugawa Persecution. En J. Breen & M. Williams (Eds.), *Japan and Christianity: Impacts and Responses* (pp. 46–62). St. Martin Press.

Ōhashi, Y. (2016). 16-19 seiki Nihon ni okeru kirishitan no juyō kinsei senpuku. *Kokubungaku kenkyū shiryōkan kiyō*, 12, 123–134.

Olin, J. C. (1979). The Idea of Pilgrimage in the Experience of Ignatius Loyola. *Church History*, 48(4), 387–397.

Oliveira e Costa, J. P. (1993). *Portugal e O Japão: O Século Namban*. Imprensa Nacional Casa da Moeda.

Oliveira e Costa, J. P. (1998). *O Cristianismo no Japão e o Episcopado de D. Luis Cerqueira*. Universidade Nova de Lisboa.

O'Malley, J. W. (1994). *The First Jesuits*. Harvard University Press.

O'Malley, J. W. (Eds.). (1999). *The Jesuits: Cultures, Sciences, and the Arts, 1540-1773*. Toronto University Press.

O'Malley, J. W. (2013). *Saints or Devils Incarnate? Studies in Jesuit History*. Brill.

Omata Rappo, H. (2020a). *Des Indes lointaines aux scènes des collèges: Les reflets des Martyrs de la mission japonaise en Europe (XVIe -XVIIIe siècle)*. Aschendorff.

Omata Rappo, H. (2020b). Death on the Cross: The Beatification of the Twenty-Six Martyrs of Nagasaki (1627) and the Iconography of the Crucifixion. En Quiles García, F. Et al. (Eds.). *A la luz de Roma: Santos y santidad en el Barroco Iberoamericano, vol. iii: Tierra de santidad* (pp. 129–150). Enredars.

Omata Rappo, H. (2023). From the Cross to the Pyre: The Representation of the Martyrs of Japan in Jesuit Prints. *Journal of Jesuit Studies* 10(3), 456–486.

O'Reilly, T. (2020). The Spiritual Exercises and Illuminism in Spain: Dominican Critics of the Early Society of Jesus. *Journal of Jesuit Studies* 7(3), 377–402.

Oswald, J., & Rummel, P. (Eds.). (1996). *Petrus Canisius, Reformer der Kirche. Festschrift zum 400. Todestag des zweiten Apostels Deutschlands*. Sankt Ulrich.

Oviatt, B., & McDougall, P. (2005). Defining International Entrepreneurship and Modeling the Speed of Internationalization. *Entrepreneurship: Theory and Practice*, 29(5), 537–553.

Oviatt, B., & McDougall, P. (1994). Toward a Theory of International New Ventures. *Journal of International Business Studies*, 25(1), 45–64.

Oviatt, B., & McDougall, P. (1995). Global Start-Ups: Entrepreneurs on a Worldwide Stage. *Academy of Management Executive*, 9(2), 30–44.

Pacheco, D. (1971). Diogo de Mesquita, S.J. an the Jesuit Mission Press. *Monumenta Nipponica*, 26(3-4), 431–443.

Pacheco, D. (1973). *El hombre que forjó a Nagasaki. Vida del P. Cosme de Torres, S. J.* Apostoloda de la Prensa.

Pacheco, D. (1974). Xavier and Tanegashima. *Monumenta Nipponica*, 29(4), 477–480.

Pacheco, D. (1977). Iglesias de Nagasaki durante el "Siglo Cristiano", 1568-1620. *Boletín de la Asociación Española de Orientalistas*, 13, 49–70.

Pacheco, D. (1989). *Fundação do Porto de Nagasaki e a sua cedência à Sociedade de Jesus*. Centro de Estudos Marítimos de Macau.

Padberg, J. S. (1997). *Three Forgotten Founders of the Society of Jesus*. Society of Jesus.

Page, C. (2017). *La biografía del jesuita Marciel de Lorenzana, precursor de las misiones del Paraguay escrita por el P. Diego de Boroa*. Báez ediciones.

Page, C. (2018). Relación de las misiones del Paraguay del P. Marciel de Lorenzana (1621). *IHS: Antiguos Jesuitas en Iberoamérica*, 6(1), 128–157.

Paul, H. (2014). *Christopher Columbus and the Myth of "Discovery"*. Transccript.

Pauluzzo, R., & Shen, B. (2018). *Impact of Culture on Management of Foreign SMEs in China.* Springer.

Pearce, A. J. (2020). Colonial Coda: The Andes–Amazonia Frontier under Spanish Rule. En A. J. Pearce, D. G. Beresford-Jones, & P. Heggarty (Eds.), *Rethinking the Andes–Amazonia Divide: A Cross-Disciplinary Exploration* (S. 313–324). University College London Press.

Pennec, H. (2003). *Des jésuites au royaume du Prêtre Jean (Éthiopie): Stratégies, rencontres et tentatives d'implantation 1495-1633.* Fundação Calouste Gulbenkian.

Perez Fernandez, I. (1988). *Bartolomé de Las Casas en el Perú. El espíritu lascasiano en la primera evangelización del imperio incaico (1531–1573).* Centro de estudios regionales andinos Bartolomé de las Casas.

Pérez, L. (1920). Memoriales y otros documentos del P. Francisco de Montilla. *Archivum Franciscanum Historicum, 13*, 181–214.

Pérez, L. (1923). *Cartas y relaciones del Japon: Persecución y martirio de los misioneros franciscanos.* G. López del Horno.

Pérez Tudela y Buesco, J. (1998). *Obras clásicas para la historia de Iberoamérica.* Fundación Histórica Tavera.

Peterson, M. F., & Søndergaard, M. (Eds.). (2008). *Foundations of Cross Cultural Management: Vol. 4 vols.* Sage.

Pfefferman, T. (2016). Reassembling the Archives: Business History Knowledge Production from an Actor-Network Perspective. *Management & Organizational History, 11*(4), 380–398.

Piekkari, R., & Zander, L. (2005). Language and Communication in International Management. *International Studies of Management and Organization, 35*(1), 3–9.

Polgár, L. (1986). *Bibliographie sur l'histoire de la Compagnie de Jésus (1901-1980),* vol. 2: *Les pays. Amérique, Asie, Afrique, Océanie.* IHSI.

Polo, F. C., & Rodríguez, C. R. (2014). Una revisión histórico-descriptiva de las empresas pioneras en el tratamiento de intangibles. *Intangible Capital, 10*(1), 125–154.

Porras Barrenechea, R. (1962). *Los cronistas del Perú (1528-1650).* Sanmartí y Cía.

Prange, C., & Zhao, Y. (2018). Strategies for Internationalisation: How Chinese SMEs Deal with Distance and Market Entry Speed. En N. Dominguez & U. Mayrhofer (Eds.), *Key Success Factors of SME Internationalisation: A Cross Country Perspective* (pp. 205–224). Emerald.

Presbitero, A. (2021). Enhancing Intercultural Task Performance: Examining the Roles of Social Complexity Belief and Cultural Intelligence. *Personnel Review.* https://doi.org/10.1108/PR-03-2020-0198.

Quattrone, P. (2004). Accounting for God: Accounting and Accountability Practices in the Society of Jesus (Italy, XVI–XVII centuries). *Accounting, Organizations and Society, 29*(7), 647–683.

Quinn, P. A. (1981). Ignatius Loyola and Gian Pietro Carafa: Catholic Reformers at Odds. *The Catholic Historical Review, 67*(3), 386–400.

Radulet, C. (1994). O 'Cerimonial' do P. Alessandro Valignano: Encontro de culturas e missionação no Japão. En R. Carneiro (Ed.), *O Século Cristão do Japão: Actas do Colóquio Comemorativo dos 450 anos de amizade Portugal-*

Japão (1453-1993) (pp. 55-69). Centro de Estudos dos Povos e Culturas de Expressão, Universidade Católica Portuguesa.

Rahner, K. (1979). *Ignatius of Loyola*. Collins.

Ramada Curto, D. (2005). The Jesuits as Intermediaries in Early Modern World. *Archivum Historicum Societatis Iesu, 74*(147), 3-22.

Ramsey, J. R., Aad, A. A., Jian, C., Barakat, L., & Drummond, V. (2016). Emergence of Cultural Intelligence and Global Mindset Capital: A Multilevel Model. *Multinational Business Review, 24*(2), 106-122.

Rasheed, H. S. (2005). Foreign Entry Mode and Performance: The Moderating Effects of Environment. *Journal of Small Business Management, 43*(1), 41-54.

Rasiah, R., & Thangiah, G. (2017). Government Policies, Regional Trading Agreements and the Economic Performance of Local Electronics Component Producing SMEs in Malaysia. *Journal of Southeast Asian Economies, 34*(2), 302-321.

Rask, M. (2014). Internationalization through Business Model Innovation: In Search of Relevant Design Dimensions and Elements. *Journal of International Entrepreneurship, 12*, 146-161.

Rassekh, F. (1998). The Convergence Hypothesis: History, Theory and Evidence. *Open Economies Review, 9*, 85-105.

Redondo Bonet, L. (2011). *Iezusu-kai no konseki: Nihon de okonawareta Iezusu-kai no āto seminariyo seido ni kansuru ikkōsatsu*. Tōkyō Geijutsu Daigaku.

Reinhard, W. (1976). Gelenkter Kulturwandel im Siebzehnten Jahrhundert: Akkulturation in den Jesuitenmissionen als universalhistorisches Problem. *Historische Zeitschrift, 223*(3), 529-590.

Ribadeneira, P. (1592). *Vida del. P. Francisco de Borja*. P. Madrigal.

Rieter, F. J. (1995). *They Built Utopia: The Jesuit Missions in Paraguay 1610-1768*. Scripta Humanistica.

Rocha, H. M. d. S. d. R. d. (2014). *O Oriente no Ocidente: O Japão na cultura portuguesa do século XVI - a visão de Luís Fróis nas Cartas de Évora*. Universidade Lusíada de Lisboa.

Rodrigues, J. (1604). *Arte da lingoa de Iapam*. Collegio de Iapão da Companhia de Iesu.

Rodrigues, J. (1976). *Pari-bon Nippo jisho/Vocabulario da lingoa de Iapam* (H. Ishizuka, ed.). Benseisha.

Roemer, B. B. (1946). *Foundations of the Jesuits in the Viceroyalty of Peru (1568-1605)*. Loyola University.

Rogge, J. (Ed.). (2013). *Making Sense as a Cultural Practice: Historical Perspectives*. Transcript.

Rojo-Mejuto, N. (2018). Los inicios de la lexicografía hispano-japonesa. *Revista de Lexicografía, 24*, 143-169.

Romani, L., Barmeyer, C., Primecz, H., & Pilhofer, K. (2018). Cross-Cultural Management Studies: State of the Field inthe Four Research Paradigms. *International Studies of Management and Organization, 48*(3), 1-17.

Romero, C. A. (Ed.). (1943). *Las crónicas de los Molinas: "Destrucción del Perú"*. Domingo Miranda.

Roofe, M. E., & Stone Roofe, A. E. (2016). A Commentary on SMEs in Brazil: Lessons for Jamaica and the Caribbean. *Social and Economic Studies, 65*(2–3), 161–175.

Root, F. R. (1977). *Entry Strategies for Foreign Markets: From Domestic to International Business.* AMACOM.

Ross, A. C. (1994). *A Vision Betrayed: The Jesuits in Japan and China, 1542-1742.* Orbis Books.

Rowlinson, M., Hassard, J., & Decker, S. (2014). Research Strategies for Organizational History: A Dialogue Between Historical Theory and Organization Theory. *Academy of Management Review, 39*(3). https://doi.org/10.5465/amr.2012.0203.

Rubiés, J.-P. (2012). Real and Imaginary Dialogues in the Jesuit Mission of Sixteenth-century Japan. *Journal of the Economic and Social History of the Orient, 55*(2–3), 447–494.

Ruiz de Montoya, A. (1640). *Arte y vocabulario de la lengua Guaraní.* J. Sánchez.

Russo, A., & Perrini, F. (2010). Investigating Stakeholder Theory and Social Capital: CSR in Large Firms and SMEs. *Journal of Business Ethics, 91*(2), 207–221.

Şahin, F., & Gürbüz, S. (2020). Entrepreneurial Orientation and International Performance: The Moderating Role of Cultural Intelligence. *Journal of Management & Organization, 26*(2), 263–287.

Saint Francis Xavier and the Roots of Christianity in Japan. (2015, August 27). Nippon.com.

Saito, A., Rosas Lauro, C., Ravi Mumford, J., Wernke S.A., Zuloaga Rada M., & y Spalding K. (2014). Nuevos avances en el estudio sobre las reducciones toledanas. *Bulletin of the National Museum of Ethnology, 39*(1), 123–167.

Saito, A., & Rosas Lauro, C. (Eds.). (2017). *Reducciones. La concentración forzada de las poblaciones indígenas en el virreinato del Perú.* Fondo editorial de la Pontificia Universidad Católica del Perú.

Saka-Helmhout, A. (2011). Comparative Historical Analysis in International Management Research. En R. Piekkari (Ed.), *Rethinking the Case Study in International Business and Management Research* (pp. 383–407). Edward Elgar.

Saladin, I. (2020). *Karten und Mission: Die jesuitische Konstruktion des Amazonasraums im 17. Und 18. Jahrhundert.* Mohr Siebeck.

Sánchez, M. P., Chaminade, C., & Olea, M. (2000). Management of Intangibles: An Attempt to Build a Theory. *Journal of Intellectual Capital, 1*(4), 312–327.

Sanchez Salgado, R. (2017). Professionnalisation ou amateurisme? Projets financés par UE dans le domaine d'emploi et la profession interculturelle. *Politique Européenne, 57*, 54–83.

Sarmento de Matos, J. (1989). *Sons de Lisboa: Uma Biografia de Valentim de Carvalho.* Dom Quixote.

Scarino, A. (2010). Assessing Intercultural Capability in Learning Languages: A Renewed Understanding of Language, Culture, Learning, and the Nature of Assessment. *The Modern Language Journal, 94*(2), 324–329.

Schauwecker, D. (2015). *Vom Wunder zur Magie Frühe japanische Christenwunder in west-östlicher Literatur* (Beiträge des Arbeitskreises Japanische Religionen).

Universität Tübingen. https://publikationen.uni-tuebingen.de/xmlui/handle/10900/67489

Schilling, D. (1940). Neue Funde zu den Christlichen Druckereien Japans im 17. Jahrhundert. *Monumenta Nipponica, 3*(2), 648–653.

Schöndorf, H., & Funiok, R. (Eds.). (2018). *Ignatius von Loyola und die Pädagogik der Jesuiten: Ein Modell für Schule und Persönlichkeitsbildung*. Peter Lang.

Schurhammer, G. (1928). *Das kirchliche Sprachproblem in der japanischen Jesuitenmission de 16. Und 17. Jahrhunderts: Ein Stück Ritenfrage in Japan*. Deutsche Gesellschaft für Natur-u. Völkerkunde Ostasiens.

Schurhammer, G. (1929). *Die Disputationen des P. Cosme de Torres S.J. mit den Buddhisten i Yamaguchi im Jahre 1551*. Deutsche Gesellschaft für Natur- u. Völkerkunde Ostasiens.

Schütte, J. F. (1951). *Valignanos Missionsgrundsätze für Japan* (vol. 1). Edizioni di Storia e Letteratura.

Schütte, J. F. (1967). Die Wirksamkeit der Päpste für Japan im ersten Jahrhundert der japanischen Kirchengeschichte (1549-1650): Versuch einer Zusammenfassung. *Archivum Historiae Pontificiae, 5*, 175–261.

Schütte, J. F. (1975). *Monumenta Historica Japoniae, vol. 1: Textus catalogorum Japoniae aliaeque de personis domibusque S.J. in Japonia informationes et relationes, 1549-1654*. Monumenta Historica Soc. Iesu.

Schwarzkopf, S. (2013). 'Culture' and the Limits of Innovation in Marketing: Ernest Dichter, Motivation Studies and Psychoanalytic Consumer Research in Great Britain, 1950s–1970s. *Management & Organizational History, 2*(3), 219–236.

Schwemmer, P. (2014). My Child Deus: Grammar versus Theology in a Japanese Christian Devotional of 1591. *Journal of Jesuit Studies, 1*(3), 465–482.

Scott, H. V. (2009). *Contested Territory: Mapping Peru in the Sixteenth and Seventeenth Centuries*. University of Notre Dame Press.

Segovia Gordillo, A. (2020). Las gramáticas misioneras sobre la lengua quechua a través de sus paratextos. *Nueva Revista de Filología Hispánica, 68*(2), 451–497.

Sestu, M. C., Majocchi, A., & D'Angelo, A. (2018). Entry Mode Strategies: Are SMEs Any Different? In N. Dominguez & U. Mayrhofer (Eds.), *Key Success Factors of SME Internationalisation: A Cross Country Perspective* (pp. 63–80). Emerald.

Shore, P. (2007). Recent Studies in Jesuit History. *Journal of Religious History, 31*(3), 316–323.

Sievernich, M. (2002). Von der Akkomodation zur Inkulturation: Missionarische Leitideen der Gesell schaft Jesu. *Zeitschrift für Missionswissenschaft und Religionswissenschaft, 86*, 260–276.

Sievernich, M. (2005). Mission und Missionen der Gesellschaft Jesu. En J. Meier (Ed.), *Sendung, Eroberung, Begegnung: Franz Xaver, die Gesellschaft Jesu und die katholische Weltkirche im Zeitalter des Barock* (pp. 7–30). Harrassowitz.

Sioris, G. A. (1997). Luís Fróis: Chronicler and Interpreter of Japan, a Jesuit Between Two Countries. En Comissão Territorial de Macau para as Comemorações dos Descobrimentos Portugueses (Eds.), *Luís Fróis: Proceedings of the International*

Conference, United Nations University, Tokyo, September 24-26, 1997 (pp. 3–17). Embassy of Portugal in Japan.

Siu, W., & Liu, Z. (2005). Marketing in Chinese Small and Medium Enterprises (SMEs): The State of the Art in a Chinese Socialist Economy. *Small Business Economics, 25*(4), 333–346.

Smith, G. E. (2007). Management History and Historical Context: Potential Benefits of Its Inclusion in the Management Curriculum. *Academy of Management Learning & Education, 6*(4), 522–533.

Smith, P. B., Peterson, M. F., & Thomas, D. C. (2008). *The Handbook of Cross-Cultural Management Research.* Sage.

Soto Antuñedo, W. (2016a). Alonso de Barzana S.I Apóstol de Andalucía y Sudamérica. *Archivo Teológico Granadino, 79*, 5–130.

Soto Antuñedo, W. (2016b). El deseo de las Indias: Las cartas indípetas de Alonso de Barzana SJ (1530–1598). *Archivum Historicum Societatis Iesu, 85*, 405–444.

Soto Antuñedo, W. (2018). *Alonso de Barzana SJ, (1530-1590): El Javier de las Indias Occidentales.* Loyola & Mensajero.

Sousa, Lúcio de. (2010). *The Early European Presence in China, Japan, the Philippines and Southeast Asia (1555-1590): The Life of Bartolomeu Landeiro.* Fundação Macau.

Sousa Pinto, P. J. d. (2012). *The Portuguese and the Straits of Melaka, 1575-1619: Power, Trade, and Diplomacy.* NUS Press.

Spencer-Oatey, H., & Franklin, P. (2009). *Intercultural Interaction: A Multidisciplinary Approach to Intercultural Communication.* Palgrave Macmillan.

Stahl, G. K., & Tung, R. L. (2015). Towards a More Balanced Treatment of Culture in International Business Studies: The Need for Positive Cross-Cultural Scholarship. *Journal of International Business Studies, 46*(4), 391–414.

Steinkerchner, S. (2020). Introduction: Dominicans and Jesuits, through the Centuries. *Journal of Jesuit Studies 7*(3), 357–376.

Stern, S. (1982). *Peru's Indigenous Peoples and the Challenge of Spanish Conquest: Huamanga to 1640.* University of Wisconsin Press.

St-Pierre, J., Lacoursière, R., & Veileux, S. (2018). Québec SME Risk Managemet and Exports to Asian Countries. En N. Dominguez & U. Mayrhofer (Eds.), *Key Success Factors of SME Internationalisation: A Cross Country Perspective* (pp. 175–193). Emerald.

Strasser, U. (2020). *Missionary Men in the Early Modern World: German Jesuits and Pacific Journeys.* Amsterdam University Press.

Stutz, C., & Sachs, S. (2018). Facing the Normative Challenges: The Potential of Reflexive Historical Research. *Business & Society, 57*(1). https://doi.org/10.1177/0007650316681989.

Subhan, Q. A., Mahmood, T., & Sattar, A. (2014). Innovation and Economic Development: A Case of Small and Medium Enterprises in Pakistan. *Pakistan Economic and Social Review, 52*(2), 159–174.

Suddaby, R. (2016). Toward a Historical Consciousness: Following the Historic Turn in Management Thought. *M@n@gement, 19*(1), 46–60.

Sumati, V. (2011). Born Global Acquirers from Indian IT: An Exploratory Case Study. *International Journal of Emerging Markets, 6*(4), 351–368.

Swope, K. (2016). *A Dragon's Head and a Serpent's Tail: Ming China and the First Great East Asian War, 1592 1598*. University of Oklahoma Press.

Takahashi, M. (2001). A Portuguese Clavichord in Sixteenth-Century Japan? *The Galpin Society Journal, 54*, 116–123.

Takase, K. (2013). Kirishitan jidai Iezusu-kai korejio (Yamaguchi, Hirado, Ikitsuki, Chijiwa, Arie, Kazusa, Amakusa) ni tsuite. *Shigaku, 82*(3), 235–309.

Takase, K. (1993). *Kirishitan no seiki: Zabieru tonichi kara sakoku made*. Yoshikawa Kōbunkan.

Takase, K. (1994). *Kirishitan jidai taigai kankei*. Yoshikawa Kōbunkan.

Taylor, S., Bell, E., & Cooke, B. (2009). Business History and the Historiographical Operation. *Management & Organizational History, 4*(2), 151–166.

Teece, D. J. (2010). Business Model, Business Strategy and Innovation. *Long Range Planning, 43*(2–3), 172–194.

Telles, B. (1645). *Chronica da Companhia de IESU, na provincia de Portugal, e o que fizeram d'este Reyno, os Religiosos que na mesma Provincia entràram, nos annos em que viveo S. Inacio de Loyola, Nosso Fundador*. Paulo Craesbeeck.

Thanh, H. V. (2016). Un équilibre impossible: Financer la mission jésuite du Japon, entre Europe et Asie (1579-1614). *Revue d'histoire moderne et contemporaine (1954-), 63*(3), 7–30.

Thanh, H. V. (2018). L'économie des objets de dévotion en terres de mission. *Archives de sciences sociales des religions, 63*(183), 207–226.

Thomas, A. (1988). Untersuchungen zur Entwicklung eines interkulturellen Handlungstrainings in der Managerausbildung. *Psychologische Beiträge, 30*, 147–165.

Thomas, D. C. (2014). Cross-Cultural Management. En *Oxford Bibliographies*. https://www.oxfordbibliographies.com/view/document/obo-9780199846740/obo-9780199846740-0074.xml

Thomas, D. C., & et al. (2015). Cultural Intelligence: A Theory-Based, Short Form Measure. *Journal of International Business Studies, 46*(9), 1099–1118.

Thurner, M. (2009). The Founding Abyss of Colonial History: Or "The Origin and Principle of the Name of Peru". *History and Theory, 48*(1), 44–62.

Thurner, M. (2011). *History's Peru: The Poetics of Colonial and Postcolonial Historiography*. University of Florida Press.

Tōkyō Daigaku Shiryō Hensanjo (Eds.). (1990). *Iezusukai Nihon shokanshū*. 2 vols. Tōkyō Daigaku Shiryō Hensanjo.

Torkkeli, L., Nummela, N., & Saarenketo, S. (2018). A Global Mindset: Still a Prerequisite for Successful SME Internationalisation? En N. Dominguez & U. Mayrhofer (Eds.), *Key Success Factors of SME Internationalisation: A Cross Country Perspective* (pp. 7–24). Emerald.

Torres, A. M. (1932). *El Padre Valverde: Ensayo biográfico y crítico*. Editorial Ecuatoriana.

Torres Saldamando, E. (1906). Padre Jerónimo Ruiz de Portillo, primer Provincial en el Perú. *Revista Histórica, 1*, 445–455.

Toyama, M. (2011). *Chūsei Nagasaki no kisoteki kenkyū*. Shibunkaku Shuppan.

Tremml-Werner, B. (2015). *Spain, China, and Japan in Manila, 1571-1644*. Amsterdam University Press.

Trigault, N. (1623). *De Christianis apud Japonios triumphis sive de gravissima ibidem contra Christi fidem persecutione exorta anno MDCXII usque ad annum MDCXX.* Sadeler.

Tronu Montane, C. (2012a). Mercaderes y frailes españoles en el Japón del Siglo de Oro. En M. J. Zamora Calvo (Ed.), *Japón y España: Acercamientos y desencuentros (siglos XVI y XVII)* (S. 255–265). Satori.

Tronu Montane, C. (2012b). *Sacred Space and Ritual in Early Modern Japan: The Christian Community of Nagasaki (1569-1643).* SOAS University of London.

Tronu Montane, C. (2012c). The Jesuit Accommodation Method in 16th and 17th Century Japan. En J. Martínez Millán, H. Pizarro Llorente, & E. Jiménez Pablo (Eds.), *Los Jesuitas: Religión, política y educación (Siglos XVI-XVIII)* (pp. 1617–1642). UNE.

Tronu Montane, C. (2015). The Rivalry between the Society of Jesusand the Mendicant Orders in Early Modern Nagasaki. *Agora: Journal of International Center for Religious Studies, 12.* https://www.researchgate.net/publication/278715051_The_rivalry_between_the_Jesuits_and_the_Mendicant_orders_in_Nagasaki_at_the_end_of_the_sixteenth_century_and_the_beginning_of_the_seventeenth_century.

Tutino, J. (2021). Capitalism, Christianity, and Slavery: Jesuits in New Spain, 1572–1767. *Journal of Jesuit Studies 8*(1), 11–36.

Tylenda, J. N. (2001). *A Pilgrim's Journey: The Autobiography of Ignatius of Loyola.* Ignatius Press.

Üsdiken, B., & Kipping, M. (2021). *History in Management and Organization Studies: From Margin to Mainstream.* Routledge.

Valignano, A. (1601). *Libro primero del principio y progresso de la religión Christiana en Jappón y de la especial providencia de que Nuestro Señor usa con aquella nueva iglesia.* British Museum Additional manuscript 9857.

Valignano, A. (1943). *Les Instructions du Père Valignano pour l'ambassade japonaise en Europe* (P. Abranches & H. Bernard, eds.). Sophia University.

Valignano, A. (1946). *Il Cerimoniale per i missionari del Giappone: Advertimentos e avisos acerca dos costumes e catangues de Jappão di Alexandro Valignano* (J. F. Schütte, ed.). Edizioni di Storia e Letteratura.

Valignano, A. (1954). *Sumario de las cosas de Japón (1583)* (J. L. Alvarez-Taladriz, ed.). Sophia University.

Vande Walle, W. F. (1996). The Language Barrier in the History of Japanese-European Relations. *Kyoto Conference on Japanese Studies 1994, 3,* 345–356. https://doi.org/10.15055/00003569.

Van Lent, W., & Durepos, G. (2019). Nurturing the Historic Turn: "History as Theory" versus "History as Method." *Journal of Management History, 25*(4), 429–443.

Vargas Ugarte, R. (1963). *Historia de la Compañía de Jesús en el Perú: Bd. 4. vols.* Aldecoa.

Venn, H. (1862). *The Missionary Life and Labours of Francis Xavier Taken from His Own Correspondence: With a Sketch of the General Results of Roman Catholic Missions Among the Heathen.* Longman, Green, Longman, Roberts, & Green.

Vitelleschi, M. (1632). *Iaerliicksche brieven van Iaponien der jaren 1625. 1626. 1627.* Jan Cnobbaert.

Vlam, G. A. H. (1979). The Portrait of S. Francis Xavier in Kobe. *Zeitschrift für Kunstgeschichte, 42*(1), 48–60.

Wadhwani, R. D. (2016). Historical Methods for Contextualizing Entrepreneurship Research. En F. Welter & W. B. Gartner (Eds.), *A Research Agenda for Entrepreneurship and Context* (pp. 134–145). Edward Elgar.

Wadhwani, R. D., & Decker, S. (2017). Clio's Toolkit: The Practice of Historical Methods in Organization Studies. En S. Jain & R. Mir (Eds.), *Routledge Companion to Qualitative Research in Organization Studies* (pp. 113–127). Routledge.

Watanabe, A. (2023). *Japan on the Jesuit Stage: Two 17th-Century Latin Plays with Translation and Commentary.* Bloomsbury.

Weaver, B. J. M. (2018). Rethinking the Political Economy of Slavery: The Hacienda Aesthetic at the Jesuit Vineyards of Nasca, Peru. *Post-Medieval Archaeology, 52*(1), 117–133.

Welch, C., Piekkari, R., Plakoyiannaki, E., & Paavilainen-Mäntymäki, E. (2011). Theorising from Case Studies: Towards a Pluralist Future for International Business Research. *Journal of International Business Studies, 42*, 740–762.

Whitley, R. (1999). *Divergent Capitalisms: The Social Structuring and Change of Business Systems.* Oxford University Press.

Wicki, J. (1968). *Documenta Indica: Bd. 10: (1575-1577).* Monumenta Historica Soc. Iesu.

Willert, P. F. (1887). The Jesuits and the Renaissance. *The English Historical Review, 2*(6), 336–338.

Winnerling, T. (2014). *Vernunft und Imperium: Die Societas Jesu in Indien und Japan, 1542–1574.* Vandenhoeck & Ruprecht.

Wirtz, P. (2020, January 29). Ce que la gouvernance des ordres catholiques dit de la pérennité des organisations. *The Conversation.* https://theconversation.com/ce-que-la-gouvernance-des-ordres-catholiques-dit-de-la-perennite-des-organisations-130493

Wohltmann, H.-W. (2018). Humankapital. En *Gabler Wirtschaftslexikon.* https://wirtschaftslexikon.gabler.de/definition/humankapital-32920

Wolde Aregay, M. (1998). The Legacy of Jesuit Missionary Activities in Ethiopia from 1555 to 1632. En G. Haile, A. Lande, & S. Rubenson (Eds.), *The Missionary Factor in Ethiopia: Papers from a Symposium on the Impact of European Missions on Ethiopian Society, Lund University, August 1996* (pp. 53–55). Peter Lang.

Wong, T. (2017). *Matteo Ricci's Xiqin Quyi: A Jesuit's Expert Musicking in Ming China.* Georg-August-Universität Göttingen.

Xavier, St. F. (1552). *Letter from Japan, to the Society of Jesus in Europe, 1552.* https://my.tlu.edu/ICS/icsfs/EurosinAsiaSources9pg.pdf?target=f95413e2-209d-4e7f-a324-456e70da7a3d

Yamamoto, Y. (2012). Scholasticism in Early Modern Japan. *Mediaevalia: Textos e estudos, 31*, 251–279.

Zamora, J. P. d. (1997). *Historia de la pérdida y descubrimiento del galeón „San Felipe"* (J. Martínez Pérez, ed.). Institución „Gran Duque de Alba" de la Diputación Provincial de Ávila.

Zampol D'Ortia, L. (2020). The Dress of Evangelization: Jesuit Garments, Liturgical Textiles, and the Senses in Early Modern Japan. *Entangled Religions, 10.* https://doi.org/10.13154/er.10.2020.8438

Zavala, A. J., & Tamiyo, K. O. (2012). Yaso kunjin kitô genbun: Texto original de las oraciones del catequista cristiano (1658-1712). *Relaciones: Estudios de historia y sociedad, 33*(131), 183–241.

Zhang, X., Ma, Z., Wang, Y., Li, X., & Huo, D. (2016). What Drives the Internationalization of Chinese SMEs? The Joint Effect of National Entrepreneurship Characteristics, Network Ties and Ownership. *International Business Review, 25*(2), 522–534.

Zhou, L., Wu, W., & Luo, X. (2007). Internationalization and the Performance of Born-Global SMEs: The Mediating Role of Social Networks. *Journal of International Business Studies, 38*(4), 673–690.

Zott, C., & Amit, R. (o. J.). Business Model Design: An Activity System Perspective. *Long Range Planning, 43*(2–3), 216–226.

Zou, S., & Cavusgil, S. T. (2002). The GMS: A Broad Conceptualizationn of Global Marketing Strategy and Its Effect on Firm Performance. *Journal of Marketing, 66*, 40–56.

Zubillaga, F. (1943). Métodos misionales de la primera Instrucción de San Francisco de Borja para la América española. *Archivum Historicum Societatis Iesu, 12*, 58–88.

Županov, I. G. (2016). The Historiography of the Jesuit Missions in India (1500–1800). En *Jesuit Historiography Online.* http://dx.doi.org/10.1163/2468-7723_jho_COM_192579.

Apéndices

9.1. Apéndice 1: Misioneros jesuitas en Japón (1549-1614)[1]

Las siguientes personas pudieron ser identificadas en los informes regulares (recogidos en MHJ: *Monumenta Historica Japoniae*) como jesuitas que habían servido en Japón entre 1549 y 1614. Se ha recogido información para los Padres, normalmente los miembros principales de la misión durante su tiempo de servicio. Las diferentes grafías son consecuencia de las proporcionadas en la fuente original, que se han mantenido aquí por razones de exactitud de la documentación. Sin embargo, para la versión original de este libro en inglés, el conjunto de datos y las carteras de directivos presentadas en los estudios de caso, se anglicanizaron.

9.1.1. Período de entrada (1549-1563)

1553
P[adre]. Cosmo de Torres
P. Baltasar Gago
Juan Hernandes
Pero de Alcáceva
Duarte da Silva

1555
O P. M. Melchior [Núnez Barreto]
Cosmo de Torres
P. Baltasar Guago
P. Gaspar Vilella
Joam Fernández
António Díaz
Fernán Méndez
Melchor Díaz
Luís Fróis
Estávan de Góis
Duarte da Silva

1558
P. Cosmo de Torres
P. Baltezar Gago
P. Gaspar Vilella
I[rmão] (hermano) Joáo Fernández
I. Duarle da Sylva
I. Luís d'Aimeyda
I. Ruy Pereyra

1559
P. Cosmo de Torres
P. Baltezar Gago
P. Gaspar Vilella
I. Yoão Fernández
I. Duarte da Silva
l. Luís Dalmeida
l. Ruy Pereira
l. Guilherme

---

[1] La información se facilita según el MHJ, parte 1 "A Fundata Missione Japonica Usque Ad Exilium", 1-609.

1561
P. Cosmo de Torres
P. Baltasar Gago
P. Gaspar Vilella
I. João Fernández
I. Lourenço
I. Gilherme [Pereira]
I. Duarte da Silva
I. Rui Pireyra
I. Luís Dalmeyda

1562/63
P. Cosmus Torres, Superior
P. Ludovicus Fróis
P. Gaspar Vilela
P. Joannes Baptisla
Fr[ater] Joannes Fernández
P. Duardus Selva
P. Ludovicus Almeida
P. Guilhermus
Padre Laurentius

9.1.2. Periodo de consolidación (1564-1587)

1564
P. Cosme de Torres
P. Belchior de Figeiredo
P. Luis Fróes
P. Joam Cabral
P. Baltesar da Costa
P. João Baptista [de Monte]
P. Gaspar Vilela
I. Joam Fernández
I. Luis Dalmeida
I. Gilherme [Pereira]
I. Aires Sanches
I. Jácome Gonçálvez
I. Miguel Vaz

1571
P. Francisco Cabral, Superior
P. Organtino
P. Luis Fróis
P. Baltasar da Costa
P. Belchior de Figeiredo
P. Joam Baptista [de Monte]
P. Sebastião Gonçálvez
P. Gaspar Coelho
P. Ballbezar Lopes
I. Migel Vaaz
I. Luís Dalmeida
I. Aires Sanches
I. Gilherme [Pereira]

1572
P. Francisco Cabral, Superior
P. Organtino
P. Luis Fróis
P. Baltasar de Acosta
P. Melchor de Figueredo
P. Juan Baptista [de Monte]
P. Baltasar López
P. Baltasar [= Sebastião] González
P. Gaspar Coello
P. Juan Viejo
H[ermano] Miguel Vázquez
H. Arias Sánchez
H. Diego Hernández
H. Antonio Núñez
H. Guillelmo

1575
P. Francisco Cabral, Superior
P. Luis Fróes
P. Bastião Gonçálvez
P. Gaspar Coelho
P. Baltasar da Costa
P. Belchior de Figeiredo
P. João Baptista [de Monle]
P. Baltasar López
P. Organtino
I. Guilherme
I. Luís d'Almeida

I. Aires Sanches
I. Miguel Vaaz

1576²
P. Francisco Cabral, Superior
P. Gaspar Coelho
P. Organtino
P. Bastião Gonçálvez
P. Luís Fróis
P. Belchior de Figueyredo
P. Baltasar López
P. João Francisco [Stephanoni], Italiano
P. Christóvão de Lyão
P. Afonso Gonçálvez
P. António López
P. João Baptista [de Monte], Ferrarez.
P. Pero Ramón
P. Baltasar López [o Grande]
P. Belchior de Moura
P. Gregório Céspedes
P. Gonçallo Rabello
P. André Pinto
I. Francisco Laguna
I. Francisco Carrión
I. Diogo da Mesquita
I. Symeão Dalmeiyda
I. Álvaro Dias
I. Diogo Pereyra
I. Bertolameo Redondo
I. Luis Dalmeyda
I. Áyres Sanches
I. Miguel Vaz
I. Guilherme

I. João, japponese, com outros dous Irmãos noviços (Japonés, con otros dos hermanos novicios).
P. Bispo da China [D. Belchior Carneiro].

1581³
Bungo
P. Francisco Cabral (Superior)
P. Pedro Remão (Maestro de novicios)
P. Francisco de Laguna
I. Gaspar Martins
I. João de Crastro
I. Domingos Fernández
I. André Dória
I. João de Torres (japonés)

Novicios portugueses
I. João Bernardes
I. Jerónymo Correa
I. Simáo Gonçálvez
I. Pedro Carrasco
I. Francisco Dória

Novatos japoneses
I. Lino
I. Simão
I. Lião de Tacata
I. Jião
I. Ignácio
I. Bélchior

---

² A partir de 1576, los informes proporcionan alguna información sobre los conocimientos lingüísticos en dos categorías, a saber, "Confessáo na língoa da terra" (Confesión en la lengua de la tierra) para los padres y "Sabem a língoa" (Conocer la lengua) para los hermanos (irmãos).
³ En 1581, la lista de jesuitas en Japón se enumera por primera vez según los lugares y sus respectivas "Casas", donde los jesuitas desarrollaban su actividad. Muestra que las actividades misioneras se extendieron, aunque a veces sólo unos pocos misioneros servían en regiones más bien "periféricas".

Collegio de S. Paulo (Búgo)
P. Belchior de Figueiredo, Reitor
P. Antonino, Meslre
P. Álvaro Díaz
I. Manoel Borralho, so t oministro, Porluges
I. Jofo Paulo (japonés)
I. Miguel (japonés)
I. Miguel Soares
I. Pedro Coelho
I. Amador de Góis
I. João Rodríguez
I. Luis D'Abreu

Yu
P. Gonçalo Rabello
I. Mathias (japonés, predicador)

Noççu
P. João Bautista
I. Fanca Lião (japonés, predicador)

Meacò (Yamaxirò)
P. João Francisco
I. Berlholameu Redondo
I. Cosme (japonés, predicador)

Anzuchiyama (Nabunága)
P. Organtino
P. Carrião
P. Diogo de Misquita
I. Simeão
I. Diogo Pereira
I. Lourenço (japonés, predicador)
I. Vicente (japonés, predicador)

Sonocúni [= Tsunokuni]
P. Joseph Furtanele
I. Jerónymo Vaz

Vacaciones
P. Gregório de Céspedes
I. Paulo (japonés, predicador)

Árima (Figen)
P. Melchior de Moura
P. Christóvão de Moreira
I. João de Milão
I. Ambrósio da Cruz
I. Jorge (japonés)

Árima (Árie)
P. Alonso González
I. António Alvarez
I. Roque (japonés, predicador)

Cochinóççu
P. Baltasar López
I. Guilhelme

Omura
P. Lucena
I. Francisco Fernández

Curi
P. Christóvão Lião
I. Nicolao (japonés)

Nágasaqui
P. Gaspar Coelho
P. Luís Fróes
P. Miguel Vaz
P. Aries Sanches
I. Ambrósio Fernández
I. Roque (japonés, predicador)

Firando
P. Baltasar López
P. Bastião Gonçálvez

Ura (Amacúsa)
P. Júlio Piano

Apéndices

Fondo
P. António López
I. Gomes (japonés)

Cutami
P. Luis D'Almeida

1583
P. Gaspar Coelho
P. Luís Fróis
P. Pedro Gomes
P. Organtino
P. Melchor de Figeiredo
P. Bastiáo Gonçálvez
P. João Baptista de Monte
P. Melchior de Moura
P. Pedro Ramón
P. Baltezar Lopes (Firando)
P. Ayres Sanches
P. Afonso de Lusena
P. Christóvão de Lião
P. Jorge de Carvalhal
P. Antóni Lopes
P. Álvoro Dias
P. Francisco Pássio
P. Damião Marín
P. Baltezar Lopes (Arima)
P. Alfonso González
P. Julioo Piani
P. Francisco de Laguna
P. Christóvão Moreira
P. Antonino Prenestino
P. Gonsallo Rabelo
P. Joseph Fortaneti
P. João Francisco
P. Francisco Carrião
P. Gregório de Céspedes

Irmãos europeos
I. Miguel Soares
I. Amador De Góis
I. João Rodriges

I. Pero Coelho
I. Joã de Milão
I. António Álvarez
I. Manoel Borralho
I. Jerónimo Correa
I. Luís D'Abreu
I. Simão Gonçalvez
I. Francisco Dória
I. André Dória
I. Ambrózio da Crus
I. Francisco Pires
I. João Niculao
I. Jerónimoo Vaz
I. Simeão D'Almeida
I. Jácome de Navais
I. Domingos Dias
I. Gaspar Carvalho
I. Francisco Fernandes
I. Domingos Fernández
I. Guilherme
I. João Bernardes
I. Ambrózio Fernández
I. Jerardino
I. Diogo Prereira
I. Bertolameru Redondo
I. João de Crasto
I. Gaspar Martínez

Japonés irmãos
I. Niculao
I. Afonso
I. Gomes
I. Jião
I. Ynácio
I. Bastião
I. Simão
I. Gaspar
I. André
I. Thomé
I. Lourenso
I. Damião
I. Roque

I. Yofo Paulo
I. Vicente
I. João de Torres
I. Paulo
I. Cosme
I. Miguel
I. Mathias
I. Francão Lião
I. Simão
I. Liãoo do Tacata
I. Romão
I. Melchior
I. Lino

1587[4]
P. Gaspar Coelius
P. Aloicius Fróis
F. Damianus de Chicugen (japonés)

Ximi
P. Melchor de Mora
P. Antonio Fernández
P. Marco Ferrarius
P. Alvarus Díaz,
F. Joanes de Milano
F. Antonio Álvarez
F. Jacobo de Navais
F. Joanes Bernárdez
F. Dominicus Díaz
F. Linus (japonés)

Chingivana
P. Baltasar López
F. Alonsus (japonés)

Ariensi y Cochinocensi
P. Petrus Paulus [Navarro]
F. Rocus (japonés)
F. Gulielmus [Pereira]

Nangasaquensis
P. Antonius López
P. Joanes de Crasto
P. Sebastianus Gonçales
P. Julius Pianus
F. Gómez (japonés)
F. Ambrosius Fernández

Domus Omurensis
P. Alfonsus de Lucen
P. Christophorus de Leone [de León]
P. Franciscus Rodríguez
F. Franciscus Fernández
F. Nicolaus (japonés)

Domus Firandensis
P. Joanes Baptista
P. Aries Sanches
F. Leo de Tacata (japonés)

Domus Amacuçanensis
P. Alfonsus González
P. Baltasar López
F. Franciscus Pírez
F. Sebastianus [Kimura] Firandensis (japonés)

Fundensi [= Hondo (Amakusa)]
P. Antonius Franciscus Chritana
F. Thoma Firandensis (japonés)

En la región de Bunguense. En el Colegio Funayensi.
P. Petrus Gómez
P. Franciscus Calderonus
P. Joanes Rodríguez [Giram]
P. Fulvio Gregorio
F. Joanes de Torres
F. Baltasar Correa
F. Michael Soares

---

[4] En 1587 figuran por primera vez más de 100 jesuitas.

Apéndices

F. Joanes Rodríguez [Tçuzu]
F. Petrus Coelius
F. Amator de Góis
F. Jerónimo Correa
F. Aloicio de Abreo
F. Andreas de Ória
F. Franciscus de Óória
F. Gaspar Carvalius
F. Joanes Gómez
F. Philippus Gómez
F. Francisco Carvalio
F. Simon de Ōmura (japonés)
F. Petrus [Chikuan] de Cochin (japonés)

Sucumensi [= Tsukumi (Bungo)]
P. Franciscus Laguna
F. Paulus [Ryōin] de Amacuça

Nochuensi [= Notsu (Bungo)
P. Joannes Franciscus Stephanonius
F. Michael de Cansuça [Katsusa]

Usuquensis
P. Petrus Ramonus
P. Francisco Pérez
P. Theodoro Mantels
F. Emanuel Borralius
F. Joanes Gerardinus
F. Yofu Paulus (japonés)
F. Romanus (japonés)

Novatos japoneses
F. Matheus [Tokumaru] de Tacata
F. Thomas de Figén
F. Linus de Figén
F. Dominicus de Firando
F. Cosmus [Tomunaga] de Nangaye
F. Simeón de Bungo
F. Fabiano de Goquinay
F. Joanes de Vomi
F. Joanes de Sunocùni

F. Thomas [Kimura] de Çunocùni
F. Michael [Kimura] de Çunocùni
F. Paulus [Miki] de Çunocùni

Yuénsi [Yu-no-in (Bungo)]
P. Gonçalus Rebellus
F. Simon de Goquinay (japonés)

Xinganensi [= Shiga (Bungo)]
P. Joanes Rodríguez
F. Thoma Bunguensis (japonés)

Miochensi [= Myoken (Buzen)]
P. Georgius Carvalhal
F. Fanca Leo (japonés)

Amangucensi [= Yamaguchi (Suwo)
P. Cristophorus de Morera
F. Gaspar [Sadamatsu) de Ōmura (japonés)

Iio [= Iyo (Shikoku)]
P. Francisco Carrión
F. Sebastianus de Osay (japonés)

Vosaca
P. Organtinus
P. Gregorius de Céspedes
P. Damián Marino
F. Jerónimo Vaz
F. Joannes Nicolaus
F. Vincenlius de Vacasa (japonés)
F. Guianes [Mori] de Çunocùni

Residencia Sacayensi
P. Franciscus Passius
P. Celsus Confalonerus
F. Bartholomeus Rodondus
F. Laurentius de Figén (japonés)

Residencia Meacensi
P. Petrus Crassus

P. Antonino
F. Didacus Pereira
F. Cosmus [Takai] de Meaco (japonés)

Tacasuchensi [= Takatsuki (Settsu)]
P. Gil de Mata
F. Ignalius de Miaco (japonés)

Acacensi [= Akashi (Harima)]
P. Joseph Fornatelus
F. Andrcas de Amacuça (japonés)

9.1.3. Periodo de decadencia (1588-1614)

Decadencia (1588-1614)

1589[5]
Cazzuça
P. Gaspar Coelho
P. Luís Fróis
I. Vomi João
I. Ambrósio Fernández
I. André Douria

Arima
P. Francisco Laguna
P. Celso
I. João Bernardes
I. Romão de Bungo

Quchinoççu
P. Gonçalo Rebelo
I. Guilherme

Arie
P. Francisco Calderón
P. Francisco Peres
I. Ambrósio de Bayrros
I. Fransicso Douria
I. Francisco Carvalho

I. Francisco Pires
I. Thomé de Firando
I. Simão de Vomura
I. Miguel Colaço
I. Miguel do Cami [Kimura]
I. Thoma do Cami [Kimura]
I. Jorge do Cami
I. Ximizu João do Cami
I. Miqui Paulo do Cami
I. Jião do Facata
I. Marino do Tacaqu
I. Francisco de Fiunga
I. Bastião de Bungo
I. Semião de Bungo
I. Matheus de Bungo
I. Cosme de Nagaye
I. Jião do Cami
I. Roque
I. João Nicolao
I. Luis de Nagasaqui
I. Jácome de Navais
P. António Fernández
I. Paulo de Bungo

Mie y Ximabara
P. Álvaro Dias

---

[5] El informe enumera 116 jesuitas - Padres 37, Irmãos de Europa 19, e Irmãos japõis 60 y, por primera vez, la mayoría de los jesuitas eran japoneses, aunque casi todos figuraban como irmãos. En consecuencia, la alta dirección permaneció en manos de padres jesuitas de Europa, principalmente de Portugal y España.

I. Domingos Dias
I. Basitam de Firand[o]
I. Pedro de Cu

Seminario de Fachiravo
P. Damião Marín
I. João Rodríguez
I. Diogo Pereira
I. Phelipe Gómez

Amacuça
P. Afonço González
P. João Francisco
P. Marcos Ferraro
I. Bertholomeu Redondo
I. Simão do Fingo

Cavachinoura
P. Pedro Ramón
P. António Francisco
I. Gaspar Carvalho
I. Lião do Cami
I. Luís do Cami
I. Fabião do Cami
I. João de Torres de Yamaguchi
I. Nicolao do Cami
I. António de Firando
I. Yofo Paulo de Vacaça
I. Augustinho de Vomura
I. Amador de Nagasaqui
I. Mathias do Tacaqu
I. Thome de Sonogui
I. Melchor de Nagasaqui
I. António do Cami
I. Francisco do Cami
I. Máncio de Amacubo
I. Paulo de Sonongui
I. Máximo do Cami
I. Lionardo de Firando
I. Jullião do Cami
I. Miguel do Ysaphay
I. Aleixo de Bungo

I. Lião do Tacata
I. Ignátio do Cami
I. Thoma

Isla de Yoyeno
P. Balthazar Lopes
P. Gregório Fúlvio
I. Miguel de Cazzuça

Nagasaqui
P. Pedro Gómez
P. Organtino
P. João de Castro
P. Antóio López
P. Pero Paulo
P. Gregório Céspedes
I. Baltasar Correa
I. Gómez de Yamaguchi
I. Cosme de Miaco
I. Vicente de Vacaça

Conga
P. Egídio, olim Gil, da Mata
I. Lourenço

Vomura
P. Afonço de Lucena
P. João Rodríguez
P. Francisco Rodríguez
P. Theodoro Manteles
I. Francisco Fernández
I. Nicolao de Yamaguchi
I. Adão

Vomura (terras)
P. Bastião Gonçalvez
I. João Gerardino
I. Gaspar de Vomura

Ilhas de Firando
P. Francisco Carreón
P. Jorge de Carvalhal

P. Aires Sanches
I. Domingos de Firando
I. André de Amacuça

Ilhas do Goto
P. Josepho Fornalete
P. Baltasar López
I. Paulo de Amacuça

Bugo
P. Francisco Pássio
P. Christóvão Morera
I. Francão Lião do Bandou

1592/93
Nagasaqui (Casa de Misericordia)
P. António Lopes
P. Joam de Crasto
P. Damiam Marim
P. António Cordeiro
I. Ambrósio Fernández
I. Sungui Gomes
I. Yofo Paulo

Nagasaqui (Casa de Todos os Sanctos)
P. Pero Gómez
P. Francisco Pásio
P. Pero da Crus
P. Pero Paulo
I. Joam Rodríguez
I. Mateus de Couros
I. Guaspar de Paiva
I. Miqui Paulo

Conga
P. Joam Baptista
I. Mismo Luis

Conura
P. Júlio Piani
I. Sadamacççu Guaspar

Toquiççu (Nagasaqui)
P. Bastiam Goncçálvez

Residencia de Firando
P. Joseph Fornalete
I. Simión de Bungo

Sacaguchi
P. Afonso de Lucena
P. Baltezar Lopes
I. Joam de Torres
I. Francisco Fernamdes
I. Yquiççuqui Toma
I. Gonoy Paulo
I. Adam

Curi
P. Joam Rodríguez
I. Yamaguchi Niculao

Sonógui
P. Manoel Borralho
I. Canzusa Miguel

Collégio e Casa de povação de Amaqusa
P. Francisco Calderón
P. Diogo de Misquita
P. Celço Cofalonério
P. Alonso González
P. Marcos Feraro
P. Niculao de Avilla
P. Manoel Barreto
P. Francisco Pírez
I. Guaspar Carvalho, portugués
I. Francisco Luis
I. Felipe Gómez
I. Francisco Douria (Malaca)
I. Ambrósio de Barros (indio)
I. Casaria Juliam
I. Foriye Lionardo
I. Sungui Tomé

I. Yxinda Amador
I. Nixi Romão
I. Moriyama Miguel
I. Tocumaru Mateus
I. Cusano André
I. Itto Máncio
I. Casaria Justo
I. Sanga Matías
I. Ychiqu Miguel
I. Nacavo Matías
I. ltto Justo
I. Chinjiva Miguel
I. Nacaura Juliam,
I. Nagavara Niculao
I. Quimura Miguel
I. Nixi Francisco
I. Ycaruga Máximo
I. Macara Francisco
I. Tanabe Liam
I. Unguio Fabiam
I. Tacay Cosme
I. Fara Martinho
I. Firamdo Tomás
I. Conga Marino
I. Nagasaqui Luís
I. Fiunga Francisco
I. Mizuguchi Agostinho
I. Yyo Melchior
I. Bastiam de Firado
I. Ariye Simón
I. Maççuvoca André
I. Joam Baptista
I. Joam Bernardes
I. Pedro

Xiqui
P. Pero Morejón, Castelhano
I. Bertolameu Redondo
I. Joam Niculao
I. Cçuchimochi Heitor
I. Votavo Máncio
I. Máncio Joam

Somotto
P. António Alvares
I. Xingua Aleixo

Conzura
P. Álvaro Días (indio)
I. Firata Jorge

Oyano
P. Baltezar Lopes
I. Facata Giam

Arima
P. Melchior de Moura
P. Gregório de Céspedes
P. Joam Francisco
I. Diogo Pireira (indio)
I. Tamura Romão

Canzuça
P. António Francisco
I. Guilherme,
I. Tomunaga Cosme
I. Afonso

Chinjiva
P. Gonçalo Rebello,
I. Cudo Paulo

Ximabara
P. António Fernandes
I. Roque

Ariye
P. Ruy Barreto
I. Yama Joao

Siminário de Fachirao
P. Pero Ramón
P. Joam de Millam (indio)
P. Francisco Rodríguez
I. Domingos Días

I. Ballezar Correa
I. Miguel Colaço
I. Jácome de Navais (indio)
I. Taquxima Joam
I. Tocumari Liam
I. Quimura Toma

Bungo
P. Christóvão Moreira
P. Gregório Fúlvio
I. Fancan Liao

Miaco
P. Organtino
P. Francisco Peres
I. Vicente,
I. Amaqua Paulo
I. Mori Giam,
P. Gil da Mata (enviado a Roma)

1603
Collégio de Nangasaqui
Reverendíssimo Bispo Dom Luís Cerqueira (Obispo de Japón, desde 1598)
P. Francisco Pássio
P. Diego Mesquita
P. Gaspar Carvalho
P. João Rodríguez
P. Belchior de Moura
P. Mattheus de Couros
P. Pero da Cruz
P. João Rodriguez Jirão
P. Manoel Barreto
P. António Francisco
P. Baltasar López
P. João Francisco Stefanónio
P. Rui Gómez
P. Nicolao de Ávila
P. Gaspar de Crasto
P. João Nicolao
I. Ambrósio Faz

I. Bartolomé Redondo
I. Baltasar Correa
I. Manoel Ferreira
I. Gaspar de Paiva
I. Diogo Pereira
I. João Baptista [Pece]
I. Sangui Gómez
I. Confan Lião
I. Fara Martinho do Compo
I. Çumgi Thomé
I. Fogin António
I. Cosme Tacai
I. Fiunga Francisco
I. Pero João
I. Tadeu
I. Moriama Miguel
I. Ichico Miguel

Focami [Kōnoura]
P. Bartolomé Gómez
I. Conga Julio

Uchime [Tokitsu]
P. António Álvarez
I. Casaria Justo

Conga e Ysafay
P. Rui Barreto
I. Roque

Casa da Provação de Todos os Santos
P. Celso Confaloneiro
P. Gabriel de Matos
I. Agostinho de Teves
I. João Alberto
I. Manoel d'Oliveira
I. Manoel Gonçalvez
I. Francisco Lobo
I. Francisco d'Oliveira
I. Manoel Rodríguez
I. Omachi Lourenço

Apéndices

I. Nixi António
I. Vota Agostinho
I. Foin Gaspar
I. Xibata Diogo
I. Catano Diogo
I. Quimora Leonardo
I. Cato Inácio
I. Fita Matías
I. Misochuchi Máncio

Vomura
P. Afonso de Lucena
P. Gonçalo Rebello
P. Nicolao da Costa
I. Francisco Fernández
I. Vicente Carruba
I. Sandamaque Gaspar

Susta [Suzuta]
P. Baltasar López
I. Nixi Romão

Cori
P. António Fernández
I. Xingui Aleixo

Sonongui
P. Maoel Boralho

Collégio de Arima
P. Francisco Calderão
P. João Pomeiro
P. Álvaro Díaz
P. Júlio Piani
P. Luís Niabara
P. Bartolomé de Sequeira
I. Romão
I. Ximixu Rafael
I. Simiao
I. Guilbelme

Arima (Seminário conjunto ao Collégio)
P. João de Milão
P. Pero Rodríguez
I. Constantino Dourado
I. Cuia [?] Pero

Amzuça
P. António Cordeiro
I. Domingos Díaz
I. Songa Matthias

Arie
P. Carlos Spínola
I. Sanga Mathias

Ximambara
P. João Batista Baessa
I. Jama João

Taira y Saigo
P. Francisco Pírez

Chimgiua
P. Ambrósio de Bairros
I. Yo Xisto

Islas de Amacusa y Xiqui
P. García Garcés
P. João Frias
I. Guenga Joseph

Cauachinura
P. Chimora Bastião

Conzura
P. Marcos Ferraro
I. Cavachi Máximo

Casa Reitoral de Miaco
P. Organtino Soldo
P. Francisco de Paiva
I. Únete a Vicente

I. Firata Jorge
I. Ungio Fabião
I. Más Gião

No Miaco d'arriba
P. Baltasar de Torres
I. Michio Miguel

Fuximi (Fortaleza Daifu)
P. Gerónimo Rodríguez
I. Fanca Lião
I. Amacusa Paulo

Ozaca
P. Pero Morejão
P. Gerónimo d'Ángeles
I. Bungo Bartolameu

Facata (Chicogem)
P. Pero Ramón
I. Nangavara Nicola

Cocora (Bujem)
P. Gregório de Céspedes
I. João de Torres
I. André Saito

Bungo y Amaguche
P. Pero Paulo
I. Amacusa André

1606/7[6]
Collégio de Nangasaqui
P. Diogo de Misquita
P. Bertholameu de Cequeira
P. João Rodriguez Girão
P. Belchior de Moura
P. António Francisco
P. Francisco de Payva

P. Francisco Luís
P. Gonçalo Rebello
P. João Francisco
P. João Nicolao
P. João Rodríguez
P. João Coelho
P. Manoel Barreto
P. Manoel Borralho
P. Nicolao d'Avila
P. Organtino
I. Ambrósio Fernández
I. Gaspar de Payva
I. Cosme (japonés)
I. Xibata Diogo
I. Fiunga Francisco (japonés)
I. Gomes (japonés)
I. Domingos Díaz
I. Gião (japonés)
I. Leonardo (japonés)
I. Miguel Moriyama (japonés)
I. Fara Martinho (japonés)
I. Mathias (japonés)
I. Máncio Firabaxi (japonés)
I. Pero João, (japonés, maestro de escuela)
I. Tbomé Tçuji (japonés)
I. Vicente Carruba

Na casa do S.ᵒʳ Bispo
P. João Baptista Baeça
I. Baltasar Correa
I. Leáo Cofão (japonés)

Residencias en la Casa de Nangasaqi
Na Misericórdia
P. Gaspar Carvalho

---

[6] Debido a la proximidad en el tiempo, se han fusionado aquí tres listas correspondientes a 1606/7.

Ospital
P. Rui Gómez
I. Francisco Fernández

Santa Clara de Uracami
P. António Álvarez

Fucafori
P. Gaspar de Crasto

Yangami
P. Baltasar López

Issafai
P. Ruy Barreto

Tono
P. Afonso de Lucena
I. Gaspar (japonés)

Fudoyama
P. António Fernández
I. Aleixo (japonés)

Casa de Provação em Todos-os-Santos
P. Celso Confaloneiro
P. Nicolao da Costa
I. Joao Bernárdez
I. Manoel Rodríguez
I. André Noma
I. Baltasar Tçurunda (japonés)
I. Gonçalo Viera
I. Gaspar Toy
I. Jorge Joren
I. João de Ariye (japonés)
I. Luís Naitó (japonés)
I. Luís Matçuvo (japonés)
I. Luis Xivozuca (japonés)
I. Miguel Matçuda (japonés)
I. Mathias Machida (japonés)
I. Máncio Taichiqu (japonés)
I. Paulo Sayto

I. Salvador de Barros
I. Thoma Funamoto
I. Thoma Izichi
I. Miguel Maqui
I. Julio (japonés)
I. Romão Nixi

Arima
P. Francisco Calderón
P. Álvaro Días
P. Vicente Ribeiro
P. Joao Baptista Porro
P. Luís (japonés)
I. Romao (japonés)
I. Pedro Chicuam (japonés)
I. Symeão (japonés)

No Seminário
P. João Pomério
I. Máncio Ito (japonés)
I. Juliao Nacaura (japonés)
I. Constantino Dourado (japonés)

Canzuça
P. António Cordeiro
P. Bastião (japonés)
I. André (japonés)

Ariye
P. João de Fonseca
I. Augustinho Vota (japonés)

Ximabara
P. João Baptista Zola
P. Pedro Rodríguez
I. Roque (japonés)
I. Sanga Mathias (japonés)

Saigo
P. Francisco Pirez
I. Jozeph (japonés)

Chijiva
P. Ambrósio
I. Justo Yamada (japonés)

Xiqui
P. García Garcés

Conzura
P. Marcos Ferraro
I. Ignácio (japonés)

Saxinotçu
P. João de Frias
I. Máncio Mizzucuchi (japonés)

Facata
P. Pedro Ramón
P. Pedro de Monte Agudo
I. Nicolao (japonés)

Aquizuqui
P. Gabriel de Matos
I. Nixi António (japonés)

Yamaguchi [leg.: Yanagava]
P. João Matheus
I. Yama João (japonés)

Bujem [=Cocura]
P. Gregório de Céspedes
P. Camilo Constâncio
I. Diogo Pereira
I. João de Torres (japonés)
I. André (japonés)

Bungo
P. Pedro Paulo
P. João Vicente
I. Lorenço Vomachi (japonés)

Miaco
P. Pedro Morejón
P. Carlos
I. Paulo Reoin (japonés)

I. Fabião (japonés)
I. Martinho Xiquimi (japonés)
1 r. Thomás de Fig[uei]redo (japonés)
I. Vicente Toin (japonés)
I. Tadeu (japonés)

Camiguiō
P. Bento Fernández
I. Rafael (japonés)

Fuximi
P. Hyerónimo de Ángelis
I. Fancão (japonés)
I. Yuqi Diogo (japonés)

Ozaca
P. Baltazar de Torres
I. Xisto (japonés)

Sacay
P. Francisco Pacheco
I. Bartholameu (japonés)

Foccoqu
P. Hyerónimo Rodríguez
I. Miguel Quimura (japonés)

Firoxima
P. Matheus de Couros
P. João da Costa
I. Ixida António (japonés)

1613[7]
Colegio de Nangasaqui y sus residencias

P. Valentim Carvalho, Provincial
P. Jerónimo Rodríguez
P. António Francisco
P. Francisco Calderón
P. Gabriel de Matos
P. Carlo Spínola
P. Belchior de Moura
P. Francisco Pacheco
P. João Pomério
P. Manoel Barreto
P. Manoel Borralho
P. Nicolao Dávila
P. Rui Gomes
P. Ambrósio de Barros
P. Nicolao da Costa
P. Manoel Rodríguez
P. João Nicolao
P. Vicente Ribeiro
P. Francisco Lobo
P. Martinho Campo
I. João Bernardes
I. Manole Gonçalvez
I. Gaspar de Paiva
I. Diogo Pereira
I. João Bautista
I. Domingos Dias
I. Baltasar Correa
I. André Pinto
I. Francisco Calado
I. Ambrósio Fernández
I. Gomes (japonés)
I. Cosme (japonés)
I. Leonardo Qimura (japonés)
I. Miguel Moriyama (japonés)
I. Diogo Xibata (japonés)
I. Christóvão (japonés)
I. Xisto (japonés)
I. André Saitó (japonés)
I. Thomas Funamoto (japonés)
I. Gaspar Sadamatçu (japonés)
I. Mathias Machida (japonés)
I. Thomás (japonés)
I. Luís Xivozzuca (japonés)
I. Máncio Taichicu (japonés)
I. Pedro (japonés)
I. André Noma (japonés)
I. Máncio João (japonés)

Residencia anexa a la casa de Misericordia
P. Gaspar Carcalho
P. Álvaro Dias

Residencia del Hospital
P. Diogo de Misquita
P. Gaspar de Crasto
P. Jácome António
I. Francisco Fernández
I. Miguel Xuccan (japonés)

Uracami
P. António Árvarez
I. Justo Casariya (japonés)

Fudōyama
P. António Fernández
P. Sebastião Qimura (japonés)
I. Aleixo Xinji (japonés)

Tono
P. Afonso de Lucena
I. Agustinho Ota (japonés)

---

[7] Catálogo dos Padres e Irmáos da Provincia de Japao, feito em Fevereiro do ano de 1613. Pera ver Nosso Reverendo P.e Geral Claudio Aquaviva, MHJ (1975: 552-558). En total figuran 121 jesuitas, incluidos 62 padres.

Isafay
P. João da Costa
I. André Amacusa (japonés)

Arima
P. Mattheus de Couros
P. Francisco Pírez
P. João Rodríguez
P. Bartholameu Soares
P. Pero Martínez
P. Manoel Borges
I. Costantino (japonés)
I. Miguel Maqi (japonés)
I. Diogo Yuqi (japonés)
I. Miguel Matçuda (japonés)

Tacacu
P. Luís (japonés)

Ariye
P. João de Fonseca

Cuchinotçu
P. Pero Marques

Xiqui
P. García Garcés
P. Diodo Carvalho
I. Romão Nixi

Cózzura
P. Marcos Ferraro
P. João Bautista
I. Inácio Cató (japonés)

Casa do Facata, e suas Residências
P. Celso Confalonério
P. Julião Nacaura (Japonés)
P. Thomé Tçuji Nagavara (japonés)
I. Nicolao Nagavara (japonés)

Amagui
P. Francisco Eugénio
I. Mathias Sanga (japonés)

Yanagava
P. João Mattheus Adami
I. João Yama (japonés)

Bungo
P. Pero Paulo

Visite
P. Bartholameu da Siqueira
I. Máncio Mizoguchi (japonés)

Xinga
P. João Vicente Antolheti
I. Lourenço Omachi (japonés)

Miyaco
P. Pero Morejón
P. Christóvão Ferreira,
P. Bento Fernández
P. Jerónimo de Ángelis
I. Jorge Tonno (japonés)
I. Paulo (japonés)
I. Luís Naitó (japonés)
I. Lião Fancan (japonés)
I. Máncio Firabayaxi (japonés)
I. Martinho Xiqimi (japonés)
I. Thadeu (japonés)

Fuximi
P. João Baptista da Ilha
I. Luís Matçuvo (Japón)

Ozaca
P. João Bautista Porro
P. João Bautista de Baeça
I. Bartholameu (japonés)

Apéndices

Sacay
P. Camilo Constâncio
I. Júlio Conga (japonés)

Foccocu
P. Baltasar de Torres
I. Thomás Ijichi (japonés)

Firoxima
P. Sebastião Vieira
P. António Ixida (japonés)
I. Paulo Saitó
I. Balthasar Tçuruda (japonés)

1614[8]
P. Afonso de Lucena
P. Álvaro Dias
P. Ambrosio de Barros
P. António Álvarez
P. António Fernández
P. António Francisco Critano
P. António Ixida
P. Belchior de Moura
P. Baltasar de Torres
P. Bertholameu de Siqueira
P. Bento Fernández
P. Bertolameu Soares
P. Carlo Espínola
P. Celso Confalonero
P. Christóvão Ferreira
P. Camillo Constanço
P. Diogo Carvalho
P. Francisco Calderón
P. Francisco Pírez
P. Francisco Luis
P. Francisco Pacheco
P. Francisco Eugénio
P. Francisco Lobo
P. Gaspar de Crasto

P. Gabriel de Matos
P. García Garcéz
P. João Pomério
P. João Bautista Bayeça
P. João Rodriguez Girão
P. João Nicolao
P. João de Fonseca
P. João da Costa
P. Joãp Bautista Zola
P. João Vicente Antolhete
P. João Bautista
P. João Bautista Porro
P. Jácome António
P. Jerónimo Rodríguez
P. Jerónimo de Ángeles
P. João Mateus Adami
P. Julião Nacaura (Japonés)
P. Luiz (japonés)
P. Manuel Borralho
P. Marcos Ferraro
P. Mateus de Couros
P. Manuel Gonçalvez
P. Manuel Borges
P. Manuel Rodríguez
P. Martinho Campo
P. Máncio Firabayaxi (japonés)
P. Nicolai de Ávila
P. Nicolao da Costa
P. Pero (Pietro) Paulo Navarro
P. Pero Morejón
P. Pero Márquez
P. Pero Martins
P. Ruy Gómez
P. Sebastião Vieira
P. Sebastião Quimura (Japonés)
P. Thomé Tçuji (japonés)
P. Valentim Carvalho
P. Vicente Ribeiro

---

[8] Aquí sólo figuran los 62 padres de los 115 jesuitas, ya que los irmãos son en su mayoría los mismos que en 1613.

9.2. Apéndice 2: Misioneros jesuitas en Perú (1568-1605)

9.2.1. Período de entrada (1568-1575)

1569
P. Jherónimo Ruiz de Portillo, Provincial
P. Bracamonte
P. Luis López
P. Pedro Miguel de Fuentes
P. Cristóval Sanches
Don Joán Toscano
H[ermano] Francisco de Medina
H. Antonio González
H. Pedro Mexía
H. Leandro Felipe
H. Joán Gutiérrez
H. Hernando Despinar
H. Martín de Contreras
H. Juan García
H. Pedro Llobet
H. Alonso Pérez
H. Juan Ruiz
H. Juan Ruiz[9]
H. Martín Miguel
H. Francisco de Heredia
H. Juan Pérez de Aguilar
H. Francisco de Espinosa
H. Juan Pérez de la Milla
H. Martin Piçarro
H. Joseph de Riberta
H. Blas Valera
H. Gonzálo Ruiz
H. Juan Rodríguez

1571
P. Gerónimo Ruiz de Portillo
P. Bartolomé Hernández
P. Joán de Çúñiga
P. Diego de Bracamonta
P. Diego Ortún

P. Sebastián Amador
P. Joán Gómez
P. Luis López
P. Pedro Miguel de Fuentes
P. Barzana
P. Cristóval Sánchez
P. Mesía
H. Pedro Llobet
H. Joán de Casasola
H. Joán García
H. Antonio Martínez
H. Diego Martínez
H. Francisco de Medina
H. Antonio de Ocanpo
H. Juan Gutiérrez
H. Hernando Despinar
H. Martín de Conreras
H. Alonso Pérez
H. Joán Ruiz
H. Juan Rodríguez
H. Juan Ruiz
H. Francisco de Heredia
H. Joán Perez de Aguilar
H. Blas Morán
H. Francisco López
H. Joán Sánchez
H. Baltazar Ruiz
H. Lendro Felipe
H. Básquez
H. Marco Antonio
H. Francisco Romero
H. Juan de Mendoça
H. Joán de Anaya
H. Martín Piçarro
H. Joseph de Ribera
H. Blas Valera
H. Gonçalo Ruiz

---

[9] En realidad tenía el mismo nombre que el Hermano que figuraba antes.

Apéndices

H. Joán de Lezarraga
H. Vicente Yáñez
H. Andrés de Montalvo

1572
Lima
P. Batolomé Hernández
P. Miguel de Fuentes
P. Sebastián Amador
P. Juan Gómez
P. Pedro Mexía
P. Diego Ortún
P. Antonio Martínez
P. Philipe
P. Cristóbal Sánchez
P. Diego Bracamonta
H. Juan Cassasola
H. Juan García
H. Hernando Despinar
H. Juan Gutiérrez
H. Miguel de Contreras
H. Martín Pizarro
H. Joseph de Rivera
H. Juan Ruiz
H. Juan Ruiz
H. Blas Balera
H. Francisco de Heredia
H. Juan Pérez de Aguilar
H. Francisco López
H. Juan Sánches de Menocal
H. Baltasar Ruiz
H. Vicente Yañez
H. Blas Morán
H. Juan de Anaya
H. Francisco Romero
H. Antonio Vázquez
H. Juan de Mendoza
H. Diego González Carasco
H. Marco Antonio
H. Juan de Añasco
H. Santiago Pérez

Cuzco
P. Luis López
P. Alonso Barzana
H. Francisco de Medina
H. Diego Martínez
H. Antonio González de Ocampo
H. Pedro Lobet
H. Alonso Pérez
H. Francisco Despinosa

1573
P. Hiéronimo Ruiz de Portillo, provincial
P. Miguel de Fuentes
P. Bartolomé Hernández
P. Joseph de Acosta
P. Andrés López
P. Joán Gómez
P. Antonio Martínez
P. Pedro Mezia
P. Cristoval Sánchez
H. Francisco López
H. Joán García
H. Pedro Lobet
H. Joán Gutiérrez
H. Martín Piçarro
H. Martín de Contreras
H. Joán Ruiz
H. Alonso Pérez
H. Joán Ruiz
H. Blas Valera
H. Joán Pérez de Aguilar
H. Joán de Anaya
H. Joán Sánchez
H. Baltasar Ruiz
H. Vicente Yáñez
H. Antonio Vázquez

Novicios
H. Diego González Carrasco
H. Pedro de Rojas
H. Pedro de Añasco

H. Sanctiago Pérez
H. Diego Flores
H. Alonso del Águila
H. Joán Miguel
H. Estevan Izquierdo
H. Francisco de Carrión

Santiago
P. Diego Hortún
H. Francisco de Heredia

Cuzco
P. Luis López
P. Alonso de Barzana
P. Sebastián Amador
P. Leandro Philippe

H. Francisco de Medina
H. Diego Martínez
H. Antonio González
H. Antonio Martínez
H. Hernando de Espinar
H. Joseph de Ribera
H. Francisco de Espinosa
H. Blas Morán
H. Marco Antonio

Los embiados a la provincia de Chuquiavo
P. Joán de Zúñiga
H. Joán de Casasola
H. Gonzalo Ruiz

9.2.2. Periodo de consolidación (1576-1599)

1583[10]
Padres
P. Baltasar Piñas
P. Joán de Montoya
P. Hierónimo Ruiz de Portillo
P. Alonso Ruiz
P. Joseph de Acosta
P. Alonso de Barçana
P. Miguel de Fuentes (inquisición)
P. Joán de Atiença
P. Joán Sebastián
P. Joseph Tiruel
P. Andrés López
P. Diego Martínez
P. Diego de Bracamonta
P. Diego de Vaena
P. Diego de Ortún
P. Joán Gómez
P. Antonio Martínez
P. Leandro Philippe
P. Francisco de Medina
P. Antonio González

P. Blas Valera
P. Francisco Angulo
P. Estevan Cavello
P. Antonio López
P. Estevan de Ávila
P. Dionisso Velázquez
P. Diego de Çúñiga
P. Diego Flores
P. Diego Paz
P. Ludovico Bertonio
P. Francisco de Portillo
P. Hernán Pérez
P. Alonso de Valdivieso
P. Agustín Sánchez
P. Luis de Estella
P. Joán de Aguilar
P. Vicente Yáñez
P. Pedro de Cartagena
P. Diego González
P. Martín Pizzaro
P. Christóval Hortiz
P. Andrés Hortiz

---

[10] MP 3 (1958): 1581-1585.

P. Ignaco Íñiguez
P. Pedro de Rojas
P. Joán Ruiz
P. Francisco de Herrera
P. Diego de Torres
P. Joán Beltrán
P. Lope Delgado
P. Joán Fonte
P. Diego de Torres (en realidad el mismo nombre)
P. Bernardino Papiol
P. Joán de Anaya
P. Estevan de Ochoa
P. Pedro Rodríguez
P. Bartolomé de Santiago
P. Joán Baptista Rufo
P. Pedro de Añasco

Hermanos
H. Joán de Hinojosa
H. Francisco Cardoso
H. Pedro de Castillo
H. Hernando Velázquez
H. Joán de Sanmartin
H. Hierónimo de Castro
H. Pedro de Oscos
H. Diego Ramírez
H. Bartolomé de Scobar
H. Diego de Ágreda
H. Onofre Estevan
H. Julián Delgado
H. Hernando de Aguillera
H. Antonio de Illescas
H. Lorenço Barriales
H. Joán Vázquez
H. Gregorio Cisneros
H. Joán García
H. Joán de Casasola
H. Pedro Pablo
H. Luís de Soto
H. Diego Martínez
H. Bernardo Vitti

H. Francisco López
H. Marco Antonio
H. Francisco de Heredia
H. Benito González
H. Joán Romero
H. Alonso Pérez
H. Joán de Candía
H. Agustín de Peñasancta
H. Antonio Velásquez
H. Bartolomé Lorenço
H. Gregorio de Palencia
H. Joán Miguel
H. Joán Sánchez
H. Joán de Casarubios
H. Joán de Santiago
H. Joán de Plasencia
H. Joán Ruiz
H. Gaspar Pereira
H. Gonçalo de Velmonte
H. Pedro de Vargas
H. Pedro Sotila
H. Estevan Izquierdo
H. Martín Garay
H. Joán de Otalora
H. Joán Martínn
H. Joán Sánchez
H. Blas Morán
H. Hernando Nieto
H. Rodrigo Hernández
H. Santiago Pérez
H. Pedro de Vega
H. Antonio López
H. Domingo Bermeo
H. Diego González
H. Martín Picón
H. Gonçalo Ruiz
H. Anndrés de Rivas
H. Hierónimo Berdugo
H. Joán de Mosquera
H. Pedro de Madrid
H. Francisco de Carrión

Hermanos novicios
P. Hernando Guerra
H. Andrés de Sarabia
H. Joán de Villegas
H. Sanctos de Gabironda
H. Pedro de Salamanca
H. Ignatio Cataños
H. Pedro Barrassa
H. Francisco de Contreras
H. Martín de Soto
H. Francisco Hernández
H. Antonio Núñez
H. Hernando Alonso
H. Joán Serrano
H. Pedro de Saraviarte

1591[11]
Colegio de Lima
P. Joán de Atiença, provincial
P. Joán Sebastián, rector
P. Hernando de Mendoça
P. Baltasar Piñas
P. Estevan de Ávila
P. Francisco Zamorano
P. Pedro de Castillo
P. Diego Álvarez de Paz
P. Antonio González
P. Francisco de Herrera
P. Diego de Paz
P. Hernán Pérez
P. Joán de Avellaneda
P. Joan Manuel de Anaya
P. Luis de Valdivia
P. Paulo Joseph
P. Bartholomé de Escobar
P. Joán Pérez de Aguilar
P. Antonio de Vega
P. Joán de Alva
P. Joán de Olivares
P. Luis de Estella
P. Hernando Morillo

Hermanos teólogos
H. Juan Romero
H. Francisco Ponce
H. Gaspar de Monrroy
H. Antonio Mexía
H. Cristóbal Narváez
H. Joán Rodríguez
H. Francisco Martínez
H. Alonso de Villalobos
H. Gerónimo de Montesinos
H. Hernando de Herrera
H. Joán López
H. Alonso Mexía
H. Hernando de la Cueva
H. Gonçalo Xuárez
H. Francisco Perlin
H. Luis de Santillán
H. Gabriel de Chabes

Hermanos artistas
H. Francisco Daça
H. Alonso Martín
H. Francisco Vázquez
H. Joán Baptista
H. Alonso Salvatierra
H. Rodrigo de Valverde
H. Pedro Sánchez
H. Martín Vázquez

Hermanos coadjutores
H. Gaspar Pereira
H. Juan de Casarubias
H. Alonso Pérez
H. Francisco López
H. Luis de Soto
H. Benito Gonçález
H. Francisco de Heredia
H. Bartholomé Lorenço
H. Joan Serrano
H. Andrés de Ribas
H. Pedro Pablo

---

[11] MP 4 (1966): 1586-1591.

H. Joán Díaz
H. Gaspar Antonio
H. Francisco Gómez
H. Francisco Hernández
H. Joán Zamorano
H. Joán de Virves
H. Cristóbal Vivas

Hermanos novicios
H. Joán de Pareja
H. Joán de Vargas
H. Eugenio Baltodano
H. Baltasar de los Reyes
H. Francisco de Aramburo
H. Cristóbal Garcés
H. Diego de Goicochea
H. Joán Mendo
H. Joán de Aguila
H. Francisco de Castro
H. Valerio del Castillo

Colegio del Cuzco
P. Diego de Torres
P. Francisco de Medina
P. Antonio López
P. Estevan Ochoa
P. Diego de Qüenca
P. Joán Pérez Menacho
P. Pedro Rodríguez
P. Gregorio de Cisneros
P. Diego Flores
P. Antonio Núñez
P. Antonio Vallejo

Hermanos escolares
H. Joán de Ibarra
H. Joán de Güémez
H. Joán de Heredia
H. Hernando de Salinas

Hermanos coadjutores
H. Marco Antonio
H. Pedro de Madrid
H. Gregorio de Palencia
H. Santos de Gavironda
H. Antonio Romano
H. Gonçalo Ruiz
H. Simón Hernández

Colegio de la ciudad de La Paz
P. Joán Beltrán, rector
P. Joan de Montoya
P. Joán Gómez
P. Bernardino Papiol
P. Diego Ramírez

Hermanos coadjutores
H. Joán Ruiz
H. Pedro de Vega
H. Santiago Pérez
H. Gerónimo Berdugo
H. Pedro de Benavides

Colegio de la ciudad de Ariquipa
P. Christóval de Ovan, rector
P. Joseph Tiruel
P. Juan Suárez de Lara
P. Martín Piçarro
P. Agustín Sánchez
P. Lorenço Barriales
P. Joán Alonso
P. Lope Delgado

Hermanos coadjutores
H. Antonio de Llanos
H. Joán García
H. Domingo Bermeo
H. Hernando Nieto
H. Martín de Garay
H. Joán Martín
H. Joán Plasencia
H. Joán Antonio de Cumes

Colegio de la Villa Imperial de Potosí
P. Diego de Torres Ruvio, rector
P. Manuel Vásquez
P. Valentín de Caravantes
P. Miguel de Urrea
P. Ruperto Arnono
P. Vicente Yáñez
P. Padre Gerónimo

Hermanos coadjutores
H. Blas Morán
H. Rodrigo Hernández
H. Francisco Deça
H. Juan Toledano
H. Luis Desquibel
H. Pedro de Sotilla
H. Joán Pérez
H. Alonso Crespo

Residencia de Juli
P. Antonio de Ayanz, superior
P. Luis Bertonio
P. Pedro Vicente
P. Gerónimo de Castro
P. Julián Delgado
P. Hierónimo de Andión
P. Hernando de Aguilera
P. Joán Baptista
P. Miguel Muñoz

Hermanos coadjutores
H. Diego Gonçalez
H. Diego Virues
H. Bernardo Viti

Colegio de la ciudad de Quito
P. Estevan Cavello, rector
P. Diego Gonçález
P. Alonso Ruiz
P. Joán Básquez
P. Joán Herrán

P. Onofre Estevan
P. Andrés Hernández
P. Joán Díaz
P. Hernando Morillo

Hermanos coadjutores
H. Joán de Santiago
H. Pedro de Vargas
H. Joán Sánchez Menocal
H. Joán Núñez
H. Pedro de Quirós
H. Cristóval Sánchez Carrasco
H. Alonso de León
H. Joán Perlín

Residencia de Panamá
P. Lucio Garcete, superior
P. Joán de León
P. Ignacio Cataño
P. Ignacio Jaymes

Hermanos coadjutores
H. Joán de Casasola
H. Diego de la Plaça
H. Pedro Sánchez de Salazar

Misiones de Santa Cruz
P. Diego Martínez, superior
P. Diego de Samaniego
P. Dionisio Velásquez
P. Andrez Ortiz Orruño
H. Joán Sánchez

Misión de Tucumán
P. Joan Fonte, superior
P. Francisco de Angulo
P. Alonso de Barçana
P. Pedro de Añasco
H. Joán de Villegas

1595[12]
Colegio de Lima

P. Joán Sebastián-Daraco, Rector, Provincial
P. Hernando de Mendoca
P. Estevan Cabello
P. Joán de León
P. Estevan de Ávila
P. Alonso Messía
P. [Francisco Camorano]
P. Luis de Estela
P. Diego Álvarez de Paz
P. Juan Font
P. Diego de Paz
P. Antonio Gonçález
P. Hernán Pérez
P. Paulo Joseph-Ocaña
P. Joán de Anaya
P. Antonio de Ayanz
P. Joán Pérez Menacho
P. Bartolomé de Scobar
P. Andrés Hernández
P. Joán de Avellaneda
P. Christóval Narváez
P. Joán Suárez
P. Joán López de Almansa
P. Hernando de Herrera
P. Hernando de la Cueva
P. Francisco Perlín
P. Gonçalo Suárez
P. Alonso Messía
H. Andrés Ximenes
P. Joán Gómez
P. Francisco Zamorano
H. Francisco Daza
H. Francisco Vázquez
H. Alonso Martín
H. Alonso de Salvatierra
H. Martín Vásquez
H. Pedro Sanches
H. Pero de Vendoya
H. Joan Baptista Sorita
H. Joán de Ibarra
H. Joán de Heredia
H. Francisco de Arambulo
H. Valeriano del Castillo
H. Christóval García
H. Andrés Sanches
H. Pedro Alonso
H. Joán Sanches
H. Francisco López
H. Luis de Soto
H. Pedro Pablo
H. Bernardo Bitti
H. Francisco de Heredia
H. Alonso Pérez
H. Bartolomé Lorenco
H. Gaspar Pereira
H. Gaspar Antonio
H. Joán de Casarrubias
H. Estevan de Santacruz
H. Joán Martínez
H. Benito Gonçález
H. Joán Gonçales
H. Diego Phelipe
H. Christóval Vives
H. Pedro Salazar
H. Josef Abitabili
H. Francisco Hernández
H. Francisco Gómez
H. Joán de Vargas
H. Gaspar Rodrigues
H. Christóval Garcés
H. Láçaro de Xarana
H. Pedro Navarro
H. Sebastián del Campo
H. Alonso Gómez
H. Christóval Robledo

---

[12] MP 5 (1970): 1592-1595. En 1595 el registro enumeraba por primera vez más de 200 jesuitas en la provincia de la orden peruana.

Casa de prueba
P. Christóval de Ovando
P. Joán Pérez de Aguilar
P. Joán de Truxillo
P. Alonso de Villalobos

Hermanos de 3a prueba
H. Nicolás Mastrillo
H. Joán Perlín
H. Julio Pisce

Hermanos antiguos
H. Hernando de Salinas
H. Joán Díaz

Hermanos novicios
H. Cosme de Tevar
H. Sebastián Haçanero
H. Sebastián Suares
H. Joán Vallexo
H. Phelipe de Tapia
H. Pedro de Molina
H. Diego López
H. Francisco de Contreras
H. Francisco Cardoso
H. Pedro de Cuevas
H. Lorenco Guerrero
H. Pedro de Sarmiento
H. Alonso Gómez
H. Joán Iranzo
H. Pedro Martín
H. Sebastián Pablo de Prado
H. Francisco de Villegas

Colegio del Cuzco
P. Manuel Vázquez
P. Diego de Cuenca
P. Pedro del Castillo
P. Gregorio de Cisneros
P. Pedro Rodrigues
P. Diego de Flores
P. Antonio de Vega

P. Diego Ramires
P. Gonçalo de Lyra
P. Ignacio Catano
P. Antonio Vallejo
H. Francisco Martínez
H. Rodrigo de Peñafiel
H. Alexandro Faya
H. Martín de Aranda
H. Gonçalo Ruiz
H. Gregorio de Palencia
H. Pedro de Madrid
H. Sanctos de Gavironda
H. Pedro de Vocanegra
H. Alonso Ortiz
H. Joán de Pareja
H. Domingo Gonçales
H. Rodrigo Gómez
H. Andrés Sanches
H. Antonio de Cárdenas

Colegio de Ariquipa
P. Joán Beltrán
P. Alonso Ruiz
P. Joseph Tiruel
P. Franciseo de Medina
P. Agustín Sanches
P. Antonio Messía
P. Joán Alonso

Hermanos coadjutores
H. Joán García
H. Hernando Nieto
H. Joán Gómez
H. Gaspar Arroyo
H. Sebastián de Alarcón
H. Diego de Guaicochea
H. Miguel de Artiaga
H. Antón Martín
H. Joán de Virues
H. Joán Antonio Cumis
H. Joán Serrano

Colegio de Potosí
P. Estevan Ochoa
P. Antonio Martínez
P. Diego de Torres Rubio
P. Vicente Yáñez
P. Pedro de Oñate
P. Julián Delgado
P. Herónimo de Vega

Hermanos coadjutores
H. Blas Morán
H. Rodrigo Hernández
H. Alonso Crespo
H. Giorge Fernández
H. Andrés de Sarabiarte
H. Diego de Escudero
H. Gonçalo Vexarano

Colegio de la ciudad de La Paz
P. Valentín de Caravantes
P. Miguel de Urrea
P. Joan Baptista Rufo
P. Rodrigo Manrique
P. Joán de Güémez

Hermanos coadjutores
H. Joán Ruiz
H. Diego Gonçales
H. Pedro de Vega
H. Herónimo Verdugo
H. Francisco Deza
H. Joán Pelaes de Villegas
H. Francisco de Castro

Colegio de Quito
P. Diego de Torres
P. Diego Goncales (Holguín)
P. Joán Vásquez
P. Onofre Estevan
P. Joán Frías Errán
P. Joán Domingues
P. Joán Díaz

Hermanos coadjutores
H. Joán de Santiago
H. Marco Antonio
H. Joán Sanches Menocal
H. Pedro de Vargas
H. Christóval Sanches Carrascoso
H. García de Quirós
H. Joán Núñez
H. Hernando de Torres

Colegio de Chuquisaca
P. Lope Delgado
P. Martín Piçarro
P. Herónimo de Castro
P. Antonio Núñez
P. Pedro Rodrigues
P. Antonio Pardo
P. Antonio de Vivar

Hermanos coadjutores
H. Santiago Pérez
H. Estevan Isquierdo
H. Domingo Vermeo
H. Antonio Román
H. Joán Pérez
H. Eugenio Valtodano

Resdencia de Julio
P. Pedro Vicente
P. Antonio López
P. Joán de Alva
P. Ludovico Bertonio
P. Luis de Leiute
P. Gabriel de Chaves

Hermanos coadjutores
H. Diego de Virves
H. Pedro de Venavides

Residencia de Panamá
P. Herónimo de Ávila
P. Ignacio Jaimes
P. Herónimo de Montesinos

Hermanos estudiantes y coadjutores
H. Joán de Aldana
H. Baltasar de los Reyes
H. Diego de la Plaça
H. Luis Méndez

Misión de Tucumán
P. Joán Romero
P. Alonso de Barçana
P. Francisco de Angulo
P. Pedro de Añasco
P. Joán López Viana
P. Marciel de Lorençana
P. Gaspar Monrroy

Hermanos coadjutores
H. Joán del Aguila
H. Joán Toledano

Misión de Santa Cruz
P. Diego Martínez
P. Diego de Samaniego

P. Dionisio Velásquez
P. Andrés Ortiz
P. Alonso de Miranda
P. Hierónimo de Andión
P. Angelo Monitola

Hermanos coadjutores
H. Joán Sanches
H. Bernardo de la Plaça

Misión de Chile
P. Baltasar Piñas
P. Luis de Valdivia
P. Hernando de Aguilera
P. Gabirel de Vega
P. Joán de Olivares
P. Luis de Santillán

Hermanos coadjutores
H. Miguel Teleña
H. Martín de Garay
H. Fabián García

9.2.3. Período de decadencia (1600-1605)

1601[13]

Colegio de Lima
P. Estevan Páez, visitador
P. Rodrigo de Cabredo, provincial
P. Joseph Tiruel
P. Juan de Olivares
P. Baltasar Piñas
P. Juan Sebastián
P. Estevan Avila
P. Diego de Torres
P. Juan Beltrán
P. Philipe Claver
P. Juan Pérez Meoacho
P. Juan Gómez
P. Alonso de Miranda

P. Francisco Zamorano
P. Luis de Estella
P. Pedro del Castillo
P. Diego Ramírez
P. Bartholomé de Escobar
P. Antonio Gonçales
P. Philippo Leandro
P. Joseph de Arriaga
P. Antonio Bivar
P. Francisco Perlín
P. Hierónirno de Montesinos
P. Andrés Ximenes
P. Juan López de Almansa
P. Alonso Messía
P. Juan de Aldana

---

[13] MP 7 (1981): 1600-1602.

Apéndices

Hermanos estudiantes
H. Baltasar de los Reyes
H. Alexandro Faya
H. Gaspar de Arroyo
H. Cosme de Chevar
H. Juan de Vallejo
H. Sebastián Xuares
H. Pbelippe de Tapia
H. Francisco de Contreras
H. Alonso de Sandoval
H. Manuel de Fonseca
H. Luis Ferrer
H. Diego de Mora
H. Gabriel Zerrato
H. Basilio de Vengochea
H. Alonso de Herrera
H. Pedro López
H. Francisco de Palma
H. Diego de Peñalosa
H. Antonio Vásquez
H. Augusdn Xuárez
H. Pedro Rodríguez
H. Pedro de Victoria
H. Augustln de Aguilar
H. Bernardo Castellanos
H. Francisco Ordóñez
H. Diego de Nágera
H. Lope de Mendoça
H. Juan Gonçales
H. Juan de Soxo
H. Hierónimo de Montalvo

Hermanos coadjutores
H. Gaspar Pereira
H. Luis de Soto
H. Pedro Pablo
H. Bernardo Vitti
H. Alonso Pérez
H. Francisco López
H. Francisco de Heredia
H. Juan de Casarrubias
H. Juan Mart1nez

H. Estevan de Santa Cruz
H. Gonçalo Velmonte
H. Benito Gonçalez
H. Santos de Gavironda
H. Juan del Barco
H. Juan de Vargas
H. Francisco Gómez
H. Gaspar Rodrlguez
H. Pedro de Salaçar
H. Francisco Deza
H. Diego de la Plaça
H. Francisco Hernández
H. Domingo Gonçález
H. Christóval Garcés
H. Jorge Femández
H. Manuel de Artiaga
H. Pedro de Cueva
H. Christóval Robledo
H. Juan Estevan-Llerena
H. Hernando de Torres
H. Hernando Xuárez
H. Pedro Martín
H. Alonso Pérez

Lista de abreviaturas

BG	Nacido global
CIM	Gestión intercultural constructiva
DI	Documenta Indica
MHJ	Monumenta Historica Japoniae
MNC	Empresa multinacional
MP	Monumenta Peruana
MOS	Estudios de Gestión y Organización
PYME	Pequeña y mediana empresa

www.ingramcontent.com/pod-product-compliance
Lightning Source LLC
Chambersburg PA
CBHW071353290426